国际化与本土化
——中国近代法律体系的形成

曹全来 著

北京大学出版社
PEKING UNIVERSITY PRESS

图书在版编目(CIP)数据

国际化与本土化：中国近代法律体系的形成/曹全来著.—北京：北京大学出版社，2005.4
（法史论丛）
ISBN 7-301-08780-2

Ⅰ.国… Ⅱ.曹… Ⅲ.法律体系-研究-中国-近代 Ⅳ.D926.6

中国版本图书馆 CIP 数据核字(2005)第 018771 号

书　　　名：国际化与本土化——中国近代法律体系的形成
著作责任者：曹全来　著
责 任 编 辑：王建君　薛　颖
标 准 书 号：ISBN 7-301-08780-2/D·1123
出 版 发 行：北京大学出版社
地　　　址：北京市海淀区成府路 205 号　100871
网　　　址：http://cbs.pku.edu.cn　电子信箱：pl@pup.pku.edu.cn
电　　　话：邮购部 62752015　发行部 62750672　编辑部 62752027
排　　版　者：北京高新特打字服务社　51736661
印　　刷　者：北京汇林印务有限公司
经　　销　者：新华书店
　　　　　　　650 毫米×980 毫米　16 开本　16.5 印张　283 千字
　　　　　　　2005 年 4 月第 1 版　2006 年 5 月第 2 次印刷
定　　　价：29.00 元

未经许可，不得以任何方式复制或抄袭本书之部分或全部内容。
版权所有，翻版必究

献给我的父亲和母亲

序

中国法律在近代的发展、演变,表现为三个体系的更替:法律价值观、法律文本与法律机构。第一,法律价值观的更替。传统中国,注重君君臣臣、父父子子,明确尊卑长幼等级,同时,也强调"和为贵"的和谐社会关系。在纠纷处理、争端解决方面,倡导调处和解、息讼鄙法的原则。等级身份与人际和谐是法律所致力建立、保护的两大秩序,也构成法律文化所确认的价值准则。在这两大秩序方面,等级是底线,和谐是导向。第二,法律文本的更替。从春秋战国公布成文法开始,中国法律文本一直以制定综合性法典为原则,虽然也辅之以一些单项法律文件的方式,但实体法与程序法合一、民事法刑事法一体的法典编纂方式始终是法律文本的主流。第三,法律机构的更替。传统中国,皇权至上;在国家管理与社会治理层面,虽然也实行一定程度的分权体制,但与法律相关的各项权力一直处于与行政权合体的状态。法律近代化的目标是通过变革,形成新的法律价值体系、法典体系和立法司法机构。

对于非西方文明传统国家而言,法律近代化面临的首要难题是如何处理西方法律精神与本国法律传统的关系,如何建立一个既符合西方先进的法律原则,又适应本国国风民情、能有效发挥调整社会关系功能的法律体系。中国法律近代化致力于解决这一难题,致力于构建新的法典体系,建立新的法律体制,确立新的法律价值观。

以南京国民政府政权体制的建立和"六法体系"的形成为标志,中国法律近代化完成了基本进程。但是,进程虽然完结,目标却没有完全实现。如果以目标实现的程度为标准,从清末法制改革,历经民国南京临时政府、民国北京政府到民国南京国民政府,法律近代化的成就分别是法典体系、法律体制、法律价值观。首先,从清末编订部门法草案,到南京国民政府公布、实施各项部门法,传统的民刑不分、实体程序合一的法典编纂体例被彻底改变。就立法技术而言,新的法典体系与当时世界先进水平基本保持着同步性。其次,在法律体制方面,南京国民政府有保留地吸收了西方权力分立、相互制衡机制。以政治结构和政府职能方面的权能分治理论为基础,实施党国一体的五院体制。外有分权、制衡之名,内具集权、专制之实。这种具有特定内涵的与立法、司法相关的法律体制，既与当时战争需求有关，也体现了传统政治体制的遗留和影响。最后，法律价值观的改变是一个漫长的过程。鸦片战争以后，西方法律理论传入中国，五四运动深深触动了传统中国的主流文化，但在"六法体系"初步形成的19世纪30—40年代，占据中国社会主导位置的，仍然是以中国古代儒家正统思想为内核的法律价值观。

曹全来的《国际化与本土化——中国近代法律体系的形成》一书从比较法律史的角度，分析了近代中国法律体系的形成过程及其成就。

我很赞同作者提出的"中国还将进一步面临法律传统和法律体系再创造的历史任务"这一观点。中国法律，经历了几千年的发展，经历过长时期的辉煌。我以为，中国传统法律最伟大的成就在于，适应传统中国特定的国风民情，在调整社会关系、稳定社会秩序、推进国家进步方面，形成一整套卓有成效的、与法律相关的观念、制度和机构。自清末法制改革，我们的法律经历了一个世纪的变革历程。今天回过头来看，朦胧中又有对法律价值观似新还旧的需求。我们需要加强对于个人利益的保护，加强对于个人权利的肯定；但同时，我们也需要保持良好的自然环境，建立融洽的和谐社会。法律在保护个人与维持社会两方面均负有重任，二者不发生冲突，当然好办；如果二者发生冲突，法律的重心应如何确定。这是一个老问题，但却仍然期待新的解释。

朱　勇
2004.11

CONTENTS 目 录

前言   1

绪论　中国法律近代化的起源   6
   一、中西文化交流与近代中西关系   9
   二、中国近代民族国家的形成
       与"合法性危机"   14
   三、近代中国的民族危机、政治
       危机与法律危机   28
   四、晚清法律变革意识的兴起   39
   五、"法律民族主义"与中国法律近代化   44

上卷　中国近代法律体系的形成过程

**第一章　中国法律近代化的展开："中体
西用"与中国近代法律体系的构筑**   53
   一、中国近代"中体西用"思想的产生   53
   二、《江楚会奏变法三折》对"中体西用"
       思想的发展   59
   三、"中体西用"与中国法律近代化的展开   61

CONTENTS 目 录

第二章 清末十年(1902—1911年):中国建立近代法律体系的初步努力   70
 一、收回利权与中国法律近代化的国际契机   70
 二、清末制宪的历史性突破   74
 三、近代部门法律体系的初步形成   82

第三章 中华民国北京政府(1912—1928年):中国建立近代法律体系的继续努力   104
 一、北京政府对法律近代化的继续推动   104
 二、"三权分立"框架下的宪法   105
 三、近代部门法律体系的进一步发展   116
 四、北京政府时期法律近代化的几个特点   124

第四章 中华民国国民政府(1928—1949年):中国近代法律体系的形成   128
 一、国民政府对法律近代化的追求   128
 二、南京国民政府时期宪法的发展   129
 三、近代部门法律体系的形成   137

CONTENTS 目 录

下卷 中国近代法律体系的成就

第五章 中国近代法律体系的国际化 155
一、国际化与法律体系的世界主义 155
二、中国法律近代化与法律国际化 159
三、中国近代法律体系的国际化成就 163
四、对中国近代法律体系国际化的一些反思 168

第六章 中国近代法律体系的本土化 170
一、本土化与法律体系的民族主义 170
二、中国法律近代化与法律体系的本土化 174
三、对中国近代法律体系本土化的一些反思 182

第七章 中国近代法家与近代法律体系的形成 190
一、中国近代法家的崛起 192
二、中国近代法家对法律近代化的推动作用 196
三、中国近代法家思想的限度 199
四、中国近代法家的个案观察 203

CONTENTS 目 录

**第八章　中国近代法律体系的形成
　　　　与法律文化的变迁**　　　212
　一、法律文化及其形态　　　212
　二、中国法律近代化的法律文化意义　　　215
　三、中国近代法律文化的阶段性变迁　　　218
　四、中国近代法律文化变迁的总体趋势　　　224
　五、中国近代法律文化的不足及其原因　　　228

**结论　回归制度文明：中国近代法律体系的
　　　形成与中国的"文艺复兴"**　　　232
　一、中国近代的"文艺复兴"与中华法制
　　　文明的近代转型　　　232
　二、中国近代法律体系的形成对中华
　　　法制文明的历史性贡献　　　236

参考文献　　　243

后记　　　251

前　言

一、中国法律近代化之路,就是近代中国的民族复兴之路

现代的世界是个开放的世界,各民族之间的联系和交流日趋"一体化",所谓"地球村"也正在形成。然而,不管一个人在哪里,祖国和民族都将是他/她魂牵梦绕的居所。即使是一个"国际自由人",在他/她灵魂的深处,也难说就可以将自己与祖国和民族完全割舍。

对于中国人来说,"民族复兴"这个口号,不知是多少近代中国有识之士梦寐以求的愿望,在今天,这个美好的愿望正逐步走向现实。

近代中国,对于曾经拥有"四大文明古国"称号的中华民族来说,简直是一场"噩梦"。过去,人们可能把这场"噩梦"的导演者,归结为入侵中国的外国势力。今天,也许人们可能觉得时间更能说明问题。

在近代中国人追求民族复兴的历程中,曾经拥有一个伟大的梦想:这就是希望通过构筑一个近代化的法律体系,收回治外法权,实现国家富强,获得民族独立、统一和自尊。为了实现这个梦想,中国近代的法家——沈家本、梁启超、孙中山、董康等,义无反顾地抛弃沿用了几百年甚至上千年的法律。同时,把西方先进的法律成果引入中国,并尽可能做到将外国法与本土法的有机结合,从而建立一个让西方人满意,让中国人认同的法律体系。为了实现这一目标,从清末到民国,从北京政府到南京国民政府,在宪政、法治和富强的旗帜感召下,经过近半个世纪的努力,终于形成了一个包括宪法、民法、刑法、民事诉讼法、刑事诉讼法、行政法在内的,体系完整、符合世界法律文化水准的法律体系——六法体系。在第二次世界大战中,由于中国人民为世界反法西斯统一战线作出的巨大牺牲和贡献,也由于中国人民的不懈努力和追求,更由于中国人民的智慧、胆识和气魄,最终废除了套在中国人民头上整整一个世纪的法律绳索——治外法权。中国法律近代化取得了举世瞩目的成就。

中国法律近代之路,就是近代中国的民族复兴之路。这正是笔者选择"法律近代化"这一研究课题的由来。

二、六法体系的文本建设,构成中国法律近代化的主旋律

法律近代化,本是一项复杂而艰巨的工程。但是,回想20世纪上半期的国际、国内背景,优先考虑法律文本建设,乃是中国法律近代化的推动者无奈而又明智的举措。

中国法律近代化的伟大事业,是在西方国家兵临城下,民族危机日渐深重的背景下展开的。自鸦片战争以来,内忧外患的百年困扰,使中国法律近代化之路举步维艰。外敌环伺,法律改革无法推迟,传统的压力,民族法律文化仍需尊重,复杂的国情,改革的举措难免挂一漏万,民众的蒙昧,一时无法共赴国难。种种机缘,最终决定了中国法律近代化这项宏伟的工程,只能是先搭建一个文本的框架,而将法律贯彻落实、根植于社会、成长于民心的法律实施工作留待日后。然而遗憾的是,中国国运多舛,迷雾重重,六法体系的文本建设只能草草收场。历史将期待来日。

六法体系,是历经清末、北京政府和国民政府三个阶段最终构建起来的。今天,人们也许无法想像这样一个庞大的法律体系带给中华民族的是何种福惠,然而一个不容置疑的事实是,时人曾为拥有六法体系这样一个近于实现的梦想而激动不已!仅此一点,就足以让今天的学者对其顾盼再三,回味那份民族自信与自豪!尤其对于以学术为业者,更是无法将其束之高阁,轻松越过。这正是笔者选取"近代法律体系的形成"作为中国法律近代化突破口的理由。

三、国际化与本土化的双重追求,
决定了中国法律近代化的逻辑轨迹

六法体系之所以能在不到半个世纪的时间内得以形成,实依赖于法律移植和法律调查的先进立法手段。

清朝末年,迫于国际国内的窘境,中国政府开始变法修律。由于修律需以收回治外法权为首要目标,因此把移植外国先进法律作为其基本方式,以争取在最短的时间内实现中国法与世界法的接轨,获得西方列强的满意。从清末到民国,以移植外国法为主要手段的法律近代化运动,首先形成了法律体系的国际化轨迹。

另一方面,任何法律,皆有民族性。欲移植法律,必须努力加以本土化。

清末开始的法律近代化事业,也努力展开法律调查的工作。清末和民国时期,都曾做过民事习惯调查,民国时期还曾进行司法调查。这些繁琐而艰巨的立法过程,目的只有一个,那就是力图造就一个真正能够纳物轨民的"良法"。与尚值得夸耀的法律国际化成就相比,近代中国的法律本土化工作并非成就不佳,实在是由于近代中国国情过于复杂,局势多变,根本来不及将六法全书这样一件也许略显宽大的华服,改为时尚的装束,更得体地穿在中国人的身上。也许历史有它的奥秘。今天,当这件尘封的华服再次摆在人们面前时,也许更能够让人们领略它那庄重的质地、色彩和样式,更可拥有一个丰富而美好的想像空间。

四、中国法律近代化仓促而艰难,宏伟而悲怆

伟大的罗马不是一日建成,壮观的长城亦非一夜筑起。成就中华民族一个百年梦想,也许需要更多的忍耐与期待。回顾中国法律近代化的道路,可谓仓促而艰难,宏伟而悲怆。

正如拿破仑所说,中国曾经是一头沉睡的东方睡狮。当英国人用坚船利炮打开中国大门的时候,中国人并未从天朝大国的迷梦中醒来。直到英法联军将战火烧到了皇家园林,中国的统治者才感到局面的艰难。1861年,这是一个值得纪念的年份。这一年,总理各国事务衙门的设立,标志着中国政府决意拯救危难中的国家。从这时候起,法律的迻译成为修律的先导。然而,正式的变革还要等到40年后。1901年,清朝流亡政府下诏变法,法律近代化的大门才真正开启。从1902年修订法律馆的成立到1949年六法全书的废除,制度的变革仅仅存在于不足50年之间。期间战乱频仍,政局迭宕,民族灾难,难以胜数。道路艰辛,可想而知!然而,越是如此,便越彰显中国法律近代化这项事业的宏伟和悲怆,给人历史的感悟。

2001年,在鸦片战争结束160年以后,在中国第一个外交机构——总理各国事务衙门成立140年以后,在中国政府正式下诏开始变法修律整整一个世纪以后——中国政府再次以积极的姿态,庆祝中国向世界的回归——中国与世界贸易组织(WTO)框架协议的签订。

有时,梦想就像陈年老酒,历时越长,其味越浓。个人的梦想如此,民族的梦想何不如此——中国法律近代化与中华民族"文艺复兴"不正是这样一个伟大的梦想吗?!

五、本 书 主 旨

遵循前面的研究思路,本书从比较法律史的角度,对中国法律近代化的核心问题——近代法律体系的形成进行系统研究。作者以为,近代中国在民族国家形成过程中,由于民族危机、政治危机和法律危机,使近代中国面临"合法性危机"。在此背景下展开了法律近代化运动。中国法律近代化是在"中体西用"思想指导下进行的,大致经历了清末十年、中华民国北京政府和中华民国国民政府三个时期,基本形成了以"六法全书"为象征的近代化的法律体系。中国近代法律体系的形成,体现了对国际化与本土化的双重追求。在本书,笔者从法律文化和法律思想两个角度,建立了近代法律体系解释框架。本人认为,以近代法律体系的形成为中心的中国法律近代化,是一个中国传统法律体系"再生"的过程,对中华法制文明作出了历史性贡献,但其发展也存在某种程度的不充分性。

本书包括绪论、上卷四章、下卷四章和结论,共四部分。其主要内容如下:

绪论,中国法律近代化的起源。本部分主要论述中西文化交流和近代中西关系,近代中国的民族危机、政治危机和法律危机,晚清法律变革意识的兴起,近代中国法律民族主义的产生及其对法律近代化的影响等。

上卷考察了中国近代法律体系的形成过程。

第一章,中国法律近代化的展开:"中体西用"与中国近代法律体系的构筑。本章主要论述了近代中体西用思想的产生过程、含义及对中国法律近代化的指导意义。

第二章,清末十年(1902—1911年):中国建立近代法律体系的初步努力。主要论述清末修律的背景、清末制宪和近代部门法律体系的初步形成过程。

第三章,中华民国北京政府(1912—1928年):中国建立近代法律体系的继续努力。本章主要论述北京政府对法律近代化的继续推动,宪法和其他部门法的发展等。

第四章,中华民国国民政府(1928—1949年):中国近代法律体系的形成。本章论述了南京国民政府对法律近代化的追求,宪法的发展和六法体系的最终形成。

下卷考察了中国近代法律体系的成就及其影响。

第五章,中国近代法律体系的国际化。本章论述了法律体系国际化的意义、法律国际化与法律近代化的关系及中国近代法律体系的国际化成就。

第六章,中国近代法律体系的本土化。本章论述了法律体系的本土性、民族性与法律近代化的关系,中国近代法律体系的本土化成就等。

第七章,中国近代法家与近代法律体系的形成。本章提出了"中国近代法家"的概念,并以个案分析的方式,阐述了他们的来源、作用,特别是对中国近代法律体系形成的重要影响等。

第八章,中国近代法律体系的形成与法律文化的变迁。本章主要论述了法律文化的基本理论、中国法律近代化的法律文化意义、中国近代法律文化的阶段性变迁、总体趋势、不足及其成因等。

最后,笔者在结论中从制度层面评估了中国近代法律体系的形成与中国的"文艺复兴"之间的关系,对全书的研究进行了总结。本人认为,中国近代法律体系的形成,是近代中国"文艺复兴"背景下的传统法律体系的"再生"过程。中国还将进一步面临法律传统和法律体系再创造的历史任务。

绪论　中国法律近代化的起源

> 中国、印度、伊斯兰法地区以及所有理性的立法与理性的审判没有取得胜利的地方,都有这样一个命题:"专横破坏着国法"。
> ——马克斯·韦伯:《儒教与道教》①

法律体系(legal system)是一个古老的法律概念。古罗马的法学家乌尔比安②把法律分为公法与私法。这实际上就是对法律的一种体系性的描述。在古代的中国,第一个封建成文法典——《法经》③,也由相对独立的六篇内容组成。④ 一般地说,在实行成文法为主的国家,法律都是由一个一个的门类组成的。在现代的法学语言中,法律体系是一个国家现行法律所形成的有机整体,也可以称为"部门法"体系。从比较法的角度来看,"在公法内部同在私法内部一样,在属于罗马—日耳曼法系的所有国家可以看到同样的一些基本门类:宪法、行政法、国际公法、刑法、诉讼法、民法与商法、劳动法等"。⑤ 对法律体系的关注与研究,是西方规范法学的一个贡献。规范法学认为,"法是人的行为的一种秩序"⑥,"法律属于规范的范畴,它是一个规范体系,一个规范性的秩序"⑦,"法律秩序是一个规范秩序"⑧,法律秩序的实质,是一个由不同级别的规范组成的"等级体系"。法律体系的形成,一般还要引入一个"法律部门"或"部门法"的概念。一般地说,所谓"法律部门",指的是把一个国家现行法律规范,按照其调整对象和方法的不同进行划分,由此所形成的法律门类。一个国家的法律体系,就是由一个个法律部

---

① 马克斯·韦伯(1864—1920年),德国著名社会学家、思想家。著有《经济与社会》、《新教伦理与资本主义精神》、《儒教与道教》等。此处引文出自其《儒教与道教》,王容芬译,商务印书馆1995年版,第154页。
② Ulpianus,公元170—228年,生于叙利亚,古罗马五大法学家之一。
③ 作者为战国时代魏国政治家、法家李悝(公元前455—395年)。
④ 即盗、贼、囚、捕、杂、具。
⑤ 〔法〕勒内·达维德著:《当代主要法律体系》,上海译文出版社1984年版,第77页。
⑥ 〔奥〕凯尔森著:《法与国家的一般理论》,中国大百科全书出版社1996年版,第3页。
⑦ 同上书,第124页。
⑧ 同上书,第204页。

门组成的有机联系的整体,因此也可以称为"部门法律体系"。

对法律体系的研究,有助于从整体上对一个国家的法律进行把握。从法律史的角度来看,一个国家的法律体系形成,要经历一个漫长的过程,不是一蹴而就的。而在形成以后,法律体系也不是一成不变的。随着社会生活条件的变化,法律体系也将随之而变。因此,对于法律体系的研究,尤其是对于变化社会中的法律秩序的研究,或者说,对于研究一个法律体系如何受到社会变化的影响,无疑具有重要的学术价值。就中国法律近代化而言,在近代中国,一个古老的法律体系——中华帝国赖以维持的旧的部门法律体系解体了,同时一个新的法律体系逐步形成。与此同时,以法律体系的转型为中心,法律的组织体系、法律价值体系、法律技术体系等构成法律文化的种种方面,都发生了极大的变化。由此看来,法律体系的研究,对于深入研究中国法律近代化这一重要课题具有特别重要的意义。

中华民族是一个历史悠久的伟大民族。在人民的生息繁衍与民族的生存发展中,中华民族人民曾缔造了光辉灿烂的中华法制文明,孕育了独树一帜的中华法系,为人类法律文化的发展做出了卓越的贡献。

人类历史跨入18、19世纪,西方民族国家基本形成,资本主义业已取得长足进展。但是,清政府统治下的中华帝国,却日渐衰微,中华民族从"闳放昂扬之世",步入"敛抑沉滞之世"(郭廷以语)。近代之中国,变乱纷呈,险象环生,内忧外患,危机四伏。

1840年,中英鸦片战争的爆发及其后《中英南京条约》的签订,使得清政府面临"三千年未有之变局"(李鸿章语)。在这一历史背景下,作为中华法系之基干的中国法律,也面临一次历史性机遇与挑战。从晚清到民国,中国法律经历了一次前所未有的历史性变革——中国法律近代化。"中国法律在近代的发展、演变,经历了一个艰难、曲折的过程。这一过程的基本内涵,表现为法律的近代化,即废弃传统法律体系,在吸收西方法律理论和法律原则的基础上,确立具有近代意义的新的法律体系。中国法律近代化,既有法律自身发展的逻辑动因,也有列强各国的外部推动,而最终体现为立法者通过对中国传统法律与西方近代法律的比较而对法律体制所作出的新的选择。就时间而言,中国法律近代化,始自清末法制改革,而完成于南京国民政府六法体系的确立。"①

近代之中国,整体上处于一个从传统农业社会向近代工商业社会转变

---

① 朱勇主编:《中国法制通史》(第九卷),法律出版社1999年版,"绪言"第1页。

的过程,亦即所谓"近代化"的过程。所谓"近代化"(modernization),或"现代化","是指科学革命以来,由于人类控制环境的知识空前增进,在历史中演进的制度不断改变其功能以求适应的一种过程"①,包括知识的、政治的、经济的、社会的和心理的现代化等方面。② 其中,在"政治的"现代化中,包含"法治精神",即"由法律代替个人裁决。法律规章一致,应用方法一样,适用对象相同"。③ 也有学者指出,现代化"是指传统性社会利用科技之知识以宰制自然,解决社会与政治问题的过程"。④ 其内涵则涉及工业化、都市化、普遍参与、世俗化、高度的结构分殊性和高度民主的"普遍的成就取向"等。⑤ 这里的"普遍参与"和"世俗化"都涉及法律的变革。由此可见,在上述诸种"近代化"或"现代化"之中,法律近代化独有一种特殊的位置。法治或通过法律管理国家与社会,恰恰是近代社会的最一般特征。经济之近代化、政治之近代化与社会之近代化等等,无不需要借助于法律的近代化,实现各自之使命。法律近代化实为近代化之枢机。

1901年1月29日(光绪二十六年十二月十日),流亡西安的慈禧太后以光绪皇帝的名义发布一道上谕,"世有万古不易之常经,无一成罔变之治法。大抵法久则弊,法弊则更","法令不更,锢习不破,欲求振作,须议更张"。⑥ 这道诏书,拉开了清末新政的序幕。清末新政的一个重要内容是宪法的产生与发展。因此,新政开始的时间,就是中国法律近代化开启,与中国近代法律体系形成的时间。⑦

从1901年到1949年中华人民共和国的成立,中国法律近代化走过了近半个世纪的路程。如果把中国法律近代化看作一个连续不断的过程,那

---

① C.E. Black, The Dynamics of Modernization, Princeton University Press, p.7.
② 张玉法:《中国现代化的动向》,载张玉法主编:《中国现代历史论集》第一辑,联经出版事业公司1980年版,第87页。
③ 同上书,第88页。
④ 金耀基:《现代化与中国现代历史》,载张玉法主编:《中国现代历史论集》第一辑,联经出版事业公司1980年版,第119页。
⑤ 金耀基著:《从传统到现代》,中国人民大学出版社1999年版,第99—103页。
⑥ 中国第一历史档案馆编:《光绪宣统两朝上谕档》第26册,广西师范大学出版社1996年版,第460—462页。
⑦ 关于清末新政与清末制宪的关系,目前学术界尚未进行细致的探讨,一般认为,两者是同时并举的。但也有以1905年把清末新政分为两个时期的。详见李细珠著:《张之洞与〈江楚会奏变法三折〉》,载《历史研究》2002年第2期。关于清末制宪与法制改革的关系,则可参考卞修全著:《立宪思潮与清末法制改革》,中国社会科学出版社2003年版,第二—四章。笔者以为,宪法的出现与发展,既是中国近代法律体系形成的一个重要组成部分,又是其他法律部门产生的契机。因此,新政的开始就意味着法律体系近代化的开始。

么,是什么因素开启并推动了这一运动?换句话说,中国法律近代化的启动机制与发展模式是什么?

笔者以为,对这一问题的回答,应当从中国法律近代化过程中发生的重大事件着眼考虑。中英鸦片战争开启的近代中西关系,改变了中西文化交流对等的性质。以此为背景,从1895年开始,到中华人民共和国的成立,在这半个多世纪中,相继发生了戊戌变法、清末新政、辛亥革命、新文化运动、北洋军阀的统治、北伐与统一的国民政府的建立、日本帝国主义的入侵和国共斗争等八个与法律近代化密切相关的重大历史事件。而这些历史事件的发生和发展,一个一以贯之的线索,就是中国近代民族国家的形成。中国在民族国家形成过程中,显示出重重危机,包括民族危机、政治危机和法律危机等。其实质,就是能够对外代表中国的"中央政府"的"合法性危机"。近代中国民族国家的形成与"合法性危机"的发展,使得由晚清兴起的法律变革意识推动的,以"国际化"和"本土化"为目标、以近代法律体系的形成为中心的法律近代化运动,深深打上了法律民族主义的烙印。

一、中西文化交流与近代中西关系

19世纪之世界,与中国过去所处之世界已大不相同,人类开始进入"四海一家"的时代,"华夷隔绝之天下,成为中外会通之天下"(薛福成语)。而这种世界,与当时中国一般士人所认识之世界,尤为迥异。欲对近代中国之处境获致清醒之认识,必须对近代中国史发生与展开之远因有一大致的认识。笔者以为,中西文化之交流,可谓中国近代史之远因。

(一)鸦片战争之前的中西文化交流

中国与西方,皆为人类文明"轴心时代"(雅斯贝尔斯语)之产物。在中外文明发生接触之前,中国文明与西方文明是各自独立发展的。时至公元166年(中国的后汉桓帝延熹九年),中国与西方有第一次接触。据史书记载,当时大秦王安敦(Marcus Aurelius Antoninas,即古罗马国王马可·奥勒略),遣使到中国来,大秦与中国"始乃一通焉"①。以后中国历史记载西方人来到中国的时间有:226年大秦商人秦论到交趾,280—290年大秦王遣使贡

---

① 钟叔河著:《走向世界——近代中国知识分子考察西方的历史》,中华书局2000年版,第6—7页。又见〔美〕马士、宓行利著:《远东国际关系史》,上海书店出版社1998年版,第14页。

献，635年大秦景教（即基督教之一支）传入西安，唐代643、667、701、719、742年及宋代1081、1091年，拂菻王遣使至中国的唐王与宋王。① 但是，对近代历史影响比较大的，当数13世纪末，欧洲旅行家威尼斯人马可·波罗东来。马可·波罗（1275—1292年）曾在中国旅居十多年，并著有《马可·波罗行记》一书，第一次向欧洲人描述有关中国文明、强大和富庶的情况，"构成中世纪东方知识的主要和最饶兴趣的资料之一"，"其影响的深远，是无法估计的"。② 对于当时的欧洲人来说，"相信三千里以外能有这样一个强大的帝国，它胜过欧洲最文明的国家，似乎很荒谬"③。16世纪以后，西方传教士进入中国，他们对于中国的报告进一步证实了马可·波罗的报道，肯定了它的真实可靠。可以肯定，这本书必然引起西方人了解中国的极大兴趣。

在近代展开之前，中西方文明的交流可以说是对等的，中国文化向西方传播，西方文化也对中国发生一定程度的影响。一种文明发生以后，必然向外传播，这可以说是文明的特性之一。

1514年（明正德九年），葡萄牙（佛朗机）人第一次自海路到达粤江口外，是为欧洲人首次自海道至中国。④ 他们中有不少是向东方觅取黄金的冒险家，但也有抱着宗教热情到东方传播福音的。他们以学术为传教手段，借以与社会上层人物接近，争取他们的同情与合作。"哥伦布、哥白尼发现新世界、新宇宙以来的新知识，文艺复兴以后的新艺术，均经此辈耶稣会士先后输入中土，包括天文、历法、算学、物理、舆地、美术以及火器制造等实用科学。凡此均为明清之际，亦即自利玛窦来华至康熙末年140年间（1582—1721年）的成就。"⑤

但是，中西文化的交流并不顺利。除了西方传教士所传播的西学自身的局限性以外，中国方面也存在一定障碍，"中国的一部分学人又自视颇高，华夷之见既深，名教观念尤浓，亦不易接受新的思想。"⑥ 而最大的阻力与不幸是1723年清雍正皇帝（元年）的禁教令。清乾隆时代（1736—1795年），

---

① 钟叔河著：《走向世界——近代中国知识分子考察西方的历史》，中华书局2000年版，第7页。
② 〔美〕马士、宓亨利著：《远东国际关系史》，上海书店出版社1998年版，第17页。
③ 〔法〕弗朗斯瓦·魁奈著：《中华帝国的专制制度》，商务印书馆1992年版，第25页。
④ 郭廷以著：《近代中国史纲》（上），中国社会科学出版社1999年版，第14页。
⑤ 郭廷以：《中国近代化的延误》，载张玉法主编：《中国现代历史论集》第一辑，联经出版事业公司1980年版，第65页。
⑥ 同上。

取缔尤严。

在雍正皇帝禁教令颁布以后,到中英鸦片战争之前,也就是在中国所谓"康乾盛世"的时代,西方世界发生了极大的变化。从此,中西关系急转直下,进入非常时期。

欧洲自西罗马灭亡(公元476年)便进入所谓中世纪时期。这一时期,古典文化被宗教气氛笼罩,人类屈从于上帝,神学是一切知识的来源。但是到中世纪晚期,一系列事件使欧洲人改变了他们对于自然现象及其生活世界的态度。14世纪中期(1350年)在意大利开始了文艺复兴。15世纪末到16世纪,文艺复兴又波及德国、法国、英国和西班牙等其他地区。19世纪历史学家雅各布·布克哈特著有《意大利文艺复兴时期的文化》(1860年),他认为:人们在文艺复兴中,个人表现出对世俗生活日益浓厚的兴趣,并且他们自觉地渴望创造自己的命运,他们重视个人才能的全面发展,这种观念代表了欧洲文明的新趋势。首先发生于意大利的文艺复兴运动,可能与开始于11世纪末到12世纪的罗马法的复兴有关。另一个重大事件是宗教改革。"就像文艺复兴不但为欧洲知识界注入了新的活力,而且在它的发展过程中抛弃了中世纪神学的统治地位一样,宗教改革也标志着一种新宗教观的开端。"[1] 宗教改革对近代西方世界的形成关系极为密切。"16世纪的新教思想创立了一种新型的、高度个人主义的精神。人们在现世的生存和在来世的被拯救逐渐依赖于内心信仰和自律。……在这样的世界上,个人决定着自己的一生和他人的劳动,而且,个人在政府里要代表自己和其他人。"[2] 科学革命是这一时期又一重要方面。自然科学界的重要发现,使人们逐渐学会用自然科学的方法观察人类社会一切问题。由于科学受到重视,一切均在进步之中。"科学革命在思想和物质两个方面为近代西方的两步重大发展——启蒙运动和工业革命——奠定了基础。"[3] 在这一时期,影响比较大的事件有:

1748年,孟德斯鸠(1689—1755年)完成《论法的精神》;

1752年,狄德罗(1713—1784年)出版《百科全书》;

1762年,卢梭(1712—1778年)完成《社会契约论》;

1767年,英国人哈格里夫斯和阿克莱特发明纺织机;

---

[1] 〔美〕马文·佩里主编:《西方文明史》(上卷),商务印书馆1993年版,第404页。
[2] 同上书,第436页。
[3] 同上书,第537页。

1769年,瓦特发明蒸汽机;

1776年,亚当·斯密(1723—1790年)完成《国富论》;

1776年,美国宣布独立,1789年美国合众国宪法生效;

1789年,法国发生大革命,发表《人权宣言》;

1832年,英国进行议会和法律改革;

……

此外,西方航海技术的改善,尤其是来自中国的指南针与火药的应用,极大地刺激了他们在远洋探测中追求商业利益的欲望,并逐步以中国为航海的目标。

继葡萄牙人以后,西班牙、荷兰和英国相继叩海。17、18世纪,除葡、西、荷、英之外,与中国互市的西方国家以法、美两国为重要。18世纪,与中国通商的欧洲国家还有奥地利、比利时、普鲁士、丹麦、瑞典、意大利等。16、17世纪中西间除了为通商引起的海上纷扰外,北方与俄国陆上之争更为严重。1689年中国与俄国签订尼布楚条约,这是"远东国家和欧洲国家缔结的第一个近代国际法上的条约"①,遏制了俄国对于黑龙江流域的侵略。但其侵略中国领土的野心并未因此终止。一个海权国家与陆权国家共同争夺中国的时期就要到来了。

与西方科技和社会大发展、人们积极开展海外贸易、进行海上探险形成鲜明对照的是,中国的读书人由于害怕"文字狱"而只能搞考证之学(汉学),思想逐渐僵化。中国政府实行的更是比较保守的政治、经济和社会政策。1655年(顺治十二年),清政府为对付东南沿海的抗清势力,首次颁布禁海令。②后又于1661年、1662年、1678年三次下达"迁海令"。1684年(康熙二十三年)开海禁。然而时隔不久,清政府又相继颁布了许多出海禁条,限制海外贸易。清统治者颁布上述诸多禁令,其本意是为了戒备沿海地带日益炽烈的海盗活动和西方殖民主义者的叩关,防范内地人民与洋人串通一气,危及封建统治。在客观上,它却给刚刚开始复苏的海外贸易和沿海人民的生活以极大打击,致出现"土货滞积,而滨海之民半失作业"的现象。③自1759(乾隆二十四年)年起,广州成了惟一的通商口岸,清政府对于外商的管

---

① Shigeki Miyazaki, History of the law of Nations Regional Developments: Far East, in: R. Bernhardt ed., EPIL, vol. II, Amsterdam 1995, p.804. 转引自杨泽伟著:《宏观国际法史》,武汉大学出版社2001年版,第106页。

② 张晋藩著:《清朝法制史》,法律出版社1994年版,第132页。

③ 张晋藩主编:《中国法制通史》(第八卷),法律出版社1999年版,"绪言"第152页。

制更严,当时广州除"稽查管束夷人条约"外,两广总督又订立"防范外夷规条"(1757年制定),使得外商之不满更甚。① 此外尚有1809年(嘉庆十四年)《民夷交易章程》、1831年(道光十一年)制定的《防范夷人章程》等。这些规定,使当时与中国贸易最为显著的英国感觉问题最为严重。

(二) 鸦片战争之后的中西关系

18世纪末,英国对华鸦片和茶叶贸易逐年增加,利润十分可观——仅仅鸦片税就占印度财政收入的1/10,同时英国又希望为工业革命后的纺织品推广市场,因此,对于打开对华贸易的大门十分积极。1787年先派卡茨略特(Charles Cathcart)为使,与北京直接交涉未果。复于1792年又派遣马戛尔尼(George Lord Macartney)为特命全权大使出使中国。结果由于礼节问题这次接触同样没有取得实效。② 1816年英国再派阿美士德(William Pitt, Lord Amherst)使华,其失败甚于马戛尔尼。在此期间,中英之间的不快事件很多。鸦片战争之前,中英双方因英国人殴打、杀害中国人,屡屡发生刑事纠纷。1800年有"天佑号"事件,1807年又发生"海王星号"事件。与此同时,中英之间的商欠纠纷也时有发生。1809年有沐士芳案,1810年有七行案。道光之前,商欠纠纷没有引起较大的冲突。但是到了道光年间,这种纠纷越来越多,英国方面施加的压力也越来越大。1829年(道光九年)英方向两广总督提出八条要求,清政府官员没有满足其要求。后来由于英方与中国政府都不主张强硬,才使濒临恶化的事态平息下来。但是,问题并没有得到实质性的解决,直到发生鸦片战争,签订《南京条约》,战前积累的300万元商欠包含在《南京条约》的2100万元赔款当中,这一问题才算了结。19世纪初期,英国的工业革命渐次完成,市场亟待开拓。及至中国政府对鸦片实行禁运政策,便引起英国对华态度之改变。1840年4月英国国会通过对华用兵的法案,鸦片战争爆发。

鸦片战争中,清政府战败,被迫与英国签订《中英南京条约》。根据这一条约,中国政府不仅向英国赔偿战争损失和割地(香港),还要进一步开放口

---

① 郭廷以著:《近代中国史纲》(上),中国社会科学出版社1999年版,第37页。其主要内容为:禁止夷商在广州冬,夷人需投夷馆,不得携带武器,禁止行商领借外夷资本,禁止内地人民为外夷传递书信,夷船收泊之处,加派委员稽查等。

② 关于这次事件,《停滞的帝国——两个世界的撞击》一书有极详细的描述。该书由法国学者阿兰·佩雷菲特著,王国卿、毛凤支、谷昕、夏春丽、钮静籁、薛建成译,生活·读书·新知三联书店1995年版。

岸,并与英国协定关税。在以后的粘附条约中,英国又取得了领事裁判权。这些不平等条款破坏了中国的独立,损害了中国主权,使中国处于十分不利的国际地位。"英政府要求签订条约只具有一般性的目的,即废除纳贡制结构。1842年南京条约取消了只准在广州进行中外贸易和由广州特许的外交关系。印度鸦片和外国侵略已经开始捣毁中国排他性的藩篱。中国的战败使烟毒进一步泛滥,而取得战争胜利的英国人则试图建立中外交往的新制度。这一点,他们在后来的二十年内办到了,他们与清廷及其地方官吏有时一致行动,有时则发生冲突,而与法国人、美国人、俄国人的关系也是如此。"①

近代中国的历史,由英国开了这一恶例,以后,中国只能在半殖民地的深渊中挣扎。随后的一百余年里②,中国与外国签订的不平等条约多达一千多个。条约的网络编成了所谓条约制度或条约体系:"外国人通过条约'合法'地剥夺榨取、管束、控制中国,驱使中国社会脱出常轨,改道变形。"③ 不平等条约与中国半殖民地的国际地位,使中国陷入深深的合法性危机之中。近代中国的合法性危机,其实质是中国近代面临一次亘古未有的"国际化生存"的严峻考验。中华民族要获得新生,就必须全方位地面对和适应这种"国际化"考验。近代中国受到的"国际化"考验,起源于西方近代民族国家的形成。

二、中国近代民族国家的形成与"合法性危机"

近代以主权为标志的民族国家的产生,是人类历史的一个重要现象。中世纪欧洲有些地方就建立了民族国家,但是"中世纪的政治形式与近代初期发展起来的民族国家有很大不同。"④ 17世纪初期,欧洲人已经有了国家这样一个概念:"一个独特的,要求国民承担责任和义务的政治实体。正是这一概念奠定了现代政治科学的基础。"构成近代初期的民族国家的一个最基本的要素是主权意识,"即在疆界范围内,国家至高无上,一切机构和组

---

① 〔美〕费正清、刘广京著:《剑桥中国晚清史》(上卷),中国社会科学出版社1993年版,第234页。
② 1943年1月11日,中美、中英新约签字,一百年来的不平等条约正式终止。
③ 陈旭麓著:《近代中国社会的新陈代谢》,上海人民出版社1992年版,第60页。
④ 〔美〕马文·佩里主编:《西方文明史》(上卷),商务印书馆1993年版,第472页。

织,甚至包括教会,只是在承认国家权力的条件下才能得以存在。"① 到17世纪后期,建立民族国家产生的影响已见诸于欧洲。

近代民族国家的产生,对近代欧洲和整个世界都产生了极为重要的影响。民族国家的一个特点是:"强有力的中央政府的形成必然引起君主同地方政权、同封建领主、同主教有时甚至同议会之间的斗争。"② 由此引发了资产阶级革命的普遍发生。而这种政治斗争一般是以民族主义为动员社会力量的旗帜,因此又推动了民族主义的发展。"资本主义产生后,随着民族国家的出现和发展,民族主义也在不断发展,并逐渐形成一种完整的思想体系。在资本主义发展的上升时期,资产阶级一般说来是革命的阶级,他们举起民族的旗帜,用民族主义思想动员本族人民反对封建专制和割据、反对异族压迫和争取民族独立的斗争,推动了社会的进步,因而这个时期的民族主义一般具有革命性和进步性。"③ 在18世纪后期资产阶级民主和共和的革命运动中,西欧和美国人批判君主政体,颂扬共和思想,"这一思想的核心是国家权力服务于支持和创建国家的人民的利益。"④ 民族国家的另一方面影响是民族国家间的贸易竞争和殖民主义扩张活动。正是这些方面,促使近代世界图景的变化,其集中体现,就是随着东西方联系的密切与加强,世界正在朝着一种前所未有的"一体化"的方向发展。

这种全新的世界图景,对中国形成巨大的压力。一方面,西方国家开展的殖民主义扩张活动,迫使中国不得不受到世界一体化的历史潮流的影响,另一方面,中国自身也不得不在过去的中华帝国的基础上建立近代民族国家。对于中国这样一个老大帝国来说,这一转变是极其艰难和痛苦的。从鸦片战争到1949年中华人民共和国的成立,这一过程一直在持续。

从世界历史的进程来看,中国是一个后发的现代化国家,必须接受现代性的冲击。而能够承担这一全新的历史任务的则是民族国家。因此,近代化或者现代化首先意味着一个崭新的民族国家的建立。在这个问题上,从整体上看,从晚清七十年至1949年,中国社会的反应是比较失败的。大体说来,从1840年到1861年20年间,中国基本上无所作为,这是反应迟滞的表现。洋务运动最终没有实现中国工业与军事的近代化,进而也没有能够

---

① 〔美〕马文·佩里主编:《西方文明史》(上卷),商务印书馆1993年版,第511页。
② 同上书,第473页。
③ 《中国大百科全书·政治学》,中国大百科全书出版社1992年版,第258页。
④ 〔美〕马文·佩里主编:《西方文明史》(上卷),商务印书馆1993年版,第512页。

挽救清政府的命运,这是第二次反应失败。清末十年的"新政",举措虽多,但终究于事无补——清政府期望的君主立宪并没有建立起来。这是中国社会第三次反应失败。1911年的辛亥革命推翻了封建专制制度,但是中华民国在中国失去皇帝出现的权力真空中飘来飘去,民主共和并没有在制度上真正建立起来。这应该说是第四次反应失败——数次的反应"失灵",客观上都对近代中国的"合法性危机"的形成和逐步加深产生推波助澜的作用。笔者以为,近代中国建立自己的民族国家的过程,是近代中国的"合法性危机"——民族危机、政治危机和法律危机的总根源。

(一) 中国近代民族国家的形成

19世纪,西方主要民族国家已基本形成,并成为威胁中国的主要竞争对手。到20世纪开始的时候,中国还处于帝国时代,以中华民族为主体的民族国家尚未形成。从辛亥革命前十年间,中国人对"国家"、"民族"、"国民"、"主权"等问题的认真思考来看,如何建设中国的民族国家的问题是近代中国对西方"现代性"挑战最为有力的和持久的反应。"在19、20世纪帝国主义强烈的侵略下,民族主义思想极其强烈,斗志昂扬,既要洗雪国耻,亦要重振声威。由于帝国主义的对华侵略,20世纪尤甚于19世纪,故20世纪是中国历史上民族主义沸腾的时代,几乎每个中国人均生活于民族主义激动之中。它不仅推动中国的历史与文化快速地向前发展,但亦波涛汹涌的产生激情与理性的相互斗争,使国家与民族,以至于个人均付出惨痛的代价。悲愤与战斗是此一时代中国历史的写真"。①

民族主义思想是一种自然的情感。"所谓民族主义,基本上是一种认同的理论,其产生来自于一种族群的意识。而这种族群意识,又得之于民族内的各分子的自我体认与认同"。② 在1895年以后,特别是1898年帝国主义国家掀起瓜分中国的狂潮,由于民族危机的加重,人民对民族的自我认识明显增强。"在介绍'中国'的概念以取代'大清'时,中国人发觉中国不是一个国家,中国人也还不是民族国家的公民,这使许多有政治自觉的中国人感到

---

① 李国祁:《激情与理性:二十世纪中国历史演进的省思——帝国主义、民族主义与共产主义的互动》,载张启雄主编:《二十世纪的中国与世界》(上),台北"中央"研究院近代史研究所2001年版,第10页。
② 同上书,第9页。

不安。"① 当时比较清醒的中国人有一种共识：中国要想立足于世界民族之林，必须从过去的中华帝国整合为一个有竞争力的民族国家。由此可见，近代民族主义思想的产生，主要是受到西方国家侵略的影响。

中国近代的民族主义的形成，有两个重要的推动力量：一是如何实现国家的富强，另一个就是反对帝国主义，这两个问题都与民族国家的形成密切相关。

1. 关于国家富强问题

鸦片战争之后，少数中国人认为，中国之所以失败，是因为中国的贫弱。如果能通过向西方人学习，引进其技术、设备等，就可以御敌人于国门之外，中国就可以实现独立自主。1861年开始的洋务运动，就是这一思想指导下的产物。洋务运动又称自强运动。"探策之源，在于自强，自强之术，必先练兵。"②以后，洋务思想继续发展，"欲自强，必先裕饷，欲浚饷源，莫如振兴商务。"③

洋务运动开始对富强的追求，是中国近代社会与思想的一大转变。"中国现代化是中国在西力'兵临城下'，人为刀俎，我为鱼肉的劣势下被逼而起的自强运动，这是中国有史以来所受最大的屈辱，过去一百年，即是中国的'屈辱的世纪'。天朝之败于'西夷'，是一屈辱，一败再败，则是大屈辱，败于西夷，而又必须学于西夷，更是屈辱之至。故而，中国百年来之现代化运动，实是一雪耻图强的运动。而此一雪耻图强运动，分析到最后，则是一追求国家'权力'与'财富'的运动。"④ 这里的"权力"与"财富"，对应的就是"富强"。

洋务运动的军事成果，虽然在中法战争与中日战争中化为乌有，但是由此而兴起的依靠富强振兴国家的思想却并没有衰落。相反，追求富强的思想成为近代中国思想的主脉。"中国近代思想，万途同归，其原始基础，实以富强为中心主流。然此富强观念之发生，则西方文明之刺激，列强侵略之压力，又为此种启念之动因。近代中国，患贫而又忧弱，知识分子所觉醒，与所最关心热望，梦寐以求之远大目标，即在要达成国家富强人民康乐之理想境界。所有思想理念之酝酿，政治社会之创制，唤醒民众之言论，奔走呼号之

---

① 陈志让：《现代中国寻求政治模式的历史背景》，载张玉法主编：《中国现代化论集》第一辑，联经出版事业公司1980年版，第281页。
② 奕䜣等：《八旗禁军训练枪炮片》，咸丰朝《筹办夷务始末》卷27，转引自夏东元：《洋务运动史》，华东师范大学出版社1992年版，第32页。
③ 李鸿章：《议复梅启照条陈折》，《李文忠公全书》奏稿卷三九，转引自夏东元：《洋务运动史》，华东师范大学出版社1992年版，第180页。
④ 金耀基：《现代化与中国现代历史》，载张玉法主编：《中国现代历史集》第一辑，联经出版事业公司1980年版，第125—126页。

行动,在无非为此最基本之富强目标所起因。是以百余年来中国思想之发展嬗变,自以谋求富强为原始动力,并为支配此时代所有观念潜流之核心。"①

追求富强的思想的继续发展,则引导中国人走上建立民族国家的道路。"为了达成其要求的目标——国家的富强——中国不仅需与西方科学技术,而且需与西方政治原则和普通知识相竞争。此种趋势的初步,是在天与天子之间插入一部宪法,而将皇帝置于天命与百姓二者之下。由于一部宪法是具体的、明确的、不能规避的,人民的意见势将取代上帝的意旨。"② 这样一来,中国的现代化运动,也从所谓"器物层次的现代化"进入"制度层次的现代化"(梁启超)。1898年的戊戌变法与1901年的清末新政,都是"制度层次的现代化"。应当指出,无论"器物层次的现代化",还是"制度层次的现代化",都是与追求中国的富强的目标具有内在一致性的。

1911年辛亥革命发生,次年中华民国宣告成立。中华民国的成立,开辟了一个在制度层次上建设近代民族国家的千载难逢的历史契机。然而遗憾的是,中国并没有利用好这个有利时机。在经历了一个短暂的统一——袁世凯的统治之后,中国立即陷入四分五裂的军阀割据的局面。这样一来,中国民族国家的建设,就不得不延缓下来。中华民国北京政府统治时期,制度层面的建设——似乎是一种"试验",并没有停止。但是,由于中国没有民主政治的经验,这一时期又缺乏一个强有力的中央政府的主导,民众的启蒙滞后,民主政治的社会基础极为薄弱等原因,中国进行的与民主共和相关的种种制度实验——包括极有价值的总统制、宪法地位的重视、地方与中央的权力划分的制度、政党制,等等,几乎都以失败告终。直到1924年国民党的重新崛起,北伐的完成,才结束一个难以收拾的局面——一个由于清帝国的解体与皇帝制度的崩溃,继而由于维系南北统一与新旧融合的共和理想的破灭,中国出现长期权力真空和由这种真空造成的混乱局面。

1928年,国民党通过北伐,完成中国的统一,政权稳定下来。国民党政权继续了近代中国以富强——主要的是"强"——缔造民族国家的事业。"事实上,从1895年至1949年,当政的国民党主要而一贯的事务,不管反对帝国主义与否,是国家的建构,特别是政府的制度——在富强的目标下,完

---

① 王尔敏著:《中国近代思想史论》,社会科学文献出版社2003年版,第170页。
② 陈志让:《现代中国寻求政治模式的历史背景》,载张玉法主编:《中国现代化论集》第一辑,联经出版事业公司1980年版,第277页。

成宪法的起草、文官制度的重建、国防的重建、经济的重建。"①

近代中国人民追求富强的根本目的,是为了保持国家的独立、统一与自尊。为达到此目的,就必须反对帝国主义。这可以说是追求富强的直接目的。这一点看起来似乎有点矛盾:"大多数人认为中国之贫弱部分是由于帝国主义者的侵略,但是反帝国主义的功效要依靠'富与强',因此,中国之解救不在于与帝国主义者正面冲突,而在适切地完成'国家之富强'。"②

2. 关于反对帝国主义的问题

帝国主义的入侵,是近代中国史的一个基本因素,也是中国发生近代化运动的一个基本动因。中国是一个所谓"被迫近代化"的国家,实际上就是这个因素的推动。但是,这绝不是说帝国主义对中国的近代化有多大贡献。相反,帝国主义的存在,时刻干扰、破坏、威胁中国的独立、安全、统一与自尊,是一个阻碍近代化发展的基本障碍。对于中国近代民族国家的建设,帝国主义同样是一个极为不利的因素。但是,对于帝国主义的认识,在二十世纪开始之前,虽然感觉其恶劣与可气,但也无可奈何。这种情况到中华民国成立以后,情况有所改变。

1919年以后,一个新的因素注入中国民族思想,就是反对帝国主义的观念。"在1919年以后,一个民族主义者追求'国家的富强'还是不够的,他必须同时反对帝国主义。"③ 这一思想,"给予中国一种明确的主权概念与一种团结力,使人民环绕在政府之下鼓舞起来。国家的统一几乎完全依靠它,结果,政府及其领导者的威望也是同样依靠它。"④

1919年的"五四"运动,本质上是一场反帝爱国运动。这场运动中突显了青年与民众的作用,他们逐渐成为以后现代化的主力军。1926年,改组后的国民党发动武力统一中国的国民革命——"北伐"。"国民党在容共的同时吸收了大量的边缘知识青年,胡适特别强调这些人是受新文化运动思想而不是'左'倾思想的影响。故胡适正式把国民革命纳入他所谓的'中国文艺复兴'之中,将其视为新文化运动的发展和继续。"⑤ 不仅如此,"国民革命提出的'打倒列强除军阀'的口号正是五四运动'外抗强权内除国贼'口号

---

① 陈志让:《现代中国寻求政治模式的历史背景》,载张玉法主编:《中国现代化论集》第一辑,联经出版事业公司1980年版,第283页。
② 同上。
③ 同上书,第282页。
④ 同上书,第282—283页。
⑤ 罗志田著:《乱世潜流:民族主义与民国政治》,上海古籍出版社2001年版,第189页。

的直接继承,亦切合民间大众的民族主义情绪。结果,国民党在政治文化上既保持与民间大众的沟通,又与五四新文化运动主流部分汇合,开始从边缘走向中央。"① 国民革命的成功,中国完成统一,其基本的力量,就是中国民众渴望国家的统一,而北伐不失时机地利用了这个力量。国民革命的成功,也显示了中国反对帝国主义,建设中国民族国家的决心和力量。随着日本帝国主义入侵中国,中国人民便掀起了艰苦卓绝的抗日战争。

"二十世纪是帝国主义、民族主义与共产主义互动的时代。"② 近代中国在帝国主义的压迫之下逐渐形成近代的民族主义思想——一种融合了种族、文化与主权等要素的民族主义观念,并在这一思想指导下,进行民族国家的建设——一场可以称之为"民族主义运动"的一连串历史事件。然而,中国建立民族国家的历程,不是一帆风顺的。从鸦片战争以后,中国人一方面从借助"西学"推动中国的政治改革,另一方面,"许多人受了西方民族主义的冲击,急于透过民族国家的建立,使中国能竞立于世界,此可以孙中山先生所领导的革命运动为代表。及民国成立,实行五族共和,虽然内部的民族问题没有完全解决,不平等条约亦未废除,但在表面上已成为一民族国家。在建立民族国家的同时,中国引进西方式的民主,但归失败。其后,军阀当国,中国每况愈下。到五四运动时期,重新肯定了西方式的民主,同时也强调科学对国家建设的重要性,因北京政府没有计划向这方面走,民间又无强有力的中产阶级来支持,虽有少数知识分子孤军奋斗,影响不大"。③ 在这种情况下,民族主义的发展主要依靠反对帝国主义的旗帜来号召。其表现就是借"攘外"以"安内",建立威权政府。这种政府虽然有民族国家的形式,但是缺乏内在的民主因素,仍然处于"合法性危机"之中。

从1895年到1949年,中国以建设近代民族国家为使命的民族主义运动,经过半个多世纪的努力,终于在共产党的领导下,取得了历史性的伟大成就——建立了中华人民共和国。应当指出:"这个新政权是带有强烈民族主义特征的运动的产物。它恢复了清中叶以后不复存在的国家统一和中央集权,并与社会基层建立起一种强有力的组织联系,也就使它可以发起蓬勃

---

① 罗志田著:《乱世潜流:民族主义与民国政治》,上海古籍出版社2001年版,第189页。
② 李国祁:《激情与理性:二十世纪中国历史演进的省思——帝国主义、民族主义与共产主义的互动》,载张启雄主编:《二十世纪的中国与世界》(上),台北"中央"研究院近代史研究所2001年版,第7页。
③ 张玉法:《中国现代化的动向》,载张玉法主编:《中国现代化论集》第一辑,联经出版事业公司1980年版,第93页。

的发展计划。由此产生的中国国力的提升和国际地位的提高满足了某些民族主义者的渴望,同时使国内外人士意识到,中国有可能去实现他们高涨的民族主义抱负。"①

中华人民共和国的成立,标志着中国近代民族国家的最终形成。

(二) 中国近代的"合法性危机"

近代中国的"合法性危机",意指近代中国在西方民族国家基本形成的时空格局下,由于帝国主义的入侵,但更主要由于中国历史传统自身的缺陷,而产生的以"民族国家认同"为中心的危机局面。

近代中国民族主义运动,是以支持中国近代民族国家的形成为历史使命的。但是,在中国建构民族国家的过程中,却发生了长期的"民族国家认同(national identity)"问题。② 这一问题的实质,则基本上是一个政治合法性问题——寻求民族国家的合法性基础的问题。"民族主义的运动具有两个在相互间被有机联系在一起的意义层面。在外部,作为一个独立、统一的主权国家,它应当在现代国际体系保卫属于自己的、与其他国家相平等的地位,以及领土和主权的完整。在内部,它应当确立在全体国民中间完全平等的、民主的权利和义务,以此作为要求人民认同国家,并且对国家保持政治上忠诚的合法性基础。"③ 近代中国在"民族国家认同"问题上,表现出一种不能自拔的严重危机——合法性危机。这种"合法性危机"既表现在技术层面,又表现在政治层面,最后表现为价值观念层面。为应对这种"合法性危机",中国人先后提出"师夷长技"、"中体西用"、"全盘西化"、"德先生、赛先生"等方案。这些方案虽或有可取之处,但无一能使中国摆脱"合法性危机",挽救近代中国的悲惨命运。中国法律近代化,作为近代中国应对危机的一部分,深深烙上"合法性危机"的印痕,具有明显的"危机——应对"功利性。

1. "合法性危机"的根源与类型

中国近代的"合法性危机",根源首先在于中国历史传统自身。中国传

---

① 〔美〕詹姆斯·汤森:《中国的民族主义》,载复旦大学历史系、复旦大学中外现代化进程研究中心编:《近代中国的国家形象与国家认同》,上海古籍出版社2003年版,第193页。

② 关于这个问题的学术渊源,可以参考姚大力:《变化中的国家认同》,载复旦大学历史系、复旦大学中外现代化进程研究中心编:《近代中国的国家形象与国家认同》,上海古籍出版社2003年版,第121页。

③ 姚大力:《变化中的国家认同》,载复旦大学历史系、复旦大学中外现代化进程研究中心编:《近代中国的国家形象与国家认同》,上海古籍出版社2003年版,第118—121页。

统社会,是以农业为本的一个自给自足的社会系统。中国传统以儒家为主流的中心价值系统,重视天人合一,重视社会秩序与人伦之规范。这套中心价值系统的主要功能,就是社会"整合(integration)",强固社会之和谐与统一。通过深密繁复的文字传统、教育制度、考试制度、文官制度——特别是法律制度,这套价值系统得以长期维持不坠,绵延不绝。中国在这一长期的历史结构里,由于地理上与外界相对隔绝,自身文化比较周围民族发达,自然而然形成中国为"天下"的民族优越意识。"中国社会严格来说不算一个国家,维系古中华帝国之统协性者,是上面提及的儒家中心价值系统",因此,"我们只能说中国传统社会只是一以文化为基底的'天下性'结构,而不能说是一以政治为基底的'国家性'的结构。"①

以这种历史传统为基础,中国人形成独特的民族意识。"中国自古并不乏种族思想,惟为天朝概念及文化惟我独尊观念所掩盖。自上古以迄清代中叶,所表现的民族思想,重点在于族类之异与文化之优越感。两者比较则文化意识特别深强,族类的分别,反居次要。"② 中国古代的民族思想,主要是这种族群(种族)意识与文化意识的结合。传统中国——大清帝国或中华帝国,就是以这种"文化认同"为基础,加上模糊的种族观念糅和而成。

但到了近代,缔造民族国家的历史任务日益成为摆在国人面前的首要任务。这样一来,这一旧的认同基础便发生了动摇——民族国家要求一个与之相适应的新的认同体系。这个体系包括过去比较明确的文化要素;但是,过去模糊的种族观念必须得到澄清。更重要的是,必须增加一个新的要素:主权。由此可见,近代中国民族主义的发展趋势,主要是从强调文化发展为强调主权。与此同时,种族观念也比以前突出和明晰。"至中法战争、中日战争以后,因主权观念的认识及列强瓜分中国之威胁而增强中国的民族思想。主要由于增加了主权观念,使中国民族主义具备了族类、文化与主权三个要素,而三者并在此同一时期为中国官绅所广泛讨论。"③ 近代中国的"合法性危机",亦即"民族国家认同"危机,就是由于国人对于这三个要素在构成民族国家中,所应有的地位与作用的主张的不同而引发的争端。这种争端,就其性质而言,可以分为以下两个不同类型:

---

① 金耀基:《现代化与中国现代历史》,载张玉法主编:《中国现代历史论集》第一辑,联经出版事业公司 1980 年版,第 123 页。
② 王尔敏著:《中国近代思想史论》,社会科学文献出版社 2003 年版,第 31 页。
③ 同上书,第 31—32 页。

第一种，由于人们对民族国家的构成要素的认识不同，分为"文化论式的民族主义"与"种族论式的民族主义"。前者坚持文化认同的标准，将主权要素与文化认同混淆，同时坚持广义(模糊)的种族观念。其基本主张，就是坚持在维护满清政权的前提下，进行民族国家的建设，主张缓慢地变革或改良。而后者则与之对立，强调主权要素的基础地位，坚持狭义(清晰)的种族观念，把文化要素置于次要地位。其基本主张，就是坚持建立以汉族为主体的政权，革命排满，主张激进的变革。这一冲突发生于辛亥革命前夕，存在于改良派与革命派之间。

第二种，就民族国家的性质而言，分为"自由民主的民族主义"与"威权国家的民族主义"。前者认为，中国必须建立独立、统一与法治的国家，这个国家应当是全体国民组成的，建立民主共和的政体，全国各族人民一律平等，人民基于宪法，享有普遍的自由与人权。而后者则主张，只要能够维持中国表面上的统一与独立，就是合格的民族国家。同时，为了达到这一目的，必须建立威权体制，在一定程度上限制或者剥夺人民权利是必须的，至少是可以容忍的，政治的民主程度与民族国家的存在与发展没有必然的联系。这两种思想与政治力量的斗争，比较明显的主要有三次：第一次发生于中华民国建立后，袁世凯批准《二十一条》，实行"洪宪帝制"，由此而引发的政潮。第二次则发生于国民革命时期，重新崛起的国民党与执政的北洋政权之间。新文化运动中，执政的北洋军阀政府与主张"民主"与"科学"的青年与民众之间的斗争，可以看作其前奏。第三次则是发生于抗日战争时期，执政的国民党与共产党和其他民主党派之间的斗争。而这些斗争又表现为宪法层面的斗争——关于宪法合法性的危机。

由此看来，近代中国的"合法性危机"或"民族国家认同"危机，比较严重的，就是上述四次。

2. "文化论式的民族主义"与"种族论式的民族主义"

坚持"文化论式的民族主义"者，大都是清政府官员，包括各地督抚或王公大臣，以及维新党人和立宪派士绅，以张之洞、康有为、梁启超为代表。他们以文化认同为基础，来追求国家的富强，将中西(文化)对立，立意在于攘外，对于满汉两族，则视为一体，在尊重清政权的前提下，开展自强运动与民族国家的建设。张之洞认为，自西力东渐，中国所面临的危机，除了遭受列强——帝国主义国家政治、经济、军事的侵略，还有思想文化的冲突。人们对此"世变"提出种种救时救国的方法，但均不切要害。他认为军事与文化对于国家民族最为重要，主张满汉一体，以为国人不仅应忠于国家，更应忠于代表国家的满清政府。他认为,满清执政以来,政治各方面好于明代,国人应知感恩,相信满清已接受中国文化与道统,即是中国的一分子。他希望人们通过对中国文化的认同,不分满汉,精诚团结,一致对外,共同抵御白种人的帝国主义侵略。但是,张之洞的思想有一定的狭隘性。他所谓中学仅限于儒家正统思想,而西学亦仅限与专制政体和纲常观念不相矛盾的知识。康有为对传统中学的认识与张之洞不同,但限于西学的认识,其思想学说难以为汉族知识分子的民族国家要求与种族论民族主义的激情。

梁启超在当时民族主义盛行的时期,避而不谈种族问题,只谈国家问题,有意无意将民族、国家与民族国家观念混淆。梁启超认为,对西方不断扩张的帝国主义,除了发展中国的民族主义之外,别无他法。正如富有侵略性的西方民族主义建立在民众的基础上,中国的民族主义也必须如此。只有全民族的共同努力,才能抵抗一个外来民族合力推进的扩张。"国者积民而成,舍民之外,则无有国。以一国之民,治一国之事,定一国之法,谋国之利,捍一国之患,其民不可得而侮,其国不可得而亡,是之谓国民。"① 他还提出"新民说"。他认为,在传统国家,人民是消极的,与此相反,近代国家的国民则积极参与政治生活。从这个观点来看,民族共同体是其组成成员一个共同的和一致的目的,国家不过是这种民族共同体的一种组成方法。从这个意义说,民族国家思想涉及到国民思想,民族主义与民主化密不可分。② 在梁启超看来,国民不再是传统专制制度下的臣民,他们是国家主权的主体,与传统统治者的统治权被认为是来之天意不同,近代国家统治者的权力必须来自人民的意愿。③ 从这里可以看出,梁启超在其民族国家的思想中,包含着极为浓厚的民主观念。

此外,立宪派对于民族主义,也坚持文化认同的观念,不主张排满革命,但在其成立责任内阁与行立宪政的目的为清政府拒绝后,很自然地出格激愤,转而与革命党人结合。由此可见,在"文化论式的民族主义"一派中,也存在严重分歧。而在建立民族国家的问题上,满清政府势单力薄,不知因势利导,最终陷于绝境。

"种族论式的民族主义",主要为西学熏染的新知识分子所主张。他们接受西方的民族国家的观念,"其建立近代民族国家的要求愈强烈,反满的

---

① 梁启超:《论近世国民竞争之大势及中国之前途》,《饮冰室合集》第二册,文集之四。
② 梁启超:《新民说》,《饮冰室合集》第四册,文集之九。
③ 梁启超:《国家思想变迁异同论》,《饮冰室合集》第三册,文集之六。

革命思想遂而沛然成为时代思潮的主流"。① 其代表人物有邹容、章太炎和孙中山等。他们将中国近代以来的丧权辱国,全归于清政府的腐败无能。满清政权是中国实现富强的最大障碍。而欲实现国家的振兴,必须铲除这一腐败政权,建立汉族人的政权。由此而形成革命的主张。其思想逻辑为:革命覆满——建立汉民族国家——建设新中国。视中国走向富强的现代化,以建立民族国家为第一要义。这种民族主义充满激情,在革命成功以后,又有所修正。"种族论式的民族主义"实际上是辛亥革命的原动力。通过辛亥革命,这种思想大大推动了中国民族国家的形成。"辛亥革命在中国现代化中之意义,最主要的乃在它结束了二千余年的'朝代国家'的形态,而代之以一'民族国家'的形态。亦是结束了传统中国以文化为基底的'天下性'结构,而代之以政治为基础的'国家性'结构,这是中国传统政治形态的一突破与创新。这在中国政治现代化的过程中是一极重要的里程碑。"② 由此看来,在这两种民族主义的斗争中,"文化论式的民族主义"最终为"种族论式的民族主义"所战胜。但是,前者的合理因素,也为建立民族国家后的革命党人所吸收。

3."自由民主的民族主义"与"威权国家的民族主义"

关于民族国家的性质,亦即宪法合法性的斗争,是近代中国,特别是中华民国成立后各种斗争的一个焦点。其原因,概在于近代随着人民权利意识的增长,必要求一部宪法予以明确宣示。自清末新政进行立宪的尝试,尽管其后因辛亥革命化为泡影,但是,此后当政者无不以宪法标明自己政权的合法性。然而因宪政的观念并未真正确立,这些宪法往往徒有虚名,即无法确保人民权利与自由,则最终流为不同政治力量争权夺利的工具,宪法只剩下一张皮而已。中华民国成立以后,近代中国民族主义的增长,维持一个统一的主权国家基本上成为世人的共识。但是,对于确立主权国家的法律依据的宪法,不同的政治派别却各执一词,认识极不相同。不仅如此,对宪法性质的争论,往往是各种政治力量斗争的中心环节。

1901年开始的新政运动,基本的工作就是实行预备立宪。但是,由于主张君主立宪者与革命党人的立宪观念严重对立,使清末制宪流产。然而,

---

① 李国祁:《激情与理性:二十世纪中国历史演进的省思——帝国主义、民族主义与共产主义的互动》,载张启雄主编:《二十世纪的中国与世界》(上),台北"中央"研究院近代史研究所2001年版,第12页。

② 金耀基:《现代化与中国现代历史》,载张玉法主编:《中国现代历史论集》第一辑,联经出版事业公司1980年版,第130—131页。

就实质而言,"清末变法,则偏重民主宪政主义"。① 于是,"宣统五年"——这个清政府最后制定的立宪年份,便成为清政权遗留给中国人民的一个可耻的记号,也成了一个永远的历史悬念。

1912年中华民国成立,袁世凯以北洋军阀为后盾,攫取政权。为了防止袁背信弃义,毁弃共和,国民党苦心孤诣制定了《中华民国临时约法》。这种做法使袁认识到宪法可以服从某种政治需要。于是,手握权柄的袁便开始一连串的政治冒险。从暗杀宋教仁,到解散国民党,从接受《二十一条》,到实行"洪宪帝制",值得一提的是,袁世凯竟然曾经制定过一部宪法——《袁记约法》。但,那不过是他曾经玩弄的一个小小的政治游戏而已。他自己却也并不在意。最后,众叛亲离的袁世凯,终于伴随其自然生命的终结,结束了自己的政治生涯。

中华民国并没有因袁的离去而发生转机。相反,袁死后政治局面更为糟糕。大小军阀混战不已,从1912年《临时约法》,到1923年《中华民国宪法》,中间还有1914年《中华民国约法》(袁记约法),已有三部正式宪法。若加上1911年清政府颁布的《宪法重大信条十九条》,在13年中,中国的历史上就已经有了四部"宪法"。如往细处说,则自1912年至1928年,北洋军阀控制的北京政府先后组织了五十九届内阁,其中正式内阁二十一届,代理内阁二十八届。临时内阁十届,平均每一届内阁的任期仅约一百天。② "这些军阀是坏的'儒教徒'以及坏的民族主义者。可想而知,他们是在儒家帝国崩溃与民族国家兴起之间的空隙时间控制中国的人。他们是中国缺乏稳固体制的产物,而且也促使这种混乱状况延长。"③

在这一时期,由于日本对中国的侵略意图更为明显,加上军阀统治的混乱,乃发生了新文化运动和五四运动。"爱国的知识分子一方面在切盼中国能重振声威,免除亡国之祸的民族主义思想鼓舞下,相信革命之所以不能救中国,实由于传统与社会过于落伍,难符合现代化的要求,因此乃发生要改革文化与社会的五四运动。"④ 这些知识分子对中国社会、中国文化和道德

---

① 展恒举著:《中国近代法制史》,台湾商务印书馆1973年版,第106页。
② 张玉法著:《中国现代政治史稿》,东华书局1988年版,第106页。
③ 陈志让:《现代中国寻求政治模式的历史背景》,载张玉法主编:《中国现代化论集》第一辑,联经出版事业公司1980年版,第295页。
④ 李国祁:《激情与理性:二十世纪中国历史演进的省思——帝国主义、民族主义与共产主义的互动》,载张启雄主编:《二十世纪的中国与世界》(上),台北"中央"研究院近代史研究所2001年版,第23页。

所采取的怀疑和态度,对辛亥革命失败的激愤,他们强烈的民族主义的情操,对社会政治和文化进行根本改革的迫切要求,即对建立一个基于新的自由、民主和科学价值的新中国的渴望,由于袁世凯的无耻篡权和夭折的帝制运动和张勋的复辟而使他们产生的对整个社会旧邪恶势力的深刻认识,以及他们对中国传统的中心价值体系的极度疏远——凡此种种,决定了五四运动是一次"全盘性反传统主义"运动。①

与此同时,南方的革命势力一再发起"护国战争"(1915年)、"护法战争"(1917年)、"二次革命",最后是"国民革命"。1924年国民党完成改组,并接受"联俄、联共、扶助农工"、"新三民主义"的政策。"不幸的是,国民党在孙逸仙去世后一度趋于分裂,而此后内部敌对的派系都求助于军队,终于开启了军事凌驾党派之大门。结果,党及其军队都削弱了。"② 1928年,旧军阀的政权名义上结束了,中国完成了表面上的统一。但是,"国家基本上仍是分裂的,内战没有停止,帝国主义者的侵略仍未减轻。富强的幻想仍如从前一样遥远。"③

国民党与共产党的矛盾由来已久。从某种意义上说,两党的宗旨决定了彼此将是互不相容的。国民革命中,国共双方都作出了自己的贡献。1927年国民党政权稳固,按照总理"遗教",实行"训政"。同时,国民党力图建立一个"威权国家",遂决定从政权中排除共产党,实行"清党",双方矛盾激化。从"九·一八事变"到"七·七事变",逐步上升的民族危机迫使中华民族在危机面前作出选择。国民党的长期"训政",使共产党人肩负起民族革命和民主革命的双重任务。民族矛盾的上升激起民族心理的高涨。这样一来,不同的政治派别作出了共同的选择。这种共同的选择促成八年全民族抗战。然而因民族矛盾而第二次合作的共产党人和国民党人,并没有因民族矛盾而化解彼此之间深刻的政治分歧。双方固守自己的阶级立场,将这种矛盾与斗争引向抗日战争结束以后。最后经过战争,共产党人战胜自己的政治对手,建立了一个新的政权——中华人民共和国。经过110年的屈辱和多难之后,中华民族终于在世界民族之林中站起来了。

---

① 林毓生著:《中国意识的危机——"五四"时期激烈的反传统主义》,贵州人民出版社1988年版,第50页。
② 陈志让:《现代中国寻求政治模式的历史背景》,载张玉法主编:《中国现代化论集》第一辑,联经出版事业公司1980年版,第296—297页。
③ 同上书,第297页。

三、近代中国的民族危机、政治危机与法律危机

(一) 民族危机

近代中国的民族危机,根本的一点,就是中国要保持一个独立国家的地位和形象,而由于西方列强的存在,这种意图总是受到抑制和不断干扰。从鸦片战争到1945年中国取得对日战争的最终胜利,除了中国的藩属,中国的固有领土也丧失许多。除了割地,中国由于对付外来侵略而失败的战争,不得不支付巨额赔款。鸦片战争失败后的《南京条约》规定中国的赔款是2100万元,《辛丑条约》规定的赔款本息共达白银九亿八千多万两(实际支付的为66000万两)。中国的海关长期被外国人控制。作为国家主权的重要组成部分,中国的司法主权因所谓治外法权,丧失长达一百年之久(1842—1943年)。这些还不是近代中国民族危机最为紧迫的。1898年帝国主义国家掀起瓜分中国的狂潮;20世纪20年代,在袁世凯帝制活动中,日本意欲中国接受其《二十一条》;"七·七事变"以后,日本帝国主义大举入侵中国,都使中国面临亡国灭种的危险。为保持中国的民族独立和尊严,中国的民族主义在西方的枪炮声中艰难成长,但屡遭摧残,备受挫折。近代中国的民族危机,是中国历史上最为惊心动魄之一幕。

在外部压力的冲击下,国家要生存下去,则必须动员一切力量予以有力回应——这种情况也是检验传统社会自身的调适能力与生存能力极为难得的机会。中国社会对于西方国家的因应,或者迟滞,或者最终陷于绝境,究其原因,"大体上可以认为,自近代以来,中国的传统专制国家的保守的官学化的意识形态信条与高度集权的专制政治体制相结合,形成一种特殊的回应西方挑战的综合反应模式。在这种模式下,一方面,保守的意识形态与传统思维方式相结合,作为对西方冲击的信息进行认知与判断的解释框架,这种解释框架不能对这种信息的性质与意义做出客观准确的判断与处理。另一方面,传统政体结构的僵化性及其'防民泯乱'的宗旨,使之不能对自身进行自我更新,其结果就进一步在中西冲突中遭受新的屈辱、挫折与民族危机。"[①]

在近代中国,除了上述国际背景下的民族危机,还有一种狭义的民族危

---

① 萧功秦著:《危机中的变革》,上海三联书店1999年版,第10—11页。

机——来自下层社会的汉民族反抗异族统治的运动。清朝是以人数不多的满族建立的政权。在其入关建政之前,基本上是一个游牧社会,由于文化的巨大差异,使其建立全国政权以后,无论采取怀柔抑或高压民族政策,都十分防猜。在政治统治方面,各省督抚,以满族官员为主,参用汉人,往往是不得已而为之。在思想领域,实行"文字狱"政策,严厉打击有反清思想的知识分子。

清人入关,遭到明代士大夫的激昂反抗,尤其是在江南一带。他们的反抗力量是微弱的,然而他们反抗异族的意识则极其普遍而深刻。中国人的民族观念,包含着极为深厚的文化意义。"夷狄进于中国,则中国之",反过来,"诸夏而夷狄,则夷狄之"。故有"闻以夏变夷,未闻变于夷"。"华夷之辨"这种观念,在明末表现得十分强烈。明末"遗民",为了保持自己的民族自尊与民族文化,常常采用消极隐退,不与清政府合作的态度。他们以出家、行医、务农、处馆、苦隐、游牧或者经商的生活方式,来显示自己的志节。在清代的汉族知识分子中,一直保留着一定程度的反对朝廷、反功利的思想。到了士大夫反抗清代的意志逐渐消沉,则吏治又振作不起来,末了,受苦的只有下层的老百姓。由此又引起下层社会反抗清廷的气焰渐渐炽盛。"这是狭义的部族政权不可避免的一种厄运"。①

在这种反抗异族统治的斗争中,对清政权威胁最大的一次就是道光末年的太平天国起义。这次起义打出的口号有"官逼民变"、"天压满清"、"朱明再兴"等,农民战争持续十四年,使清朝的元气大伤。虽然起义失败,但是在中国近代史留下了极为重大的影响。究其根源,就是它打出了种族革命的旗帜。历史学家有所谓"同治中兴"的说法,其中因平反太平天国农民起义而获得权力的曾、左、李、胡等,号称中兴的功臣。按理说,这是一次清朝复兴的机会。但是,"因清政府种族观念太深,不能推诚大用"。②

近代中国的民族危机与中国法律近代化联系极为密切。事实上,清末十年的法律改革,正是从修改不平等条约、废除治外法权开始的。辛亥革命结束了封建帝制,开创了实行民主共和的新局面。而"驱除鞑虏,恢复中华"是辛亥革命的纲领之一,"革命排满"更是辛亥革命的响亮口号——狭义的民族问题对近代中国法律近代化的冲击同样不能小视。

---

① 钱穆:《国史大纲》(修订本),商务印书馆1997年版,第864页。
② 同上书,第887页。

(二) 政治危机

近代中国,不仅时刻面临民族危机,而且政治危机同样十分深重。

近代中国的政治危机是中国传统社会结构与政治体制在特定的历史条件下发生的一种必然反应,也可以说是内忧外患的"综合症"。

首先,近代中国的政治危机,其根源在于僵化保守、积贫积弱的传统社会制度。

清朝康熙、雍正和乾隆三朝,社会承平,政治清明,秩序井然。但是到了乾隆朝中叶,由于帝王精神一代不如一代,满族官员日益贪污放肆,汉人志节日衰及人口的快速增长等原因,"清室即入衰运"①。其突出表现就是乾隆朝的权臣和珅贪污案,据薛福成《庸庵笔记》记载,嘉庆帝发布上谕几天工夫就查抄和珅家产109号,其中26号估价折合白银2亿2千万两,相当于清政府同期五年的财政收入总和。当时北京街头一度盛传和珅的财产8亿两之多。到了嘉庆、道光年间,逐渐陷入危机之中。其表现之一是捐纳与署职的滥泛。嘉庆朝开始至6年,捐纳达3000万两。道光统治30年中捐银达3300万两。由于捐纳盛行,仕途人满为患,署官泛滥成灾。通过捐纳得官者,上台以后便变本加厉,肆意搜刮民财。其次,官员贪污攘窃之风弥漫上下。上至机要大臣,下至理民官、漕运、盐政、河工衙门等,几乎无官不贪。嘉、道年间,朝政废弛、道德沦丧也十分明显。各级政府机构臃肿,办事拖拉推诿,官员因循守旧、敷衍塞责。地方官更是营私舞弊,广泛从商,一心向钱看。封建道统和封建规范遭到破坏,道德沦丧,世风败坏。与此同时,八旗兵和绿营也日渐衰微。八旗兵丁大多不事生产,军纪涣散,其统帅克扣军饷,内部阶级分化严重。种种迹象表明,清政府的统治能力已经大不如以前了。

作为上述种种社会矛盾和危机的反应,频繁的农民起义接连不断。嘉庆元年(1796年)爆发了白莲教起义,历时9年,遍及湖北、四川、河南等五省。同时期,又发生了湘黔苗民起义,到嘉庆十二年才平息。嘉庆二年(1797年)台湾发生小刀会起义。嘉庆七年,在广东发生了天地会起义,同年发生蔡牵领导的东南沿海渔民起义,在闽浙粤三省坚持十四年之久。嘉庆十八年(1813年)陕西岐山发生木工起义。道光十二年(1832年)发生台湾人张丙领导的反清起义。道光十五年(1835年)发生了山西赵城先天教

---

① 钱穆:《国史大纲》(修订本),商务印书馆1997年版,第865页。

起义。

社会积弊的涌现,在一些知识分子中产生了变革的思想。表现在学术领域,就是主张经世致用思想的今文经学的产生。其代表人物有庄存与(1719—1788年)、刘逢禄(1776—1829年)、龚自珍(1792—1841年)、魏源(1794—1857年)等人。其学术思想围绕社会实际问题,用今文经学讲经世致用,讲夏商周因革损益,讲据乱、升平、太平三世,倡议政治变革。他们要求士人有廉耻,积极参与政治,寄希望于中枢大臣有所作为。同时他们拿起笔来议论时务。这种批判现实的思想一直持续到清朝末年。

"中国传统社会晚期的结构,有如今日美国的'潜水艇夹肉面包'。上面是一块长面包,大而无当,此乃文官集团,下面也是一块面包,也没有有效的组织,此乃成千上万的农民。其中三个基本的组织原则,此即尊卑、男女、老幼,没有一个涉及经济及法治和人权,也没有一个可以利用。"① 这一结构,成为延续两千多年的中央集权君主官僚专制主义的坚固基础。"这一社会结构,在国家运作上,一面造成官僚集团对权力的全面垄断,绝对排斥民众对于政治的参与和对于权力的分享,另一面造成下层民众对权力的畏惧、崇敬和无条件的屈从。家庭宗法关系造成的伦理等级秩序,导致政治权利的形式高度伦理化,亲情重于法律,人治压倒法治。权力高度集中,还导致权力争夺的激烈化,导致权力易于被滥用,以及变权力为特权,使官僚集团的膨胀无法遏止,政治的腐败无法根除。"② 在没有来自外部压力冲击的情况下,这种社会结构及与其适应的政治结构,可以保持社会的"超稳定"存在——短暂的"革命"事件只能改变上层统治者的组成,却始终无法改变这种"官僚——民众"的二元结构。

其次,中华民族必须从过去的"中华帝国"缔造转换为近代民族国家,这一近代国际背景是中国政治危机总爆发的特定的外部历史条件。

从中国自身历史发展来看,近代中国的一项基本历史任务,就是必须在民族认同方面实现从"中华帝国"到近代意义上的民族国家的转变。中国传统的士大夫知识分子们,往往具有一种"天朝上国"的文化优越感。这种以文化认同为基础的民族观念,虽然在历史上成功地处理了中原与四周民族

---

① 黄仁宇:《〈万历十五年〉和我的"大"历史观》,见《万历十五年》,中华书局1990年版,第264页,转引自姜义华:《论近代国家与社会非同步发展的政治整合》,载复旦大学历史系、复旦大学中外现代化进程研究中心编:《近代中国的国家形象与国家认同》,上海古籍出版社2003年版,第13页。
② 姜义华:《论近代国家与社会非同步发展的政治整合》,载复旦大学历史系、复旦大学中外现代化进程研究中心编:《近代中国的国家形象与国家认同》,上海古籍出版社2003年版,第13页。

关系,但是却并不适应近代以来所形成的由以主权为基础的民族国家构成的国际关系的新局面。代替这种文化认同观念的是以政治认同为基础的近代民族主义。近代中国,民族主义作为一个深层原因,一再推动着国内政治发展——19世纪60年代以后,洋务运动把实现国家富强作为根本目标;甲午战争以后,发生了以君主立宪为目标的维新变法运动和清末制宪活动;到民国时期,先是爆发了来自社会中下层的力量——会党推动的辛亥革命,继之进行了以实现国家统一为目标的北伐等。这些历史事件看起来似乎杂乱无章,实际上一个潜在而有力的因素却在持续不断地发挥作用,这就是以重建政治权威、实现国家民主富强为目标的民族主义。"如果将晚清以来各种激进与保守、改良与革命的思潮条分缕析,都可发现其所包含的民族主义关怀,故都可视为民族主义的不同表现形式"。①

"现代化就意味着中国的民族主义,而民族主义则预示着满人统治的终结"②,因为清政府是"反民族主义的"③。民族主义及近代民族国家的成长,集中表现为对一种与民族国家相适应的新型政治制度的渴求。这种政治制度的核心,就是民主与共和的观念。"民族国家的形成,最初正是通过权力主体转移到全体国民一方、亦即形成所谓人民主权而实现的。权利在民以及承认各个不同阶层的民众中间的基本平等是现代民族国家观念的精髓,同时这正是民主的基本原则。在这个意义上,'民主是与民族意识同时诞生的'。……'在近代西方,18世纪启蒙时代兴起的民族主义,在极大程度上是一场限制政府权力、确保公民权利的政治运动'。"④ 1898年发生的维新变法运动和1901年开始的制宪活动,是清政府内部发生的这种民主政治的两次不成功的尝试。1912—1928年中华民国北京政府时期所进行的议会民主和政党政治的实验,本质上就是在上述民主化潮流主导下的产物。只是这些实验都没有取得实效,最终归于失败。

近代中国的政治危机,对法律近代化的影响极深。

---

① 罗志田著:《乱世潜流:民族主义与民国政治》,上海古籍出版社2001年版"自序",第1页。
② 〔美〕费正清、赖肖尔著:《中国:传统与变革》,江苏人民出版社1992年版,第404页。
③ 同上书,第401页。
④ 姚大力:《变化中的国家认同》,载《论近代国家与社会非同步发展的政治整合》,见复旦大学历史系、复旦大学中外现代化进程研究中心编:《近代中国的国家形象与国家认同》,上海古籍出版社2003年版,第159页。

(三) 法律危机

在近代中国遭受的种种危机中，直接影响法律近代化展开的则是法律危机。

中国传统法律制度包括司法制度，本来就存在着不人道、不科学的因素。在近代西方法律与法学大量涌入中国，从而形成有系统的制度比较的参照的情况下，中国固有法律传统中非理性的一面日益突出，显示出其对近代国际、国内形势的极度不适应。这种法律危机，引起许多学者的不安和批评。

中国传统法律面临的危机，总的来说，表现为以下四个方面：

1. *法律体系粗糙，立法技术简单，社会适应性差*

"诸法合体"是中国法律传统的一个基本特征。清代"详译《明律》，参以国制，增损剂量"，在明代法律的基础上，形成《大清律集解附例》。以后虽对其几次增修，并无明显发展。这是清朝主要的法律典籍。从法典体例来看，它由《名例律》及与国家机关即六部对应的行为规范组成，包括《吏律》、《户律》、《礼律》、《兵律》、《刑律》、《工律》等七部分。从内容上看，这部法典基本上是一部刑法典，以规范违法犯罪及其处为重要内容。此外，清代还有《刑部现行则例》及几部《会典》，这些法律典籍除了刑法内容以外，主要涉及行政法与少量民法。由此可见，法律体系的安排，主要考虑的是国家管理等公共活动。而民众日常生活中大量的私人事务，则不是法律关心的重点。

在立法方面，"清代刑法典，自乾隆以后，便只有'条例五年一小修，十年一大修'的成例。"[①] 最高统治者对于要求修律的上奏，往往严加斥责。但是在实际上，自1740年(乾隆五年)《大清律例》形成定制以后，到1870年(同治九年)间，共修律23次。[②] 尽管法律原则与条文没有多大变化，而"附例"从1049条(雍正三年定例共有条例825条)已发展到1782条。[③] "1870年清廷最后一次下令修律，此后，因'时势多故，章程丛积，刑部既惮其繁猥，不敢议修，群臣亦未有言及者，因循久之'。'惮其繁猥'说明徒增例文已无以

---

① 杨鸿烈著：《中国法律发达史》(下)，商务印书馆1990年版，第884页。
② 苏亦工著：《明清律典与条例》，中国政法大学出版社2000年版，第201页。
③ 《大清律例》"点校说明"，法律出版社1999年版，第6页。关于《大清律例》条例的数目，说法不一。《近代中国法制演变研究》认为有1892条。见罗志渊编著：《近代中国法制演变研究》，正中书局印行1966年版，第192页。《明清律典与条例》也持此说，见苏亦工著：《明清律典与条例》，中国政法大学出版社2000年版，第235页。

解决现实问题,律文有待以一种新的方式来突破。"①

在中国封建社会,立法权集中掌握在皇帝个人手中,立法专家只有在皇帝的命令下才能参与法律的修改工作。而且,立法只能遵循皇帝的意图,个人有限的能动作用很难在立法中体现。这就使得立法工作往往流于形式,很难有较大的突破。进一步说,封建君主专制之下的立法活动,可谓是皇帝个人的事情,随意性极大,既缺乏民主的程序,又无法进行科学的论证。这种简单的立法技术,对于相对稳定、简单的传统农业社会尚能适应。但是,对于社会分工详细、生产关系较为复杂、社会结构变动性较大的近代工商社会则难以适应。

与上述制度性因素相补充的是,中国传统的法学——律学基本上是附属于传统法律制度的。清代律学是在传统律学尤其是明代律学的基础上发展起来的。其主要内容是对现存法律进行注释研究,但一般难有批判性成果。"由于清王朝在官吏当中提倡律学,所以官吏当中此学最盛,清代律学著作的作者几乎全是这一类人,不是刑部和臬司系统的官员,就是督抚和州县衙门的刑房师爷,很少有例外。由于清王朝倡导实用,所以清代律学走上一条讲求实用而不大重视理论的道路。清代律学者一般都是在肯定现行律例的合理性的前提下,研究条文如何理解,如何适用,而很少用批判的眼光来掂量律例的条文本身。"② 律学的这种保守性和实用性,对法律的发展很难有实质性贡献。

2. 法律组织欠缺,司法技能低劣,法律适用不良

清朝沿用传统的司法与行政合一的体制,地方没有专门的司法机构,中央司法部门的人员,往往也没有受到良好的、专门的法律训练,而只是凭借经验从事司法活动。清代的法律中没有专门的诉讼法。相关规定只是《大清律例》的一个组成部分。尤其需要指出的是,诉讼法中被告人的权利相当简单,在实际当中也往往由于司法的腐败和黑暗而很难落实。中国传统的司法过程中,没有专门的法律援助机构,如律师等,对被告人提供必要的法律服务。在法律上,相关的制度也是不存在的。物证检验完全在中世纪的经验指导下进行。一位美国学者指出:

---

① 高尚:《论清末修律变法的历史必然性》,载汪汉卿、王源扩、王继忠主编:《继承与创新——中国法律史学的世纪回顾与展望》,法律出版社 2001 年版,第 849 页。

② 吴建璠:《清代律学及其终结》,载《中国法律史国际学术讨论会论文集》,编委会编:《法律史研究》,陕西人民出版社 1990 年版,第 380 页。

绪论　中国法律近代化的起源

"在名义上,从公元前1世纪开始,强调社会调节行动和道德劝勉的儒家方法就已经被接受为社会的准则。但帝国制度仍然在很大程度上依赖法律手段,依赖刑事法典,依赖判刑和处罚,并依赖大大规范化的官方和私人行为的标准方式。尽管政府大力支持各种客观化的制度以维持行为的准则,但并没有发展出独立的司法制度,也没有出现过法律高于一切的概念。法律只是国家的工具而已,而且法律和其他的强制性工具一起是由缺乏法律知识的官员去执行的。不错,清代的县官曾感到在他们的私人幕僚中需要有一位法律专家,表明政府对执法中出现的过失已经不能容忍。但这与有一个专门化的、不受干涉的独立司法部门是完全不同的一回事。作为一县之长,县令在执行其司法功能时,他是万能的,既是案情调查员,又是检察官、被告辩护人,还是法官和陪审员。在权力结构的顶峰,具有全权的皇帝是立法者和最高法官,至少在理论上是如此。"①

上述在传统司法领域中普遍存在的组织欠缺、技能低劣,必然造成的现象,就是法律适用不良。这正如一位研究清代地方政府的学者指出的那样,"我们又发现许多法律法规并未真正被实施,或多或少流于形式。"② 中国传统法律适用中存在的与时代、与社会的严重的不适应性必然予以改变。在近代西方司法独立等法治观念传入的潮流冲击下,这种变革显得越来越迫切。正如研究法律近代化的中国学者指出的那样,对法律组织的改革,是中国法律近代化的一个基本"切入点":

"行政、司法合一,忽视程序正义,这是中国传统法律的另一弊病。由行政机构行使司法权,司法审判缺少理性化程序,根本忽视对程序正义的追求。主仆等级观念支配下的诉讼活动中审判者与被审判者的关系,不仅在诉讼活动中损害当事人的人格与尊严,而且直接影响审判结果的公正性。民众普遍存在的'耻法'、'鄙讼'意识,与诉讼活动中的人格受损、对公正判决期望值的低迷直接相关。通过西方文化的输入,通过租界的司法的司法实践,西方近代法律关于司法独立、正当程序的制度和观念,促使人们反思中国传统的司法制度。改革行政、司法合一的体制,确立司法独立原则,重视程序的正义,通过理性化的诉讼程序,追

---

① 〔美〕吉尔伯特·罗兹曼主编:《中国的现代化》,国家社会科学基金"比较现代化"课题组译,江苏人民出版社1998年版,第120—121页。
② 瞿同祖著:《清代地方政府》,范忠信、晏锋译,法律出版社2003年版,第333页。

求公正的审判结果,因而成为清末法制改革以及整个法律近代化进程中的另一切入点。"①

3. 法律价值偏失,权力主宰法制,专制体制强固

中国传统法律的上述制度性缺陷,是与这种制度赖以建立的价值观念的偏失有着内在联系的。中国传统的法律观念中,权力主宰法制,而作为权力附庸的法律,反过来又维护专断的权力。这种"权力——法律"的关系所支持的就是中国传统政治体制的核心——君主专制中央集权的封建制度。

中国传统法律的基本价值,往往被定位在由"天人合一"的哲学观念及其所衍生出的"自然和谐"之基点上。"中国人历来(虽然可能是无意识地)将法律看作是对于由于个人行为违反道德规范或宗教仪式,以及由于暴力行为而引起社会秩序紊乱的补救手段。中国人还进一步认为,对社会秩序的破坏,也就是对宇宙秩序的破坏。因为在他们看来,人类生活的社会环境与自然环境是一个不可分割的统一体。"②作为这一基本法律观念的一个逻辑结果,就是中国法律必然以"寻求自然秩序中的和谐"为核心价值目标。义务观念、等级观念和伦理观念是由"自然和谐"观念孕育出的,中国传统法律价值观念的三个基本要素:

首先,"以和为贵"的和谐秩序,只能建立在人们普遍服从的意识之上。"在中国古代的法典王章中,虽然详细规定了庶民对于国家应负的纳税、守法、尽忠、服徭役、兵役等种种义务,但却没有关于庶民权利的明确法律规定。这种义务本位的法文化,产生于单一封闭的小农自然经济结构与严格的专制主义统治相结合的环境。同时,中国古代法律以禁暴惩奸为首要功能,强调'禁于已然之后'的制裁作用,也使得人们更多地是考虑遵守法律,趋利避害,缺少依法保护自己权利的观念。"③ 在中国传统法律中,官员服从君主,下级服从上级,民众服从士绅,子女服从父母,卑幼服从尊长,妻子服从丈夫,这种层层叠叠的服从与被服从观念渗透到法律规范的几乎每一个环节。中国传统社会的所谓"专制"实与此息息相关。

其次,一种以义务为本位的完全公法化的法律体系,必然形成法律上的等级观念。研究中国法律史的著名学者瞿同祖先生指出:"法家固然是主张

---

① 朱勇:《中国法律近代化导论》,载朱勇著:《中国法律的艰辛历程》,黑龙江人民出版社 2002 年版,第 290 页。
② 〔美〕D. 布迪、C. 莫里斯著:《中华帝国的法律》,江苏人民出版社 1993 年版,第 31 页。
③ 张晋藩著:《中国法律的传统与近代转型》,法律出版社 1997 年版,第 417 页。

绝对平等的,商君等法家也曾竭力实行,但汉以后儒家又渐渐地抬头,政治上不断地受其支配及影响,于是法家的主张始终不能贯彻,绝对的平等主义始终不能彻底实行。古代的法律始终承认某一些人在法律上的特权,在法律上加以特殊的规定,这些人在法律上的地位显然是和吏民迥乎不同的。"① 中国法律在汉代以后,出现了"法律儒家化"的过程。"所谓法律儒家化表面上为明刑弼教,骨子里则为以礼入法,怎样将礼的精神和内容窜入法家所拟订的法律里的问题。换一句话来说,也就是怎样使同一性的法律成为有差别性的法律的问题。"② 中国的法律中既有良民与贱民的不平等,又有贵族与平民的不平等,此外还有种族间的不平等。

最后,以宗法家族为社会基础的伦理观念是支配中国传统法律的又一重要支柱。"中华民族是一个古老的民族,在其漫长的历史发展过程中,逐渐形成具有独特风格的文化类型——宗法文化。强调伦常秩序,注重血缘身份,并使这种宗法因素渗透于政治、经济和思想文化各种社会关系中,进而从总体上影响民族意识、民族性格、民族习惯的形成,这就是宗法文化的最主要的特征。宗法文化对于社会的存在与发展的影响,集中表现在宗法性社会秩序的确立上,而促成这种宗法性社会秩序得以巩固和发展,其首功当推宗法文化的制度性体现——宗法制度。"③ 中国传统法律,实际上就是这种宗法制度的外衣而已。

4. 法律观念落后,公民意识淡薄,民众基础不稳

在中国传统法律文化的基础——民众的法律意识方面,同样潜伏着深刻的危机。主要表现在两点:主体观念缺失、公共意识淡漠。

首先,在传统社会中,民众的臣民意识过于浓厚,作为法律承载者相应的主体观念基本为零。其集中表现就是民众的权利观念极其薄弱。

义利观是一个社会人民的精神面貌、自然与社会资源的占有与分配状况的反映,是法律文化的重要方面。在汉代以前,重商、重利的思想并不少见。但是自中国法律儒家化以后,言私、言利在法律上基本上绝迹了。由于重义轻利、贱货贵德是儒家思想的两个基本范畴。长期儒学官学化的过程,加上历史上土地往往集中在大官僚、大地主手中,形成社会分化与资源人均占有量之严重失调,重义轻利、贱货贵德的思想成为支配中国民众的主流观

---

① 瞿同祖著:《中国法律与中国社会》,中华书局 1981 年版,第 208 页。
② 同上书,第 329 页。
③ 朱勇著:《中国法律的艰辛历程》,黑龙江人民出版社 2002 年版,第 65 页。

念。到南宋时期,甚至出现"存天理,灭人欲"的怪异思想。这种社会观念,使人们安于现状,不思进取,耻于言私、言利,耻讼、息讼,"讼则终凶",唯唯诺诺,息事宁人,安土重迁,安贫乐道。这一义利观,在客观上有利于维持社会资源总体上相对贫乏状态下的社会秩序,也有利于维护统治阶级的统治秩序。但是也产生了毒害人性、压制人权的不良作用,对民众主体意识的自觉形成,妨碍尤深,十分不利。

其次,传统中国人的生活基本局限于以家族为中心的狭小范围内,从而造成公共意识的淡漠。对于传统中国人,"慎终追远"、传宗接代是人生意义之所在。即使有幸通过科举考试,金榜题名,仍以"封妻荫子"、"光宗耀祖"、"光耀门楣"为满足。中国人的这种生活格局,表面上"家国一体",实际上,人们往往只知有家,不知有国。而关于公共生活领域,最为人们所熟悉的,就是"天朝上国"和"大一统"的古老观念。这种观念不仅过于抽象,很难指导个人建立起自己与政治共同体之间有效的联系。而且,它所表达的夜郎自大、惟我独尊的文化优越感,不啻为自己营造一个心安理得的文化陷阱。中国近代的对外交往及处理中央政权与周边附属国之间关系上,仍坚持这种思想:一方面中国政府要保持天朝上国的尊严与体制,另一方面却不能有效地维持这种局面,反而在西方国家的步步紧逼之下,陷入重重困境,举步维艰而不能自拔。对于近代的中国人来说,改变传统的宇宙观与政治观,形成积极的族群意识,树立正确的国家观念与国际政治观,对于确立中国在国际舞台上的恰当地位,改变中国在国际关系上的被动局面——一句话,重建中国人的公共哲学,便具有十分重要的意义。这种公共意识的核心,"就是'小己大群'观念,就是对待一国家民族的群体而言,个人价值为轻,群体价值为重"。① 应当肯定,这种新的族群意识,绝不同于过去个人对于家族的服从,而是一种基于个人自觉而形成的,个人与社会整体、个人与国家的相互关系范畴。这个全新的关系范畴是建立近代法律体系的社会基础和哲学基础。

中国法律的落后,使西方人有借口主张治外法权。因此,实现法律的科学化——形成一个既能适应近代中国国际化生存的需要,又能符合中国从以宗法伦理为核心的传统法律文化向近代理性化的法律体系转化的历史潮流,亦即建立一个国际化与本土化有机结合的法律体系,必然成为中国法律近代化的最基本目标。

---

① 王尔敏著:《中国近代思想史论》,社会科学文献出版社2003年版,第34页。

四、晚清法律变革意识的兴起

法律制度是人类社会生活的一个必要的和基本组成部分,这是为人类文明史所证明的一个基本经验。这个经验也表明,当一个社会中传统法律制度面临危机之时,法律的变革将不可避免。甚至危机的深度与广度也将在一定程度上决定法律变革的剧烈程度。这些只是影响变革的外在方面。变革的另一基本因素是推动变革的力量的大小。而这种力量的孕育与凝聚则往往取决于人们的法律变革意识——对法律变革的必要性、路径及阻力等相关问题的认识。

晚清法律变革的意识至少包括两个因素:不适和落后。所谓"不适",即旧法律对社会的不适应。产生这种变革意识的既有传统的律学家,他们是传统的士大夫知识分子,也有比较开通的近代资产阶级改良主义法律思想家。而所谓"落后",则着重强调中国既有法律与西方法律相比不够文明,相形见绌。

有两个原因推动了法律变革意识的兴起:对"治外法权"的反思和"西学东渐"的影响。

(一)"治外法权"的反思

"治外法权"是近代中国与西方国家签订的大多数不平等条约的组成部分。由"治外法权"引发的对不平等条约的反思,导致对传统法律文化的批判逐步升级。

"治外法权"是对领事裁判权的早期称谓。所以称为"治外法权"者,意即权利国之法律,延长至本国领土以外,而达于义务国领土。所以称为领事裁判权者,因上述权利之行使,通常属于领事馆。我国给予外国人领事裁判权,始于鸦片战争以后,中国与英国签订之《五口通商章程》。该条约第七款规定:"英国商民既在各口通商,难保无与内地居民交涉诉讼之事,应即明定章程,英商归英国自理,华民归中国讯究,俾免衅端,他国夷商,仍不得援以为例。查此款业据此该夷照覆,甚属妥协,可免争端,应即遵照办理。"① 自此以后,各国与我国订立条约,无不援例办理,且有甚于此约。到 1918 年与瑞士订约为止,共计有英、美、法、挪、俄、德、葡、丹、荷、西、比、意、奥、匈、日、

---

① 展恒举著:《中国近代法制史》,台湾商务印书馆 1973 年版,第 94 页。

秘、巴、墨、瑞典、瑞士等二十国。

"治外法权"的存在,严重破坏了中国的司法主权,危害极大。另一方面,客观地说,外国人此项主张的确与中国法律的落后有一定关系。"西方人对中国刑法事实上允许随意逮捕和折磨被告也感到不满。盎格鲁—撒克逊的法律传统和中国法律传统的背后实际上隐含着对个人权利和义务的两种截然相反的看法,因此1784年以后在广州的英国人便拒绝将杀人案提交中国司法机构审理,1821年以后美国也这样做了。实际上这已经发展成某种程度的治外法权(由外国司法机构审理外国国民),但并未得到中国方面的明确认可。"① 但是,通过鸦片战争,西方人终于如愿以偿地实现了。这种情况不能不引起中国人的反思。

早在鸦片战争前夕,经世派思想家龚自珍(1792—1841年)就提出了"更法"的主张。从改良主义思想家冯桂芬(1809—1874年)开始,对"夷害不已"就进行了系统地反思。冯桂芬著《校邠庐抗议》(1861年)一书,以"抗议"方式显示对清代法律的不满。他说,"观于今日,则例猥琐,案牍繁多"②,"堂堂礼仪文物之邦",连"夷法"都不如。冯桂芬首次以世界主义的文化标准来衡量中国的文化——包括法律文化,并由此提出中国文化四个"不如人"的观点。"夫所谓不如,实不如也,忌嫉之无益,文饰之不能,勉强之无庸……以今论之,约有数端:人无弃材不如夷,地无遗利不如夷,君民不隔不如夷,名实不符不如夷。"③ 他认为,要想避免"我中华且将为天下晚国所鱼肉"的悲剧,惟有"鉴诸国",学习西方的"富强之术","以中国之伦常名教为原本,辅以诸国富强之术"。④ 这个思想以后被表述为"中学为体,西学为用"。郑观应(1842—1923年)就国际公法立场,提出平等互惠之国家必彼此互相尊重各本国之法律。陈炽(？—1899年)则进而分析到外人在华领事裁判权之扩张,实由于中国刑罚重于西洋,西人不肯遵守,而逐渐形成一种外交上争取而得的特权。对传统法律进行批判的一个有代表性的人物是光绪年间刑部尚书薛允升(1820—1901年)。薛允升入清代仕途达45年之久,大部分时间供职于刑部。他在长期的司法实践中对《大清律例》有深入的研究。他著有《读例存疑》54卷,对清律提出了系统的批评。他认为《清律》存

---

① 〔美〕费正清、赖肖尔著:《中国:传统与变革》,江苏人民出版社1992年版,第279页。
② 冯桂芬著:《校邠庐抗议·自序》,上海书店出版社2002年版,第2页。
③ 冯桂芬著:《校邠庐抗议》,上海书店出版社2002年版,第49页。
④ 冯桂芬著:《校邠庐抗议·采西学议》,上海书店出版社2002年版,第57页。

在以下四个缺点:第一,条例混乱;第二,轻重不伦;第三,主从不分;第四,不适应时势。①薛允升的意见得到清政府的重视。到维新运动时期,康有为更是专上《请改定法律折》,提出了"非变通旧法无以为治"的主张。

(二)"西学东渐"的影响

晚清法律变革意识兴起还受到一个更为重要的因素的影响——西学东渐。

所谓"西学东渐",就是近代以来西方资本主义的宗教学说、科学技术及学术思想在中国的传播。近代西学的传播有一个背景,就是"中学"——中国传统学术的衰落。嘉庆、道光年间,由于太平天国对图书文物的毁坏,江、浙、皖公私藏书荡然无存,汉学自然无从发展。另一方面,老一辈思想家相继去世,如章学诚1801年去世、钱大昕1804年去世、段玉裁1805年去世、洪亮吉1809年去世、刘逢禄1829年去世、龚自珍1841年去世、魏源1857年去世。学术上后继无人,思想界占主导的"汉学"出现衰落的征象。几乎与此同时,西方的学术却迅速涌入中国。西学的传入有以下几个主要的渠道:一是外国传教士的传播。1843年麦都思在上海创办墨海书馆,这是第一个印刷所。1864年,北京同文馆出版了美国传教士丁韪良②翻译的《万国公法》③,为中国近代第一本法学译著。1887年上海成立同文书会,后改为广学会,译书70种,包括西方议会制度。1875—1883年出版《万国公报》750期。二是西方图书,尤其是法律类图书的翻译和传播。以后中国引进西方国家的图书逐渐增多。以洋务派创办的江南制造局附设翻译馆为例,1871—1879年译书达90种,其中有自然科学与工艺军事等各40多种。戊戌变法前后,中国掀起翻译外国法律图书的高潮。据有关统计,自1896年至1911年,中国翻译日文书籍至少1014种,"以1902年至1904年为例,三年共译西书533种,其中英文书89种,占全国译书总数的16%,德文24种,占4%,法文17种,占3%,日文321种,占总数的60%。从译书的学科来看,社会科学比重加大",以1902年至1904年为例,三年共译文学、历史、哲学、经济、法学等社会科学书籍327种,占总数的61%。④ 西方名著的中文

---

① 薛允升:《读例存疑》卷31,《刑律盗贼下·共谋为盗》。
② Martin, William Alexander Parsons, 1824—1916年, 美国印第安纳州长老会传教士。
③ 该书为美国著名国际法学家惠顿(H. Wheaton, 1785—1848年)的著作,原名为 Elements of International Law, 1835年在美国出版。
④ 熊月之:《晚清西学东渐史概论》,上海社会科学院学术季刊1995年第一期。

译书,如美国《独立宣言》、孟德斯鸠的《法意》(论法的精神)、卢梭的《民约论》(社会契约论)、斯宾塞的《群学肄言》(社会学原理)、赫胥黎的《天演论》及穆勒(密尔)的《代议政体》(代议制政府)等等,也出现在中国的土地上。第三个途径是中国的外交使节,他们通过亲自在西方的游历,见识大为改观,他们的日记广为传播,其中介绍了西方政治、经济、文化、社会风俗与法律制度等等,使中国的读者大开眼界。西学传入的第四个途径是晚清留学生对外国的接触与了解。这是另一个重要的西学传播的渠道。中国的留学生有到美国的,也有到日本国等的。这个群体对近代西方政治法律思想的传播具有不可忽视的作用。

西学东渐对于近代中国社会的变迁,影响极为深刻。

首先,西学东渐对中国人的用兵、交涉与商务等都有较大的帮助。其中最为重要的是在商务方面。西方人对中国用兵的目的也在商务。而交涉无非维护本国的商业发展以获取利益。这一点对于近代的中国人观念的更新,具有十分重要的意义。其一,商务打通了中国与外界隔绝的关系,改变了闭关锁国的局面,将中国与世界连为一体。正如马建忠所说:"夫处进之世,轮舟铁道梭织寰中,而欲自囿一隅,禁绝外往来,势必不能。"① 陈炽说,"无古今,无中外,无华夷,无物我,人而已矣……无町畦,无畛域,无边际,无端倪,一而已矣。"② 其二,重商主义抬头。商人本是中国古代四民之一。但是在传统的重农抑商的政策下,商人的地位一直不高。近代西学的传入,使商业受到重视,大大提高了人们对商人和商务的认识。由此而产生了最重要的一个变化,就是人们对"利"的观念改变了。中国传统上受儒家"重义轻利"思想的影响,人们耻于言利。近代由于商业的发展,社会对于利益的观念得到更新。"西人以利为先。"③ "惟有利而后能知义,惟有义而后可以获利。"④ 最后,"重民"也成为与尊君相对的问题。改良派思想家们看到英国的议会能够使上下相通,君民一体,从而使民富而国强。因此,他们主张提高民众的政治地位。其中冯桂芬、王韬和郑观应是最为重视议院制度的早期改良主义思想家。在冯桂芬提出"中国在四个方面不如西人"中,包括"君民不隔不如夷"。⑤ 所谓的"君民不隔"暗指议会制度。王韬曾经游历西方,

---

① 马建忠:《巴黎复友人书》,《适可斋记言》卷2,中华书局1960年版,第43页。
② 陈炽:《续富国策自叙》,《续富国策》卷首,载《西政丛书》第30册,光绪二十三年。
③ 马建忠:《上李伯相出洋工课书》,《适可斋记言》卷2,中华书局1960年版,第31页。
④ 陈炽:《分建学堂说》,《续富国策》卷首,载《西政丛书》第30册,光绪二十三年。
⑤ 冯桂芬:《校邠庐抗议·采西学议》。

他分析了西方国家的政治制度,曾多次参观、旁听英国议院,十分赞扬其"君民共主"的立宪政体。他写了《普法战记》,认为普鲁士的"议会君主制"是其打败法国的原因。他还写了《法辟议院》、《日本设立议院》等文章,介绍其议会政治制度。郑观应著有《救时揭要》一书。在其中,他盛赞了西方的议会政治,说这一制度"通上下之情,期措施之善"。他把西方的议会制度比做中国上古三代之制,指出中国也应实行这种制度。

其次,西学东渐促进了近代民权意识的觉醒,这是晚清法律变革意识中的一个重要因素。在中国传统的社会中,民众是没有多少权利意识的。在封建主义牢笼之下,君主有权,人民无权;官吏有权,百姓无权;家长有权,家子无权。整个社会是以义务为纽带,是失衡的社会。但是,在传统儒家思想统治之下,中国人民并没有意识到自己所受的封建主义的毒害,也不会从争取民权的角度反抗封建制度,呼唤法治。在近代"西学东渐"的历史背景下,这种情况正在发生悄悄的变化。前述冯桂芬、王韬和郑观应等对议院制度的重视,就反映了民权意识的觉醒。对民权学说倡导最力的当数戊戌变法时期的康有为、梁启超、严复等人,特别是梁启超。他提出:"故民权兴则国权立,民权灭则国权亡。为君相者而务压民之权,是之谓自弃其国,为民者而不务各伸其权,是之谓自弃其身。故言爱国必自兴民权始。"①

应当指出的是,民权思想受到一些比较保守的人物的抵制。比如张之洞在其《劝学篇》中就认为康有为的民权说是"邪说害民",与中国传统的"三纲"不符。他说:"五伦之要,百行之源,相传数千年更无异义,圣人之所以为圣人,中国之所以为中国,实在于此。故知君臣之纲,则民权之说不可行也。知父子之纲,则父子同罪、免丧废祀之说不可行也。知夫妇之纲,则男女平权之说不可行也。"② 这种思想表达了主流社会对新思想的担忧,有一定的代表性,但并不能阻止新思想的传播。

民权思想是近代国民意识的重要组成部分。没有这种思想基础,所谓宪法、民主政治是不可能得到真正实现的。在清末修律中,杨度提出以国家主义代替家族主义③,以后在《钦定宪法大纲》中有"臣民权利义务"的内容。清末出现三次请开国会的大请愿活动,这些无不说明民权意识已经成为近代法律变革的一个全新力量。

---

① 梁启超:《饮冰室合集·文集》(三),第76页。
② 张之洞:《劝学篇·明纲第三》,上海书店出版社2002年版,第12页。
③ 杨度:《杨度集》,湖南人民出版社1986年版,第532页。

最后,西学东渐的一个极为严重的后果是强化了近代中国持续不断的"合法性危机"。中国传统上是以文化立国的。中国人的民族观念包含着极为深厚的文化意义。恪守中国文化的本位观念——"华夷之辨",这是中华帝国赖以建立和维持的根基。随着西学东渐,中国传统的士大夫知识分子们感到在中国以外别有一个"他者",这个所谓"他者"不同于以往中华帝国的敌人或者朋友,其存在既不容忽视,则必须认真面对,可是传统的中国显然缺乏与这个"他者"打交道的经验。这一由文化的碰撞而形成的冲击波,带给中国人的,是一种发自内心深处的不安与恐惧。从感觉器物的落后,到制度的不如人,再到文化的问题——中国人一步一步陷入一个不能自拔的"合法性危机"的观念体系之中。

五、"法律民族主义"与中国法律近代化

近代中国的民族主义思想,在法律领域所产生的根本影响,就是使法律的发展深深地打上了民族主义的烙印,从而使中国的法律近代化运动表现出显著的法律民族主义的特征。

(一) 法律民族主义

法律与民族主义的结合,并不是一个新鲜的事物,也不是一个抽象的问题。法律的民族主义特征,可以说是一个国家法律传统发育成长,乃至发展变迁的基本规律之一。

在西方法学界,首先注意到法律民族主义问题的是德国法学家萨维尼(1779—1861年)。在1814年,萨维尼曾经写了一个名叫《论立法与法学的当代使命》的小册子。[①] 在该书中他提出:"在人类信史展开的最为远古的时代,可以看出,法律已然秉有自身确定的特性,其为一定民族所特有,如同其语言、行为方式和基本的社会组织体制。不仅如此,凡此现象并非各自孤立存在,它们实际乃为一个独特的民族所特有的根本不可分割的禀赋和取向,而向我们展现出一幅特立独行的景貌。将其联结一体的乃是排除了一切偶然与任意其所由来的意图的这个民族的共同信念,对其内在必然性的共同

---

① 中译本由许章润译,中国法制出版社2001年出版。

意识。"①

　　这种观点和立场,其实就是法律民族主义的。在这里,我们可以看到,法律与民族的关系是如此的密切。根据这一特征,应当不难理解法律民族主义的涵义。众所周知,萨维尼是德国历史法学派的代表,他所强调的法律的民族性,实际上就是对于法律的历史性的强调。换个角度看,所谓法律民族主义,就是从时间和空间的维度,对法律所作出的一种度量和观察。其中的时间维度,就是孕育某种法律的民族本身的历史;而空间维度,则是孕育这种法律的民族所在的地域。

　　基于法律民族主义这种理解法律的立场和角度,便意味着一种法学的方法,即所谓"比较的历史重构"②,或通俗地说,就是比较法律史的方法。

　　笔者以为,法律民族主义是这种法学研究方法的思想和理论基础。就这个概念的内涵而言,并不像通常对历史法学派的理解那样,将其看成是仅仅对法律保守性的强调。在比较宽泛的意义上,法律民族主义是对法律及其赖以存在的时空条件的表达——在迄今为止的人类法律史上,民族是这种时空条件的最佳实现形式。作为这种法律民族主义的表现,本能地要求一个民族在能够独立地决定法律的发展道路时,必须注意法律与其生存的本土条件之间的紧密联系。相应地,便是要求本能地抗拒和排斥外来法律的渗透与影响。作为民族主义情感的一种投射,法律民族主义往往与民族的独立、统一或者富强、复兴等联系在一起。萨维尼及其所创立的历史法学派,基本上就是这种民族感情的表达。

　　但是,这种法律民族主义,在近代民族国家的形成过程中,由于不同的民族所处的环境不同,并不必然能够保持在理想条件下独立发展的姿态。对于民族法律文化发展程度相对较低的民族国家来说,法律民族主义表达的往往是一种难以摆脱的困境——"国际化生存"与"本土化发展"的双重压

---

　　① 〔德〕萨维尼著:《论立法与法学的当代使命》,中国法制出版社 2001 年版,第 7 页,"实在法的起源"。
　　② "比较的历史重构"这一术语,是德国比较法学家根特·弗兰肯伯格用到的。他在一篇名为《批判性比较:重新思考比较法》(该文 1985 年发表于《哈佛国际法杂志》第二十六卷)的文章中,把"比较的历史重构"作为一种比较法的方法予以论述。他认为:"历史学家类型的比较法学者通过对法律关系与法律制度的关注而发掘法律的自然的或普遍的历史是如何随着时间的推移而演进的"。这种对法律的历史的比较研究,是将法律看成"作为民族精神的实现或生存本能的法律",其具体方法是"回顾历史以揭示今天的法律原则",其学术目标,是追求"普遍的法律史或法学,法律的实践性完善",这种学术称号或流派可以叫做"法律民族学"或"历史法学",其法律的政治学理解是"进化论"或"社会达尔文主义"。参见《批判性比较:重新思考比较法》,载梁治平编:《法律的文化解释》,生活·读书·新知三联书店 1994 年版,第 191 页。

力。一方面是基于民族感情而产生的法律发展的本土化倾向;另一方面,则是由于外来法律文化的压力,而不得不走向国际化,即由于大量吸收或者移植外来先进法律文化,从而可能丧失法律的民族特性的危险。但是,对于那些处于被殖民化压力下的后进民族来说,为了民族的生存、富强或是复兴,法律走向国际化因而可能面临的牺牲其民族特性的风险,几乎是难以摆脱的。从某种意义上说,这一点是后进民族在法律近代化过程中的一种共同命运——对于近代中国而言,走向本土化与国际化的双重目标,同样是其法律近代化事业的必由之路。

(二)法律民族主义与中国法律近代化

根据前面对于近代中国一系列重大历史事件和现象的剖析,可以看出:在近代中国民族主义思想的产生和发展的过程中,法律近代化事业是与近代中国民族国家的成长,及"合法性危机"同步发展的,从而表现出显著受法律民族主义支配的特征。

一方面,近代中国民族国家的形成,推动了中国法律近代化运动,也推动民族主义思想的产生;这种民族主义思想,随着近代中国的"合法性危机"的一步步加深,而不断发展变化。相应地,法律近代化运动也不断走向深入。

另一方面,近代中国所产生的各种形形色色的民族主义思想和对法律近代化的追求,也成为近代民族国家形成的强大推动力。就其积极的一面来看,中国近代民族主义思想的发展与法律近代化的追求,在客观上为中国民族国家的建立提供了理论基础和制度保障。但是,受法律民族主义思想中非理性一面的影响,包括法律近代化在内的各项现代化事业也时常受到干扰,进而使得中国长期陷入"合法性危机"之中。近代中国的法律民族主义思想因此表现出消极的一面。"在民族主义发展的冲击下,中国古文化帝国在民族主义未获得其合适的政治形式以前就崩溃了。表面上,国家只有名义上的独立,但在内部,宪法未能确定,新的健全的文官制度未能建立,国防未能适当地建立,财政未能彻底改革,农业的不振未能解除,以及现代工业未能发展。旧的与传统的已被抛弃,新的与现代的又未造成。国家及其政治都未定形。但是,这个时期所有的中国民族主义者都有一个共同的目标——'国家的富与强'。他们在达成这个目标的方式与手段上互不相同,因此使民族主义成为一种分裂的与破坏的力量。可是,他们的目标的专一性,有助于国家勉强地统一,而且使他们渴望将一切新的与现代的引进中国,因此,又使民族主义成为一种建设的力量。"① 这一论断,同样适合于近代中国的法律民族主义。

以法律民族主义为思想基础的中国法律近代化,作为上述中国社会现代化或近代化的一部分,是伴随着近代中国民族主义的成长而发展的。清末的法律改革是新政的一个组成部分。中华民国北京政府和南京国民政府的法制建设,基本上都是在为把中国建设成一个独立、统一和强大的国家而努力。但是,若从目标检验来看,清末新政及预备立宪中颁布《钦定宪法大纲》,一个行之有效的权力监督机制——一个以民主为基础的政治体制及与之相适应的法律体系并未真正建立起来。因此也没有真正解决人民权利与自由和国家(政府)权力的关系问题。事实上,直到中华民国国民政府的建立,到1947年实施《中华民国宪法》,这一问题都没能很好地解决。

综上所述,在近代中国,过去中西之间对等的文化交流,为近代西方文艺复兴以后的强势文化所打破,孱弱的中国不得不面对一个"世界一体化"的新局面。在西方民族国家形成的压力下,中国也试图形成自己的民族国家。但是由于近代中国所处的复杂的历史背景,在中国民族国家的形成过程中,中国一步步陷入不能自拔的"合法性危机"之中。这一危机的种种表现——民族危机、政治危机和法律危机,反过来又一直纠缠着民族国家的形成。中国法律近代化,就是为了摆脱上述近代中国面临的民族危机、政治危机与法律危机而不得已进行的一次对传统法律的彻底改造。一方面,近代中国所处的国际环境,以及为摆脱"国际化生存"危机而进行法律变革,决定了"国际化生存"必将是中国法律近代化不可回避的基本问题。另一方面,中国法律近代化也起源于中国传统法律自身的落后,以及中国法律近代化展开的基本社会条件——一个深受儒家思想指导的、有着上千年君主专制封建传统的、根深蒂固的宗法社会。这些因素共同决定了近代中国的法律变革必然以"本土化发展"为另一基本发展规律。

传统法律的全面危机,使中国法律近代化承受一个十分艰巨的任务——一个使中国法律科学化的全方位的转换过程:既要缔造完整而独立的法律体系,又要改造司法组织与司法制度;既要改造旧的法律部门,又要建设新的法律部门;既要从事制度化建设,又要从事新的法律理论体系的构造,同时还要进行民众法律意识的启蒙。从整体上来看,法律传统的全面危

---

① 陈志让:《现代中国寻求政治模式的历史背景》,载张玉法主编:《中国现代化论集》第一辑,联经出版事业公司1980年版,第309—310页。

机,决定了中国法律近代化必然是一个全方位、多层次的法律文化的变迁过程。也就是说,法律文化的解释框架,是中国法律近代化一个基本的和有效的解释框架。

为这项事业付出艰辛代价并做出卓越贡献的,是那些站在时代前沿的观察家、处于民族危机深处的实践家,以及承载历史使命的行动家。他们是中国法律近代化这一伟大事业的实际担当者(modernizer)。而这些观察家、实践家和行动家——简而言之,这些中国近代法家的法律思想,则是决定中国法律近代化的实际进程、目标与效果的重要因素。研究这些人物的思想,对于理解中国法律近代化问题,必然具有十分重要的意义。因此,笔者以为,思想史的解释框架,应当视为中国法律近代化另一个基本的和有效的解释框架。

中国法律近代化,是为探索适合于中国社会自身特定历史条件与民族条件的法制文明,进而促使危难中的中国摆脱重重危机,促进中国的文艺复兴,而进行的一项伟大事业。这个问题说明,法律近代化并不仅仅是一个体制变革的问题,还是一个思想变革、文化变革的问题。因此,中国法律近代化要想取得理想的效果,应当在一个比较长的时期内开展大众启蒙。然而,由于某种原因,这一重要工作并未得以有效地进行。对于像中国人口这么多,传统这么悠久,而且思想又如此保守的民族来说,一项艰巨的社会启蒙任务,恐怕既非一次改良运动所能奏效,更非一次轰轰烈烈的革命所能够完成的。中国法律近代化的历史,或许能够清楚地证明这一点。

费孝通先生曾说:

> "文化的改革并不能一切从头做起,也不能在空地上造好了新形式,然后搬进来应用,文化改革是推陈出新。新的得在旧的上边改出来。历史的绵续性确是急求改革的企图的累赘。可是事实上却并不能避免这些拖住文化的旧东西、旧习惯,这些客观的限制,只有认识限制才能得到自由。认识限制并不等于顺服限制,而是在知己知彼的较量中去克服限制的必需步骤。
>
> ……
>
> 文化的改革必须有步骤、有重点。我们身处在生活中充满了问题,传统文化不能答复我们要求的情况中,不免对一切传统无条件地发生了强烈的反感,否定传统的情感。这情感固然是促进社会去改革文化

的动力,但是也可以使改革的步骤混乱而阻碍了改革的效力。"①

  中国法律近代化,说到底是一种"文化的改革"。费孝通先生的上述思想应该是非常适合于这项事业的。

---

  ① 费孝通著:《乡土重建》,上海观察社1948年版,第151页。转引自金耀基:《现代化与中国现代历史》,载张玉法主编:《中国现代历史论集》第一辑,联经出版事业公司1980年版,第139页。

上 卷

中国近代法律体系的形成过程

第一章 中国法律近代化的展开:"中体西用"与中国近代法律体系的构筑

> 天地间没有贯穿一切事物的道理,只能是随着时间和空间来进行观察。
>
> ——福泽谕吉:《文明论概略》①

中国法律近代化的特殊启动模式,决定了中国近代法律体系的建立应当选择与近代民族国家的形成相适应的目标模式。这一模式,依笔者之见,就是"国际化生存"与"本土化发展"。其中,"国际化生存"反映了中国近代民族国家形成的特殊国际背景。而"本土化发展",则是中华民族自身从传统中华帝国到近代民族国家转变的内在要求。而在思想和文化的层面上,将这两者结合在一起的,就是"中体西用"思想——揭开中国法律近代化的序幕的,正是以这一思想为指导的《江楚会奏变法三折》。

一、中国近代"中体西用"思想的产生

中体西用论,原是一种文化的认知与对中西文化的定位。这种思想在甲午战争以前及以后均有很多人认识,但张之洞将中国道统与国家民族的思想结合在一起,对中体西用学说提出系统的解释。为此,他著《劝学篇》,提出著名的"中体西用"学说。

(一)"中体西用"的思想渊源

"中学为体,西学为用"一词,较早见于光绪二十一年三月《万国公报》中《救时策》一文,作者沈毓桂以"南溪赘叟"署名发表。文中写到:"夫中西学问,本自互有得失,为华口计,宜以中学为体,西学为用。"② 然而,这一思想

---

① 福泽谕吉(1834—1901年),日本近代著名启蒙思想家。著有《劝学篇》、《文明论概略》等。此处引文出自其《文明论概略》,北京编译社译1959年版,第104页。

② 夏东元著:《洋务运动发展论》,载《洋务运动研究》,四川人民出版社1985年版,第3页。

发端要远早于此。

鸦片战争以后,魏源著《海国图治》一书,提出"师夷长技以制夷"的观点。"师夷长技"就是要学习西方先进的科学技术,因此就调和中学和西学的内容来看,可以说,这是首倡西学的源头。"长技"以后被张之洞等人的西学包括进去。魏源的思想虽然有其急功近利的一面,但是其对于西学的开明态度,与后来引进西学的主张是一脉相承的。

19世纪60年代,冯桂芬提出了"以中国之伦常名教为原本,辅以诸国富强之术"。[①] 可谓第一个比较明确提出"中体西用"之说的人。以后世人谈论中西关系者,颇为多见。李圭道:"道德纲常者,体也,兼及西人者,用也。必体用皆备,而后可备国家器使。"[②] 曾国藩在《选派幼童赴美折》中说:"学习西文西艺,必课以《孝经》、小学、五经及国朝律例。"[③] 郑观应也提出"融会中西之学,贯通中西之理"的主张。[④] 1860年前后,中国社会出现一股变革思潮,如1859年洪仁玕著《资政新篇》、1860年容闳向太平天国建议七条纲领、1861年冯桂芬著《校邠庐抗议》、王韬提出学习西学等,都有向西方学习的姿态与趋向。随着洋务运动的深入展开,中体西用也成为被实践的对象。

到19世纪90年代,中体西用作为开明进步观念也得到了维新派的大力倡导。1891年康有为认为:"必有宋学义理之体,而讲西学政艺之用,然后收其用也。"[⑤] 他认为:"中国人才衰弱之由,皆缘中西两学不能会通之故……泯中西之界,化新旧之门户,庶体用并举,人多通才。"[⑥] 梁启超提出:"通古今,达中外,能为世益者。"[⑦] 他指出:"务使中学与西学不分为二,学者一身可以相兼,而国家随时可受其用。"[⑧] "中西并重,观其会通,无得偏废。"[⑨] 他还提出:"今日欲储人才,必以通习六经经世之义,历代掌故之迹,知其所以然之故,而参合之于西政,以求致用者为第一等","古人制度,何者视今日为善,何者视今日为不善?何者可行于今日,何者不可行于今日?西

---

① 《校邠庐抗议·采西学议》。
② 《环游地球新录》,第300页,转引自汤志钧著:《近代经学与政治》,中华书局2000年版,第216页。
③ 同上。
④ 《郑观应集》(上册),上海人民出版社1982年版,第285页。
⑤ 《康有为全集》第一集,上海古籍出版社1987年版,第1040页。
⑥ 《康有为政论集》上册,中华书局1981年版,第294—295页。
⑦ 《梁启超选集》,上海人民出版社1984年版,第50页。
⑧ 《饮冰室合集文集》之三,中华书局1989年版,第14页。
⑨ 中国近代史资料丛刊:《戊戌变法》(四),上海人民出版社1961年版,第488—489页。

第一章 中国法律近代化的展开:"中体西用"与中国近代法律体系的构筑

人之制度,何者可行于中国,何者不可行于中国?何者宜缓,何者宜急?条理万端,烛照数计,成竹在胸,遇事不挠。此学若成,则真今日救时之良才也。"① 1896年他在《西学书目表后序》中说:"舍西学而言中学者,其中学必为无用;舍中学而言西学者,其西学必为无本。无用无本,皆不足以治天下。"② 到1896年8月,中体西用已成为京师大学堂的办学宗旨,得到清廷的正式认可。张之洞1898年著《劝学篇》,只是将这一已经成熟的思想更加系统化、理论化而已。

(二)《劝学篇》对"中体西用"思想的发展

体、用之争,是在近代中国"西学东渐"的过程中,中国传统文化与西方文化的冲突在中国知识分子中引起的激烈思想反映。同时,它也是中国人为了调和上述矛盾,并在近代中国落后挨打的窘迫环境中,力图自强和自保而提出的一个对策。其中,中西之争,就是中国传统文化与西方资本主义文化的对立。而体、用之争,就是在当下的中国社会中谁主谁次的问题。由于当时中西文化的冲突愈演愈烈,不可回避,因此,不管人们持何种观点,争论多么激烈,总离不开中、西,离不开体、用。而中西和体用这两对范畴如何搭配,则是人们争论的焦点。"中体西用"之说,就是在这样的历史背景中提出的。而对这一思想作出卓有成效的创建的关键人物,便是晚清洋务派代表人物张之洞。

1898年四五月间,张之洞③先后接总理衙门及礼部咨文,以增设学堂整顿书院变通章程均经奏奉谕旨允准,咨行钦遵办理,因改照学堂办法为龙湖、经心书院拟定学规,写到:"两书院分习之大旨,皆以中国(学)为体,西学为用,既免迂陋无用之议,亦杜离经叛道之弊。"④ 同时(4月),他撰写《劝学篇》,系统阐述"中体西用"的思想。

1894年中日战争爆发,张之洞代刘坤一任两江总督。甲午后,国人危机意识增强,各地变法呼声高涨。北京成立强学会,张"特拨五千金以济公

---

① 《饮冰室合集文集》之一,中华书局1989年版,第63页。
② 《饮冰室合集文集》之三,中华书局1989年版,第129页。
③ 张之洞(1837—1909年),字孝达,号香涛,晚年又自号抱冰老人,直隶南皮(今河北南皮)人。1881年任山西巡抚,历任两广总督、湖广总督、代理两江总督,1907年入军机处,并任体仁阁大学士,兼管学部。1909年去世。
④ 《张文襄公全集》卷47,第22页。

用",被强学会推为会长。① 《时务报》是上海强学会办的,经理汪康年,是张的幕府人物。张还札饬湖北全省"官销《时务报》"。② 1897年《湘学报》发行,张也通饬湖北各道府州县购阅。③ 他还多次向清政府举荐维新人士,保荐于荫霖、黄体芳、陈宝琛、袁世凯、黄遵宪等。杨锐、刘光第入军机,也是张托陈宝箴推荐,其中杨锐是张的门生。但是,正在这一维新变法如火如荼展开的背景下,张之洞却抛出了《劝学篇》。

《劝学篇》分内篇九,外篇十五,共24篇约4万字。作者在《序言》中说:"学堂建,特科设,海内志士发愤扼腕,于是图救者言新学,虑害道者守旧学,莫衷于一。旧者因噎而食废,新者歧多而羊亡。旧者不知通,新者不知本。不知通则无应敌制变之术,不知本则有菲薄名教之心。"④ 由此可见,张之洞撰写此书的目的在于"知通"和"保教"。纵览全书,要点如下:

1. 中学为体

"保种必先保教,保教必先保国","今日时局,惟以激发忠爱,讲求实强,尊朝廷,卫社稷为第一义。"(同心第一)"五伦之要,百行之源,相传数千年更无异义,圣人所以为圣人,中国所以为中国,实在于此。故知君臣之纲,则民权之说不可行也。知父子之纲,则父子同罪,免丧废祀之说不可行也。知夫妇之纲,则男女平权之说不可行也。"(明纲第三)"今欲强中国,存中学,则不得不讲西学。然不先以中学固其根柢……其祸更烈于不通西学者矣。""西学必先由中学。"(循序第七)总之,三纲是不能废除的,是学习西学的根本目的之所在。故学习中学优先于学习西学,是学习西学的基础,即所谓"循序渐进"。

2. 西学为用

在强调学习以中学为主的同时,张之洞批评了"愚民论",指出学习西学的重要性。他说,"出洋一年胜于读西书五年","入外国学堂胜于中国学堂三年"。(游学第二)"新旧兼学。四书五经,中国史事、政书、地图为旧学,西政、西艺、西史为新学。旧学为体,新学为用,不使偏废。"(设学第三)他还提出要广泛译书,提倡阅报,实行变法,变革科举制,劝农工商学,学习兵学、矿学、铁路等。"夫不可变者伦纪也,非法制也,圣道也非器械也,心术也,非工

---

① 中国近代史资料丛刊:《戊戌变法》(四),上海人民出版社1961年版,第257页。
② 张之洞:《咨行全省官销时务报札》,载《时务报》第六册,光绪二十二年八月二十一日出版,转引自《近代经学与政治》,第219页。
③ 同上书,第220页。
④ 张之洞著:《劝学篇》,上海书店出版社2002年版,第1页。

第一章　中国法律近代化的展开:"中体西用"与中国近代法律体系的构筑

艺也"。(变法第七)由此可见,张之洞并不反对变法,相反,他为变法大声疾呼,学习西学即为其中之一重要内容。

3. 会通

张之洞既提倡学习中学,又提出学习西学,那么,二者发生冲突怎么办?答案是:会通。他说:"西政、西学果其有益于中国,无损于圣教者,虽于古无征,为之固亦不嫌,况揆之经典灼然可据者哉?……进恶西法者见六经古史之无明文,不察其施肥损益而概屏之……自塞者,……自欺者,……自扰者,……皆由不观其通。""中学为内学,西学为外学。中学治身心,西学应世事,不必尽索之于经文,而必无悖于经义。"(会通第十三)会通之说,为大规模学习西方先进科学技术知识,引进西方法制大开方便之门,是为学习西学提供有力的思想基础和辩护,同时也为学习西学保留较大的余地。

张之洞"中体西用"的学说,既肯定矛盾——中学与西学之冲突,又调和矛盾:中西学可以和平共处,各守地盘。既有现实的精神,又富于理想色彩。就其内在结构来说,其有如下特征:其一,这是一个半封闭——半开放结构。开放的是西学,即要努力引进西方先进知识,封闭的是中学,中国固有传统文化根基不能动摇。保守本土文化以治"人心",图稳定。引进西方外来文化以"应世事",谋补救,图发展。中西学术的结合,构成未来中国学术的整体。其二,这是一个中心——边缘结构。处于中心的是中国传统文化,处于边缘的则是西方外来文化。以中国文化包容西方文化,应对西方文化,以中国本土文化为主流,西方文化是为我所用的辅助性文化资源,洋为中用,从而规定中西文化的比较格局。

"中体西用"思想的提出,在当时的历史条件下,实现了两个转变。首先,以中学对西学,中西并称,是由过去天朝大国、惟我独尊,到承认中国之外别有"他者",承认西方外来干涉文化先进性、合理性,以及引进的必要性。这是由种族与文化的自我中心主义到世界主义的伟大转变。过去国人把西方的事务叫"夷务",后来叫"洋务",西方的学问,先叫西学,后来叫"新学"。这种变化十分微妙,但富于深意。其次,在中外关系上,逐渐从西方以兵戈相向,转向冷静思考,认真对比。过去由对立情绪所产生的盲目排外、仇外,也逐渐转化为对西方技艺、政制、学术的积极肯定与认同。从回避到交流,从单方面的拒斥到吸纳,从封闭走向开放,走向开明、进步。因此,就近代中外文化交流,中国逐步走向世界而言,张之洞功不可没。他的"中体西用"的学说,不仅容纳了西学——西艺、西政、西史,而且特别强调"西艺非要,西政为要",将前期洋务派之西用——西方技艺,推进到与中国伦理关系相容的一切方面,大大扩充了西用的范围,"他把洋务派的理论门户张大到了最大限度"。① 从总体上,"中体西用"说是整个晚清 70 年社会发展变革的大趋势,也是法律变革的根本指导思想。"在清朝统治集团中,一部分以洋务自诩的大官僚集团,提出'中学为体,西学为用'的改革思路,在法制上力求引进某些西法,以适应对外交涉的需要。"②

张之洞此文一出,引起了强烈的社会反应,招徕不同方面的物议。1898 年 7 月 19 日,张之洞的门生黄绍箕进宫时,光绪帝表示:"近来议论,于中西各有偏见"③,表示担忧。黄便推荐了张之洞的《劝学篇》。一周后,光绪帝即发上谕,"朕(对《劝学篇》)详加披览,持论平正通达,于学术人心大有裨益",命令"广为刊布,实力劝导,以重明教而杜厄言。"④ 随后,清政府乃命令各省广泛刊行《劝学篇》。这样一来,《劝学篇》所阐发的"中体西用"的思想,便成为钦定的调和中西的官方思想。⑤ 由于张的文章得到了光绪皇帝的褒奖,从而得以在各省广泛刊行,其影响可想而知。当时比较保守的人物苏舆⑥ 著《翼教丛编》(1898 年 4 月)一书,对张的《劝学篇》大加赞赏。他在该书的目录中说:"疆臣佼佼,厥惟南皮,《劝学》数篇,挽澜作柱。"他将《劝学篇》的《教忠》、《明纲》、《知类》、《正权》、《非弭兵》五篇收入其中。1900 年,《劝学篇》在纽约出版,作者吴板桥(Samuel wood bridge)将其译为《中国惟一之希望》(China's only hope: An appeal by the greatest viceroy Chang chintung),该书由伦敦会教士格尼菲(Gniffith John)作序,格尼菲称张之洞为"今日中国一个最伟大的人,中国没有比这位两湖总督更为杰出的真正爱国者与有才能的政治家了"。林乐知也说:"天下皆曰中国风气从此开矣。"梁启超在《清代学术概论》中说:"甲午丧师,举国震动,年少气盛之士,疾首扼腕言'维新变法',而疆吏若李鸿章、张之洞辈,亦稍稍和之。而其流行语,则有所谓'中学为体,西学为用'者,张之洞最乐道之,而举国以为至言。"⑦

另一方面,《劝学篇》也遭到非议。何启、胡礼垣撰《劝学篇书后》一文,

---

① 周育民著:《重评〈劝学篇〉》,载《张之洞与中国近代化》,中华书局 1999 年版,第 54 页。
② 张晋藩主编:《二十世纪中国法治回眸》,法律出版社 1998 年版,第 3 页。
③ 《张文襄公年谱》卷 7,光绪二十四年六月。
④ 中国近代史资料丛刊《戊戌变法》(二),第 43 页。
⑤ 冯友兰在《中国哲学史新编》中也指出,张之洞发表《劝学篇》,对当时中学与西学的争论是一个"官方的结论"。见《关于中学、西学斗争的官方结论》,载《中国哲学史新编》第 6 册,人民出版社 1989 年版,第 203 页。
⑥ 苏舆,字厚康,一字厚庵,湖南平江人,光绪间进士,改庶吉士,后任清政府邮传部郎中。
⑦ 《清代学术概论》,东方出版社 1996 年版,第 88 页。

第一章　中国法律近代化的展开:"中体西用"与中国近代法律体系的构筑

指出:"(《劝学篇》)之作,张公自言,规时势,宗本末,以告中国人士。其志足嘉,诚今日大吏中者佼佼者矣。独惜其志则是,其论则非,不特无益于时,然且大累于世。"① 文中还驳斥了张所谓清政府的"仁政"。梁启超说,"不三十年将化为灰烬,为尘埃。其灰其尘,偶因风扬起,闻者犹将掩鼻而过之"。②

那么,张之洞写《劝学篇》的动机究竟为何,从而招致截然不同的两种评判呢?对此,张的幕僚辜鸿铭(1857—1928年)曾在其《中国牛津运动故事》一书中有一段记述和分析。他说:"马太·阿诺德所言的那种追求优雅和美好的牛津情感,使张之洞憎恨康有为雅各宾主义的凶暴、激烈和粗陋。于是,在康有为及其雅各宾主义处于最后关头时,张之洞便舍弃他们,折了回去。"③ 他还指出:"对于那种指责他像真正的投机分子和叛贼袁世凯那样,转而攻击其雅各宾朋友的不公正的责难,我代表老幕主所做出的反驳是毋庸置疑的。或许比我的反驳更为有力的证据,是他自己那本著名的'小册子',就是外国人所知的题为学习(Learn),或更确切地应译为'教育之必要'的书。外国人认为此书证明了张之洞赞成康有为的改革方案,其实大谬不然。这本著名的书,……它是张之洞反对康有为雅各宾主义的宣言书,也是他的自辩书。该书告诫他的追随者和中国所有文人学士,要反对康的改良方法,凡是此类之改革必须首先从教育入手。"④ 这段话有以下三层意思:其一,张之洞曾经与康有为及其雅各宾主义追随者为朋友,即张曾经赞成维新变法。其二,张之洞反对康的过激行为。其三,张的这本书,在关键时刻成为他免罪的"自辩书"、护身符。正如《清史稿》载,"二十四年政变作,之洞先著《劝学篇》以见意,得免议。"⑤ 由此可见,就维新变法之夭折而言,张之洞可谓有先见之明。

二、《江楚会奏变法三折》对"中体西用"思想的发展

《劝学篇》作于1898年4月,当时是戊戌变法展开之时,百日维新之前。由于其中对三纲的维护,对民权说、设立议院说的反对,使张之洞在百日维新失败之时,幸免于难。另一方面,毫无疑问的是,由于张的身份与影响,

---

① 《新政真诠》五编《劝学篇书后》。
② 《自由书·地球第一守旧党》,《饮冰室合集》《专集》二一二,第7页。
③ 《辜鸿铭文集》上册,黄兴涛等译,海南出版社1996年版,第318页。
④ 同上书,第320页。
⑤ 《张之洞传》,《清史稿》卷437,第41册,中华书局1977年版,第12379页。

《劝学篇》的发表,对于维新变法必然起到推波助澜的作用。1900年,八国联军侵入中国,辛丑条约签订之后,清中央政府被迫"西狩"。由于这次变故,清政府不得不宣布"预约变法",实行新政。而新政的展开及其后法律近代化运动的开启,与张之洞的"中体西用"说都存在着内在的联系。

1901年4月,清政府设立督办政务处,张为参与大臣。同年4月,两广总督刘坤一与时任湖广总督的张之洞联名上奏《江楚会奏变法三折》。① 这是应诏而议的变法奏折中最有影响的。变法的奏折涉及内容很多,但政治体制改革与法制改革是其核心内容。其中,对于法律变革影响比较直接的是《江楚会奏变法三折》第二折中如下陈述:

"州县有司,政事过繁,文法过密、经费过绌,而实心爱民者不多。于是滥刑株累之酷,囹圄凌虐之弊,往往而有,虽有良吏,不过随时消息,终不能尽挽颓风。外国人来华者,往往亲入州县之监狱,旁观州县之问案,疾首蹙额,讥为贱视人类,驱民入彀。

盗案之例限,开参太严,且必获犯过半,兼获盗首,方予免议。而讳盗之事多,讳有为无,讳多为少,各省从无有一实报人数者,命案罕报罕结,则多私和人命及拖毙证人之事,民冤所以不伸也。

例载众证明白,即同狱成,不需对问,然照此断拟者,往往翻控,非讦问官受贿,即讦证人得赃,以故非有确供,不敢详辩,于是反复刑求,则有拷掠之惨,多人拖累,则有庾毙之冤。

州县监狱之外,又有羁所,又有交叉押带等名目,狭隘污秽、凌虐多端、鼠疫传染,多致庾毙,仁人不忍睹闻,等之于地狱,外人尤为痛诋,比之以番蛮。"②

《江楚会奏变法三折》基本上是张之洞变法思想的体现。"尽管张之洞在起草《江楚会奏变法三折》时征求和参考了多方面的意见,但他毕竟是奏折的主稿者,《三折》主要体现了张之洞的思想,这一点是毋庸置疑的"。③

---

① 第一折的内容为:设文武学堂、酌改文科、停罢武科、奖励游学,共计四项。第二折的内容为:崇节俭、破常格、停捐纳、课官重禄、去胥吏、去差役、恤刑狱、改选法、筹八旗生计、裁屯卫、裁绿营、简文法,共计12项。第三折的内容为:广派游历、练外国操、广军实、修农政、劝工艺、定矿律、路律、商律、交涉刑律、用银元、行印花税、推行邮政、官收洋药、多译东西各国书,共计11项。以上三折共计27条建议。

② 刘坤一、张之洞:《江楚会奏变法》,第二折,两湖书院刊本,台北文海光绪辛丑9月版。转引自黄源盛:《晚清法制近代化的动因及其开展》,载《中兴法学》第32期,1991年11月。

③ 李细珠:《张之洞与〈江楚会奏变法三折〉》,载《历史研究》2002年第2期,第50页。

第一章　中国法律近代化的展开:"中体西用"与中国近代法律体系的构筑

"《江楚会奏变法三折》二十七条变法措施中,有二十一条可以从张之洞的《劝学篇》和其他关于变法的两折两电中找到相同或相近的表述,而且大都不只出现一次。"①《江楚会奏变法三折》对清末新政有极大的推动作用。"《三折》中如科举改章与近代新学制的建立、用人行政政策、司法制度的改革和经济法规的制定等措施,已经鲜明地指体制本身的变革,这与洋务运动是不可同日而语的"。②"如果以1905年为界把清末新政分为两个阶段,那么,第一阶段的各项新政改革确实大都以《江楚会奏变法三折》为纲领而展开的。但是,第二阶段的预备立宪则远远超出了《三折》的内容。事实上,新政从第一阶段向第二阶段发展,既是时势所迫,也是改革自身的内在需要,但对于清廷来说则多少有点无奈的意味,因为其最初的打算里并没有立宪这个项目……可见,清廷对于新政一开始并没有一定的主见,使改革的进程显出极大的盲目性,以至于立宪迟迟不能切实施行,终于难逃失败的命运。尽管如此,《三折》对于清末新政的意义仍不可否认。在朝廷想要变法但又不知从何下手的时候,《三折》提出了一套较为系统的变革方案,得到批准实行,使清末新政进入具体的实施阶段。可以说,《三折》推动了清末新政的开展。就此而言,这对确立主稿人张之洞在新政中的角色与地位也有着重要的意义。"③

《江楚会奏变法三折》提出了整顿旧律与制定新律的具体主张:一方面,中国旧律弊端重重,已不适应新的形势发展的需要,必须改良。另一方面,修律必须与国际接轨,尽管有被迫无奈的意味,但已不可避免。此后,改良旧律弊端和制定与国际接轨的新律,便成为清末法制改革的基本内容。④由此可见,《江楚会奏变法三折》与清末法制改革有内在的联系。

三、"中体西用"与中国法律近代化的展开

(一)"中体西用"对中国法律近代化的指导意义

1. "国际化生存"

梁启超曾经把中国的历史分为三个时期:中国之中国,亚洲之中国,世

---

① 李细珠:《张之洞与〈江楚会奏变法三折〉》,载《历史研究》2002年第2期,第50页。
② 同上书,第52页。
③ 同上。
④ 李细珠著:《张之洞与清末新政研究》,世纪出版集团上海书店出版社2003年版,第13页。

界之中国。他认为,第一时期为上世史,自黄帝至秦统一中国。第二时期为中世史,从秦统一至清代乾隆末年。第三时期为近世史,从乾隆末年迄今。① 梁所谓"世界之中国",即是指近代中国所处的国际背景。这种对近代中国面对的国际环境的认识有一定的代表性。

有学者研究,"自1861—1900年间,申述当前变局之意旨者不下37人,"② "至于'变局'的意义,也就是中国政治环境、文化环境、经济环境的大变化,既不同于往古,而所遭遇又非已往经营所能知。"③ 这种变局的实质,就是中国过去不曾面对与自己文化不同而能够威胁中国存在的国家,知识分子只有"天下"观念,而没有"国际"的观念,但近代中西关系的客观存在,使中国人不自觉产生一种"国际"的观念。"中国看世界,看西方列国,自1860年以后,确曾逐渐改变固有观感,进而吸收西方国际观念。1861年,冯桂芬已自古代春秋列国的形势,清楚地比拟当时列强并立的世界。就此观点,他第一个提出加强外交的建议。在冯氏以后,直到1894年,用中国历史知识中春秋与战国的形势来解释当时国际现状者,不下十数人之多。这种由现时世界情势的认识,回溯上古,而比较公元前8至3世纪的历史,表面似乎浅薄,但在思想的转变而言,却有其重大的意义。其一,将19世纪世界和春秋战国比较,以古史的镜子,重新思考中国所面对的新世界。"④ 这种时空观的改变,可以说是近代中国认识中国自身地位与命运的最重要的成果。近代中国对民族国家的追求,实际上也是基于这种新的世界局势的认识。法律近代化运动,同样反映了这一观念。"国际化生存",就是这种观念在法律变革领域中的迫切要求。

"国际"一词,中国素无。自清朝立国以来,统治者以天朝大国自居,视外来者为蛮夷,不肯承认中国之外,别有他邦。到了近代,这种夜郎自大的迂腐观念,不仅使中国错失与世界上其他优秀民族和国家交流发展的机会,还给中国的政府与人民带来灾难性后果。"中西的关系是特别的。在鸦片战争以前,我们不肯给外国人平等待遇,在以后,他们不肯给我们平等待遇"。⑤

---

① 梁启超:《中国史叙论》。转引自徐忠明:《中华法系研究的再思》,载《法理学、法史学》,中国人民大学书报资料中心,1999年第9期。
② 王尔敏著:《中国近代思想史论》,社会科学文献出版社2003年版,第11页。
③ 同上书,第12页。
④ 同上书,第19—20页。
⑤ 蒋廷黻:《中国近代史大纲》,东方出版社1996年版,第9页。

第一章　中国法律近代化的展开:"中体西用"与中国近代法律体系的构筑

近代不平等条约的签订,使中国逐步有了国际的观念。近代历史学家蒋廷黻在谈到《南京条约》时指出:"不平等条约的根源,一部分由于我们的无知,一部分由于我们的法制未达到近代文明的水平。"① 这种无知,最主要的,就是不知近代西方的兴起,不知近代世界即将是东西方逐步融为一体的世界。在清末法律改革全方位展开之前,国际化的问题已然摆在中国人民面前。中国要想生存下去,惟有"在国际生活中找出路"。法律的制定,也不例外。

"国际化生存"对中国法律近代化的影响,具体体现在两个方面:首先,法律改革的目的,必须达到"切实平允,中外通行"的效果;其次,法律变革的过程,必须采取"参酌古今,博辑中外"的方法。

(1)"切实平允,中外通行"。1902年,清廷下诏:"中国律例,自汉唐以来,代有增改。我朝《大清律例》一书,折衷至当,备极精详。惟是为治之道,尤贵因时制宜,今昔情势不同,非参酌适中,不能推行尽善。况近来地利日兴,商务日广,如矿律、路律、商律等类,皆应妥议专条。著各出使大臣,查取各国通行律例,咨送外务部……总期切实平允,中外通行,用示通变宜民之至意"。② 清政府的这一指示,是清末法律改革的总体指导思想。

清政府指定的修律部门,也力图以此为指导方针。1907年(光绪三十三年六月),法部(1906年,光绪三十二年九月二十日由刑部改)尚书戴鸿慈在《修订法律办法折》中提出:"臣等考之东西各国,所以能臻于强盛者,莫不经历法典编纂时期,而其政策则各有不同。……今我朝……讲求新政,以长驾远驭之资,任启后承先之重,允宜采取各国之法,编纂大清国法律全典,于守成、统一、更新三主义兼而有之。"③ 这里的"统一"意即指收回治外法权,而"更新"就是要与国际接轨。"方今世界文明日进,法律之发达,已将造乎其极,有趋于世界一统之观。中国编纂法典最后,以理论言之,不难采取各国最新之法而集其大成,为世界最完备之法典。"④ 其对于法律改革的目标,是符合清廷的指示的,其期望也是非常高的。

清末修律的实际承担者、我国法律近代化之父、法制改革之父沈家本,对于法律编纂同样持国际化的态度。中体西用思想,在主持清末法律修改

---

① 蒋廷黻:《中国近代史大纲》,东方出版社1996年版,第20、21页。
② 《清德宗实录》,卷495。
③ 故宫博物院明清档案部编:《清末筹备立宪档案史料》(下册),中华书局1979年版,第840页。
④ 同上书,第841页。

工作的主要人物沈家本身上,体现得最为充分。作为修律大臣、法部右侍郎,他认识到固守传统旧法已不为时代容许,因此主张大胆移植西方法律。他说,中国"介于列强之间,迫于交通之势,盖有万难守旧者"①,如果"一国(中国)而与环球之国抗,其伏绌之数不待智者而知之矣"②。他提出当今世界有三种形势,迫使中国不得不修改法律:"国家既有独立体统,又有独立法权,法权向随领地以为范围。……独对于我国藉口司法制度未能完备,予领事裁判之权……主权日削,后患方长。此时局不能不改也。""方今各国政治日跻于大同,如平和会、赤十字会、监狱协会等,俱以万国之名组织成之。近年我国亦有遣使入会之举,传闻此次海牙之会,以我国法律不同之故,抑居三等,敦槃减色,大体攸关。此鉴于国际不能不改者也。"另外,"惩于教案而不能不改者也。"③ 这三条原因,尤其是头两条,在一定程度上决定我国法律的修改,必须与国际接轨。

"与国际接轨",通过制定与西方国家接近的法律,形成先进的法律体系,从而收回治外法权,这是当时修改法律、编纂法典的宗旨。在列国并立的晚清,也只有将法律尽可能地与西方国家的法律靠近,才可能免于授外人以口实,在法律层面受制于人。北京政府时期,中国收回法权的目标尚未实现,还必须继续为之努力。因此,北京政府继承了清末修律的伟大事业,其指导方针也不能不体现"国际化生存"。清末修律中,宪政编查馆大臣奕劻曾要求"以三年为限"编纂出中国的刑法、民法、商法、民事诉讼法、刑事诉讼法诸法典及其附属法规④,而北京政府时期为了应付华盛顿会议议决关于要对中国进行司法调查的任务,曾允诺在五年内制定所有必备法律。要完成这样的任务,只有尽可能地移植西方现行法律,才有希望。由此而来,中国近代法律体系,必然以"国际化生存"作为一个基本目标。

(2)"参酌古今,博辑中外"。"切实平允,中外通行"目标,决定了在修律中必须采取切实可行的办法。为此,清政府有关法律改革的官方文件,明确规定了"参酌古今,博辑中外"的指导思想。1902年,清廷下诏变革法律后不久,清政府"著派沈家本、伍廷芳,将一切现行律例,按照交涉情形,参酌

---

① 故宫博物院明清档案部编:《清末筹备立宪档案史料》(下册),中华书局1979年版,第845页。

② 《寄簃文存》(六):《重刻明律序》。

③ 故宫博物院明清档案部编:《清末筹备立宪档案史料》(下册),中华书局1979年版,第846页。

④ 同上书,第850页。

第一章　中国法律近代化的展开:"中体西用"与中国近代法律体系的构筑

各国法律,悉心考订,妥为拟议,务期中外通行,有裨治理。"①

沈家本也是按照这种要求去做的。在1907年(光绪三十三年五月)的一份奏折中,他说:"臣前奉恩命,将一切现行律例,按照交涉情形,参酌各国法律,妥为拟议。"②

沈家本认为,在"世界法典革新时代",理应"取人之长以补吾之短","彼法之善者当取之,当取而不取是之为愚。"③沈家本还提出,修律"专以折冲樽俎、模范列强为宗旨"。④为此他组织翻译了大量的外国法律法规,作为制定新律提供可资借鉴的范本。

清末的民法的制定,明显规定是以国际化为基本指导思想之一。1911年(宣统三年九月初五日)修订法律大臣俞廉三的奏折中,说明民法的制定共有"四项"原则:其一,"注重世界最普通之法则。""瀛海交通于今为盛,凡都邑、钜埠,无一非商战之场,而华侨之流寓南洋者,生齿日益繁庶,按国际私法,向据其人之本国法办理。如一遇相互之诉讼,彼执大同之成规,我守拘墟之旧习,利害相去,不可以道里计。是编为拯斯弊,凡能力之差异,买卖之规定,以及利率时效等项,悉采用普通之制,以均彼我而保公平。"⑤其二,"原本后出最精之法理"。"学说之精进,由于学说者半,由于经验者半,推之法律亦何莫不然,以故各国法律愈后出者,最为世人注目,义取规随,自殊剽袭,良以学问乃世界所公,并非一国所独也。是编关于法人及土地债务诸规定,采用各国新制,既原于精确之法理,自无凿枘之虞。"⑥而这两项原则,都特别明显地体现了"国际化"的特征。

此外,为了实现上述"国际化生存"的目标,在晚清修律中还聘请了一些外国法律人才,如日本法学家松岗义正、岗田朝太郎、志田钾太郎等人。他们直接参与了刑法、民法、监狱法等法律的制定。中华民国成立以后,制定法律的人中,有相当一部分是从国外留学回来的。他们的国际知识背景,必然对法律体系的形成产生直接影响。尽管如此,一些外国法学家也曾对中国法律进步作出了贡献。如法国法学家埃斯卡拉、美国法学家庞德等。

需要指出的是,"国际化生存"固然有其进步、积极的一面。但是,过分

---

① 《清德宗实录》,卷498。
② 故宫博物院明清档案部编:《清末筹备立宪档案史料》(下册),中华书局1979年版,第837页。
③ 《寄簃文存》(六):《监狱访问录序》。
④ 《沈家本奏请谕订现行刑律以立推行新律基础折》:《光绪朝东华录》,光绪三十三年十月。
⑤ 故宫博物院明清档案部编:《清末筹备立宪档案史料》(下册),中华书局1979年版,第912页。
⑥ 同上书,第912—913页。

强调与国际接轨,忽视中国的国情,也是有害于法律进步的。因此,法律体系形成中还存在另一种力量,就是坚持"本土化发展"的力量。

2．"本土化发展"

如果说中国近代法律体系的国际化目标,是中国要最大限度地吸收、引进西方国家先进的法律成果问题,那么,其本土化目标,就是如何最大限度地保留固有法律传统,并使新律与中国国情相适应、相协调的问题。

晚清法制改革虽有取悦于西方国家的一面,但其终极目的还是改革者为了摆脱自身的法律困境,能够为政权的继续存在与发展服务。因此,法律的社会适应性问题,是法律修改中无法回避的根本问题。这就意味着,本土化目标是决定改革的方向与进程的另一个基本方面。

在规定修律要与国际接轨的同时,清政府又强调,修律要"本礼教"、"重纲常","不戾乎我国世代相沿之礼教、民情","方能融会贯通,一无扞格。"[①] 清政府的"宪政编查馆"[②] 规定的立法原则也是"兼采列邦之良规,无违中国之礼教"。1909年,关于新刑法的制定,清政府发布上谕指出:"惟是刑法之源,本乎礼教。中国素重纲常,故于干名犯义诸条,立法特为严重。良以三纲五常,阐自唐虞,圣帝明王兢兢保守,实为数千年相传之国粹,立国之大本……凡新旧律义关论常诸条,不可率行变革,庶以维天理民彝于不敝。"[③] 另一方面,以对中国传统律学深有研究而"鸣于时"[④] 的沈家本,对我国旧律也是情有独钟。他说:"当此法治时代,若徵之今而不考之古,但推崇西法而不讨论中法,则法学不全,又安能会而通之,以推行于世?"[⑤] 在主张"模范列强"的同时,他也不忘"体察中国情形,斟酌编辑,方能融会贯通,一无扞格"。[⑥]

1907年(光绪三十三年五月),大理院正卿张仁黼的奏折中说,"方今东西各国法学昌明,莫不号称法治",中国"法律的宗旨"必须按照中国人的"特性":"国之肆意立者,惟民,一国之民必各有其特性,立法者未有拂人之性者

---

① 《沈家本奏议修订法律大概办法折》;《光绪朝东华录》,光绪三十三年十月。
② 该馆于1907年由考察政治馆更名而来,负责编订宪法草案,并考核修订法律馆所订法律草案及各部院、各省所订单行法及行政法规,提请资政院(1910年成立)审议,奏准皇帝谕令颁行。修订法律馆于1902年专为修律而设立,设修定法律大臣职。
③ 《大清法规大全》法律部,卷首,第1—2页。
④ 王式通:《吴兴沈公子敦墓志铭》,转引自李贵连:《沈家本与清末立法》,载李贵连著:《中国近代法制与法学》,北京大学出版社2002年版,第284页,注释20。
⑤ 《寄簃文存》(六):《薛大司寇遗稿序》。
⑥ 《沈家本奏议修订法律大概办法折》;《光绪朝东华录》,光绪三十三年十月。

第一章　中国法律近代化的展开:"中体西用"与中国近代法律体系的构筑

也。西国法学家,亦多主性法之说,故一国之法律,必合乎一国之民情风俗"①,为此,"凡民法商法修订之始,皆当广为调查各省民情风俗所习为故常,而与法律不相违背,且为法律所许者,即前条所谓不成文法,用为根据,加以制裁,而后能便民。此则编纂法典之要义也。"②

清末民法的制定,除了两个"国际化"的指导思想,还有两个与法律的"本土化"有直接关系。其三,"求最适于中国民情之法则。""立宪国政治几无不同,而民情风俗,一则由于种族之观念,一则由于宗教之支流,则不能强令一致,在泰西大陆尚如此区分,矧其为欧、亚礼教之殊,人事法缘于民情风俗而生,自不能强行规,致贻削趾就履之诮。是编凡亲属、婚姻、继承等事,除与立宪相背酌量变通外,或取诸现行法制,或本诸经义,或参诸道德,务期整饬风纪,以维持数千年民彝于不敝。"③ 其四,"期于改进上最有益之法则",其中强调的是"匡时救弊,贵在转移,""循序渐进冀收一道同风之益"。④ 这两项原则说明,民法的制定是遵从"本土化"精神的。

根据前述张仁黼的所谓"编纂法典之要义",清末与民国时期都进行了大规模的民事习惯调查,并形成民事习惯调查报告。在清末修律中制定了《通行调查民事习惯章程文》,共有10条。其中讲到:"民事习惯视商事尤为复杂,且东西南北类皆自为风气",因此要派员调查。规定,"各处乡族规、家规容有意美法良堪资采用者,调查员应采访搜集汇寄本馆以备参考","各处婚书、合同、租卷、借卷、遗嘱等项,或极详细,或极简单,调查员应搜集各抄一份汇寄本馆,以备观览。"据史料记载,清代至迟在1907年(光绪三十三年)民事习惯调查已正式启动。⑤ 民国时期的调查在1918年初。⑥ 1930年,南京国民政府民事立法活动进入高潮时期,也进行了民商事习惯的调查工作。⑦

法律体系形成的本土化目标,主要涉及两个方面的问题:一是如何最大限度地保留固有法律传统问题。旧的法制有完全适应社会需要的,应予以完全保留。有的制度虽然不完全适应社会形势,但是经过修改可以通行的,仍然可以用。这种努力,有利于最大限度降低法律移植与试用的成本,有利

---

① 故宫博物院明清档案部编:《清末筹备立宪档案史料》(下册),中华书局1979年版,第834页。
② 同上书,第836页。
③ 同上书,第913页。
④ 同上。
⑤ 胡旭晟:《二十世纪前期中国之民商事习惯调查及其意义》,载前南京国民政府司法行政部编:《民事习惯调查报告录》(上),中国政法大学出版社2000年版,第2页。
⑥ 同上书,第3页。
⑦ 同上书,第10页。

于社会的稳定,也有利于新法律的通行。二是修改后的新律如何与中国民情、社会基础相适应的问题。法律规则可以有超前性,对社会行为起到引导作用,为实现某种法律之外的目标服务。但是法律不可过于超前,以致与社会脱节。法律规范就是行为模式,是与普通民众的生活常识、道德意识、生活习性及法律意识息息相关。如果法律强行改变,可能引起社会不安。因此,新法律的推行,不仅应与我国固有法律传统相适应、相和谐,更应与当时的国情与民情相适应。

(二) 对"中体西用"对中国法律近代化作用的评析

笔者以为,在中国法律近代化的进程中,在思想领域中惟一一个纲领性的文件,就是《劝学篇》。在过去的一个多世纪中,尽管这一文章已经没有多少人注意,但是,至少就中国法律近代化而言,《劝学篇》及其阐述的"中体西用"思想,是具有历史性贡献的。

清末的法制改革,是在清末新政的大背景下展开的。而在事实上,清末新政并没有超出"中体西用"的范畴。中体——君为臣纲,父为子纲,夫为妻纲,因为(立宪)君主制及钦定宪法仍得以维持。西用是为救国救民——更重要的是挽救岌岌可危的满族政权,已经被推行的足够多,到了统治者所能容纳和容许的最大限度。"就其内容来说,清末新政不仅继承了洋务运动的事业,而且继承了百日维新的事业。不仅如此,在某些部分它比后者走得更远。"① 就法律变革而言,清末修律中发生著名的"礼法之争",张之洞站在历史的保守一面,说明张本人已经多少落后于时代。

"中体西用"推动了时代的列车,却也被时代推动着。1911年辛亥革命发生,清政府被革命派推翻,张之洞所谓"中体"没有了着落,"中体西用"存在被突破的危险。在思想领域内实现这一突破的是梁启超与严复对"中体西用"的反思与批判。在戊戌变法之前,康有为与梁启超一方面主张"中体西用"之说,另一方面,他们也"冥思苦索,欲以构成一种'不中不西,即中即西'之新学派"。② 早在1895年,严复在《原强》一文中提出"以自由为体,以民主为用"的观点。戊戌变法失败以后,他认为"体用者,即'一物而言之也'",即"道器惟一,体用不二"。他说:"中西学之异也,如其种人之面目然,不可强谓似也。故中学有中学之体用,西学有西学之体用,分之则并立,合

---

① 陈旭麓著:《近代中国社会之新陈代谢》,上海人民出版社1992年版,第251页。
② 《梁启超论清学史二种》,复旦大学出版社1985年版,第79页。

第一章 中国法律近代化的展开:"中体西用"与中国近代法律体系的构筑

之则两亡。"① 在当时的历史背景下,这无疑是主张"西用而兼西体"。这个"一体而一用"之说,后来被发展为"全盘西化"论。主张这一观点的著名人物,一个是胡适,一个是陈序经。② 他们的思想,从本质上说,只是严复思想的继续与发展。而从根本上说,其与张之洞的"中体西用"说一脉相承。

"中体西用"之说是否在清政权灭亡以后,真的就不管用了呢?笔者以为,清朝灭亡以后,虽然在思想领域内出现了与之相对立的"全盘西化"的主张,然而在实践中,不仅没有全盘西化,而且事实上也根本不可能发生全盘西化。传统的东西时时纠缠着中国。宣统皇帝退位以后,中国一度出现两次"复辟"事件。西方的东西,不大可能在中国的土地上迅速地生根、完全地发育。"联省自治"的呼声,在一个时期内也是甚嚣尘上,然而终究中国"无邦可联",最终不了了之——中国历史遗传于人民"大一统"的基因,决定中国绝不可能在集权中央的政权倒台短期内,就出现西方的联邦制。政党政治也实验了一阵子,最后还是失败了。议会制度也是这样的命运。这些统统说明,"全盘西化"作为一种思想方法,如胡适说的那样,中国要尽可能"西方化",其结果,无论如何也不用担心真的就全盘西方化了。"全盘西化"既不可能,逻辑上的"西体中用"与"中体中用",在实践中又没有任何意义,这样一来,中国法律近代化可走的路,剩下的就只有一条——中体西用。事实上,从清末法律改革到中华人民共和国的成立,中国法律的近代变革,无不体现出"中体西用"这一思想的轨迹。

---

① 《严复集》第三册,中华书局1986年版,第558—559、560页。
② 陈序经(1903—1967年),获得过美国伊利诺伊大学博士学位,1949年以前曾任教于岭南大学、南开大学、西南联合大学等。著作有《现代主权论》(英文)、《中国文化的出路》、《文化学概观》等。关于"全盘西化"的文章,收录在《走出东方——陈序经文化论著辑要》一书(杨深编,中国广播电视出版社1995年版)。

第二章 清末十年(1902—1911年):中国建立近代法律体系的初步努力

> 所有进步社会的运动在有一点上是一致的。在运动发展的过程中,其特点是家族依附的逐步消失以及代之而起的个人义务的增长。……我们也不难看到:用以逐步代替源自"家族"各种权利义务上那种相互关系形式的,究竟是个人与个人之间的什么关系。用以代替的关系就是"契约"。……所有进步社会的运动,到此处为止,是一个"从身份到契约"的运动。
>
> ——梅因:《古代法》①

中国法律近代化事业起于清末十年。清朝末年,由于内忧外患,危机重重,清政府不得不改革自救,由此也揭开了构造中国近代法律体系的波澜壮阔的历史过程。其中,收回治外法权的希望,成为中国政府改造旧法、缔造新的法律体系的历史性契机;清末新政的展开,推动了一个中国历史上前所未有的新的法律部门——宪法的产生与发展;以此为突破,由于清政府的努力,中国近代部门法律体系初具规模。

一、收回利权与中国法律近代化的国际契机

(一) 独立司法权的丧失及其危害

1. 中国近代独立司法权的丧失

独立司法权,是一个国家独立与完整的标志,是国家主权的重要组成部分。近代中国由于国力不济与认识的局限,给予外国人领事裁判权,丧失了独立司法权。

我国给予外国人领事裁判权,始于1843年10月中国与英国签订的《中

---

① 梅因,Henry Sumner Maine,1822—1888年,英国著名法律史学家。此处引文出自其名著《古代法》,商务印书馆1959年版,第96—97页。

第二章 清末十年(1902—1911年):中国建立近代法律体系的初步努力

英五口通商章程》。该条约第七款规定:"英国商民既在各口通商,难保无与内地居民交涉诉讼之事,应即明定章程,英商归英国自理,华民归中国讯究,俾免衅端,他国夷商,仍不得援以为例。查此款业据此该夷照覆,甚属妥协,可免争端,应即遵照办理。"① 第十三款规定:"凡英人控诉华人时,应先赴领事处陈述。领事于调查所诉事实后,当尽力调解使不成讼。如华人控诉英人时,领事均应一体设法解劝,若不幸其争端为领事不能劝解者,领事应移请华官共同审讯明白,秉公定断,免滋诉端。至英人如何科罪,由英人议定章程法律发给领事照办。华民如何科罪,应以中国法论之。"② 自此以后,各国与我国订立条约,无不援例办理,且有甚于此约。到1918年与瑞士订约为止,共计有英、美、法、挪、俄、德、葡、丹、荷、西、比、意、奥、匈、日、秘、巴、墨、瑞典、瑞士等二十国。③

2. 治外法权的危害

"治外法权"的存在,严重破坏了中国的司法主权,危害极大。近代中国著名法学家杨兆龙先生④ 指出:"它的影响所及,不仅是那些唯实或实利主义者所请示的'国家体面'等等,而实在关系中华民族的幸福及国家的安全。因为领事裁判权往往会发生三个最大的弊害,那就是:(1)权利国之人民实际上几可不受中国政府机关之管辖及一切法律之制裁;(2)权利国滥用领

---

① 展恒举著:《中国近代法制史》,台湾商务印书馆1973年版,第94页。
② 孙晓楼、赵颐年编著:《领事裁判权问题》(下),商务印书馆1936年版,第166页。转引自直隶高等审判厅书记室:《华洋诉讼判决录》,何勤华点校,中国政法大学出版社1998年版,"前言"。
③ 关于获得在华领事裁判权的国家,有不同的说法。但以20国说为主。这些国家分别是:英国,通过1842年《善后章程八款》第七款和1843年《中英五口通商章程》第十三款获得。美国,通过1844年《望厦条约》第二十一、二十四、二十五款获得。瑞典、挪威,通过1847年《中瑞、挪五口通商章程》第二十一款获得。法国,通过1858年《中法天津条约》第三十九款获得。俄国,通过1860年《中俄北京条约》第八款获得。德国,通过1861年《中德北京条约》第八款获得。荷兰,通过1863年《中荷天津条约》第六款获得。丹麦,通过1863年《中丹天津条约》第十五、十六款获得。西班牙,通过1864年《中西天津条约》第十二、十三款获得。比利时,通过1865年《中比北京条约》第二十款获得。意大利,通过1866年《中意北京条约》第十五、十六款获得。奥地利,通过1869年的《中奥北京条约》第三十八、三十九、四十款获得。秘鲁,通过1847年《中秘天津条约》第十三、十四款获得。巴西,通过1881年的《中巴天津条约》第八款获得。葡萄牙,通过1887年《中葡和好通商条约》第四十七、四十八款获得。日本,通过1896年《中日通商行船条约》第二十、二十一、二十二款获得。刚果,通过1898年《刚果国专章》第一款获得。墨西哥,通过1899年《中墨天津条约》第十四、十五款获得。瑞士,通过1918年《中华瑞士通好条约·附件》获得。见《不平等条约与近代中国》,郭卫东著,高等教育出版社1993年版,第90—91页。
④ 杨兆龙(1904—1979年),字一飞,江苏金坛人,哈佛大学法学博士,德国柏林大学博士后,曾任东吴大学等大学教授、国民政府最高检察长,从事律师、立法工作、法官检察官等。并曾当选为国际刑法学会副会长、国际行政法学会理事、国际比较法学会理事等职。其著作被汇编为《杨兆龙法学文选》。

事裁判权使其他外国人或某种中国人不受中国法院及其他政府机关之管辖与中国法律之制裁;(3) 中国国家或人民之利益为权利国人民或其他外国人或某种中国人所侵害时,无适当有效之救济办法。"①

具体地说,治外法权对中国的危害,有以下几点:

其一,破坏我国司法主权。近代主权国家兴起以来,任何国家之司法权,以完全行使于其领土内任何地域为原则。若有一些地区受到其他国家权力的限制,则不能自由行使国家主权,司法权之丧失,是这种国家主权丧失的标志。

其二,华人冤屈难以申诉。近代中国的领事裁判权,不仅危害中国的独立司法权,而且使华人的冤屈不能辩白。内地华人受到外国人的欺凌,需往通商口岸设有领事法庭之处申诉,在事实上有时因种种困难不能前往申诉,如距离遥远,往返不易,交通不便,案件之证据不易搜集,证人也不愿到场,审判即困难重重,则其冤屈无法得到辩白。

第三,诉讼当事人难得一定之法律保障。领事裁判法庭之管辖为被告主义,使用法律无一定之准据,若被告为多数人时,往往由于被告属于不同国家,法律不同,判决自然难以一致。由此形成法律上的歧视。此外,由于审判往往受到民族感情的影响,实难以实现审理与判决的公平。

第四,阻碍中国内地杂居的实行,妨碍外国商业的发展。中国若开放内地与外国人任意杂居,则允许外人居住之地即领事裁判权管辖之地。外国人居留内地越多,则我国法权破坏越严重。开放口岸的治安状况也受到影响。外国人的营业自由,感觉极度不便,则对商业的发展,实为妨碍。

由此可见,晚清中国独立司法权的丧失,其影响是极为严重的。

(二) 治外法权的收回与清末修律的展开

1. 中国收回治外法权的主张

治外法权的上述危害,使富有民族气节和爱国精神的近代中国人民孜孜以求,努力收回治外法权。康有为(1858—1927 年)在 1898 年曾就收回治外法权与修改法律的关系问题有所论述。他在《上清帝第六书》中写到:"外人来者,自治其民,不与我平等之权利,实为非常之国耻。彼以我刑律太重而法规不同故也。今宜采罗马及英、美、法、日本之律,重定施行;不能骤行内地,亦当先行于通商各口。其民法、民律、商法、市则、舶则、讼律、军律、

---

① 郝铁川、陆锦碧编:《杨兆龙法学文选》,中国政法大学出版社 2000 年版,第 450 页。

第二章 清末十年(1902—1911年):中国建立近代法律体系的初步努力

国际公法,西人皆详明,既不能闭关绝市,则通商交际势不能不概予通行。"① 1902年,中国人的这一努力,终于有了一个新开端。

1902年9月5日,中英续订《通商行船条约》第十二款规定:"中国深欲整顿本国律例,以期与各国律例改同一律,英国允愿尽力协助,以成此举。一俟查悉中国律例情形及其审断办法及一切相关事宜,皆臻妥善,英国即允弃其治外法权。"② 以后,1903年10月18日的《中美通商行船条约》、《中日通商行船续约》,1904年11月11日的《续订中葡商约》都有类似规定。

在这种情况下,清政府深受鼓舞,决心以此为契机,修改中国法律,形成完备法律体系,以期收回治外法权,维护国家独立与尊严。

2. 收回治外法权与清末修律

实际上,在此之前,中国政府早有修改法律的意见。光绪二十八年二月初二日(1902年3月11日),政务处奏请"改定律例,设译书局"③,清政府发布修订法律的谕旨:

> "中国律例自汉唐以来,代有增改。我朝《大清律例》一书,折衷至当,备极精详。惟是为治之道,尤贵因时制宜,今昔情势不同,非参酌适中,不能推行尽善。况近来地利日兴,商务日广,如矿律、路律、商律等类,皆应妥议专条。著各出使大臣查取各国通行律例,咨送外务部,并著责成袁世凯、刘坤一、张之洞慎选熟悉中西律例者,保送数员来京,听候简派,开馆编纂,请旨审定颁发。总期切实平允,中外通行,用示通变宜民之至意。"④

应当肯定,清政府与西方四国达成的关于收回治外法权的协议,对于修律的展开有直接推动作用。

由于袁、张、刘等人的推荐,沈家本(1840—1913年)和伍廷芳(1842—1922年)被清政府任命为修律大臣。沈家本写到:"光绪二十八年四月初六日,奉上谕:'现在通商交涉事益繁多,著派沈家本、伍廷芳将一切现行律例,按照交涉情形,参酌各国法律,悉心考订,妥为拟议,务期中外通行,有裨治理'。"沈家本,字子惇,别号寄簃,浙江归安(吴兴)人,光绪九年进士,精通中

---

① 汤志钧编:《康有为政论集》(上),中华书局1981年版,第214—215页。
② 《光绪朝东华录》(五),总4919页。
③ 《壬寅二月初四日上海盛大臣来电》,《张之洞存各处来电》第51函,所藏档甲182—153。转引自李细珠著:《张之洞与清末新政研究》,上海书店出版社2003年版,第261页。
④ 《光绪宣统两朝上谕档》第28册,第36—37页。

国传统法律,"以律学鸣于时",时任刑部左侍郎。伍廷芳,广东新会人,生于新加坡,毕业于英国伦敦林肯法律学院,取得英国律师资格,后回香港做律师,并受聘为香港法官兼立法局议员,通晓西方法律,时任清政府驻美国公使。从这两人的资历看来,清政府选任他们承担修律重任,是比较合适的。

根据沈家本的记述可知,清政府于1904年5月15日(光绪三十年四月初一日)修订法律馆正式开馆。①

"光绪二十八年受了英、日、美、葡四国允许有条件放弃领事裁判权的刺激,于是研究外国法律成为政府的一桩新事业。"② 对此,沈家本认为:"臣等以中国法律与各国参互考证,各国法律之精意固不出中律之范围,第刑制不尽相同,罪名之等差亦异,综而论之,中重而西轻者为多。盖西国从前刑法,较中国尤为惨酷,近百数十年来,经律学家几经讨论,逐渐改而从轻,政治日臻美善。故中国之重法,西人每訾为不仁,其旅居中国者,皆藉口于此,不受中国之约束。夫西国首重法权,随一国之疆域为界限,甲国之人侨寓乙国,即受乙国之裁制,乃独于中国不受裁制,转予我以不仁之名,此亟当幡然变计者也。方今改定商约,英、美、日、葡四国均允中国修订法律,首先收回治外法权,实变法自强之枢纽。臣等奉命考订法律,恭译谕旨,原以墨守旧章,授外人以口实,不如酌加甄采,可默收长驾远驭之效。"③

由此可见,不管修改法律是否最终能够达到收回治外法权的目的④,但一个不可否认的事实,就是收回治外法权,成为推动清末变法修律的基本力量,因此也是中国法律近代化的历史契机。

二、清末制宪的历史性突破

中国近代法律体系的形成,是从宪法的形成与发展开始的,而宪法的出

---

① 其主要工作是从事删削旧律和翻译外国法律两项。1907年12月重新改组并制定办事章程,规定其主要工作为:(1)拟定奉旨交议的各项法律;(2)拟定民商诉讼各项法典草案和附属法,并奏定刑律草案之附属法;(3)删定旧有律例及编纂各项章程。见张晋藩主编:《中国百年法制大事记》,法律出版社2001年版,第5页。
② 杨鸿烈著:《中国法律思想史》(下册),上海书店1984年版,第305页。
③ 《寄簃文存·删除律例内重法折》。
④ 关于修律是否能够收回治外法权,张之洞发出另一种声音。他认为治外法权能否收回,"视国家兵力之强弱,战守之成效以为从违。"见《张文襄公全集》奏议,卷69。

第二章 清末十年(1902—1911年):中国建立近代法律体系的初步努力

现与发展,又是与清末新政密不可分。

(一) 清末制宪运动

中国的制宪运动,可以上溯到1898年戊戌变法运动。然而戊戌变法的夭折,中国第一次宪政运动也被迫中断。1901年开始了清末新政。清末新政的举措很多,但其核心,就是推动宪政在中国的真正实行。中国真正开始宪政运动,则是在1904—1905年日俄战争期间。"吾国立宪之主因,发生于外界者,为日俄战争,其发生于内部者,则革命之流行,亦有力者也。二主因以外,则疆吏之陈请,人民之请愿,皆立宪发动之助因。"①

1. 日俄战争对中国立宪运动的影响

日俄战争开始于1904年2月,到1905年9月,以日本的胜利而结束。日本战胜俄国的结果,对当时中国的社会产生强烈震动,被视为立宪战胜专制。是年一二月份,梁启超就撰文指出:"自此次战役,为专制国与自由国优劣之试验场,其刺激于顽固之眼帘者,未始不有力也。"② 战争结束,果然如梁启超所料,日本战胜,中国人民对此十分震惊。当时江苏名士张謇在与袁世凯的信中说:"公今揽天下重兵,肩天下重任,宜与国家有生死休戚之谊,愿亦知国家之危,非夫甲午庚子所得比方乎?不变政体,枝枝节节之补救无益也。不及此日俄全局未定之先,求变政体,而为揖让救焚之迂图无益也。……日俄之胜负,立宪专制之胜负也。今全球完全专制之国谁乎?一专制当众立宪尚可俟乎?……日本伊藤、板垣诸人,共成宪法,魏然成尊主庇民之大绩,特命好耳。"③ 张为中国近代君主立宪的著名人士,其思想有相当代表性。"到了光绪三十年(1904)俄败于日后,中国一般知识阶级乃群信专制政体国之不能自强。日本之以小国战胜大国,一般人俱认为立宪的结果。由是颁布宪法,召集国会,成为社会热烈的呼声。"④

2. 革命党人的立宪观及其影响

除了上述日俄战争的影响,清末"革命之流行",也是影响立宪运动的又一主要因素。

1895年兴中会成立时,革命党人就规定了"驱除鞑虏,恢复中华,创立

---

① 《辛亥革命》(四),上海人民出版社1957年版,第4页。
② 《新民丛报》第六十二期。张枬、王忍之编:《辛亥革命前十年间时论选集》第二卷(下),生活·读书·新知三联书店1977年版,第21页。
③ 罗志渊编著:《近代中国法制演变研究》,正中书局印行1966年版,第130页。
④ 王世杰、钱端升著:《比较宪法》,中国政法大学出版社1997年版,第345页。

合众政府"的目标,对于推翻清政府的纲领,已经确定下来。但是他们对于立宪的问题,与康有为、梁启超的君主立宪主张逐渐发生矛盾,出现了"革命"与"君宪"的论争。

1904年,孙中山为驳斥君主立宪主张,提出,"彼又曰:'立宪者,过渡之时代也,共和者,最终之结果也'。……今彼以君主立宪为过渡之时代,以民主立宪为最终之结果,是要行二次之破坏,而始得至于民主之域也。与其行二次,何如行一次之为便?夫破坏者,非得已之事也。一次已嫌其多矣,又何必故意行二次?夫今日专制时代也,必先破坏此专制,乃得行君主立宪或民主立宪也。即有力以破坏之,则君主民主随我所择。"① 可见革命党人对于立宪只是觉得如何"方便",他们也深明革命是"破坏"的事件。他们对于实行宪政的主张,集中反映为"宪政三时期"的理论。1906年,革命党的组织同盟会本部决定的"四大政纲"中第三项规定:

"建立民国:今者由平民革命以建国民政府。凡为国民皆平等以有参政权。大总统由国民共举,议会以国民党之议员构成之。制定中华民国宪法,人人共守,敢有帝制自为者,天下共击之。……其措施之序则分三期。第一期为军法之治。……第二期为约法之治。……第三期为宪法之治。……此三期,第一期为军政府督率国民扫除旧污之时代,第二期为军政府授地方自治权于人民,而自揽国事之时代,第三期为军政府解除权柄,宪法上国家机关分掌国事之时代,俾我国循序以进,养成自由平等之资格,中华民国之根本,胥于是存乎焉。"② 这里,可以看出,革命党人的立宪观,同样是一种有条件的、渐进式的宪政观念。这种思想,与清政府后来规定的"预备立宪"的做法实际并没有本质的不同。但是这种思想却对中国近代的宪政运动产生直接、深刻甚至于决定性的影响。其原因,似可以从当时一个革命党人对于清政府的立宪态度上看出。

1905年(光绪三十一年六月),清政府决定派员出洋考察宪政。9月24日,在北京车站,革命党人吴樾试图用炸弹暗杀考政大臣,一时间,朝野震惊。吴樾曾著《意见书》一文,说明其对于清政府立宪的态度。

"立宪之声,嚣然遍于天下以误国民者,实保皇会人之倡。宗旨暧昧,手段卑劣。进则不能为祖国洗涤仇耻,退亦不克得满洲信任,裤张

---

① 《总理全集》第一集,"驳保皇报",转引自罗志渊编著:《近代中国法制演变研究》,正中书局印行1966年版,第174页。
② 罗志渊编著:《近代中国法制演变研究》,正中书局印行1966年版,第175—176页。

第二章 清末十年(1902—1911年):中国建立近代法律体系的初步努力

为幻,速乱后生。彼族黠者,遂因以增重汉人之义务,以巩固其万世不替之皇基,于是考求政治,钦定宪法之谬说,伛偻于朝野闻。……综诸种之原因,可逆断将来立宪之效果。地方自治,彼必不甘,三权分立决不成就,满汉权利必不平等。如是立宪,于汉何利?且不徒无利而又害之。假宪政名义加重吾族纳税之义务,以供其奴隶陆军,爪牙警察,为镇压家贼之用耳。而彼族固自拥其君主神圣不可侵犯之权利,吾族仰望其立宪利害如此。……"①

文中还提出,惟一道理以"民族"为基础建立国家,满族没有立宪的资格,立宪不利于汉族,等等。可以说,这种思想代表了革命党人"革命排满"的激进思想。其实质,将满族与汉族在立宪问题上对立起来。认为,清政府的立宪是假的,是"伪立宪",其惟一目的就是继续维持其统治,残害汉族人民。显然,革命党人对于清政府的立宪活动存在严重误解,满汉矛盾加剧了新旧两种力量在立宪问题上的对立。加上清政府在立宪过程中的严重失误,错过了挽救自己的良机,最终,中国政府的第一次立宪活动以失败告终。

清政府的立宪举措甚多,1905年派员到东西洋考察一切政治。其结论大抵有,"天下大计"、"全出宪法一途"、"救危亡之方只在立宪"、"立宪政体,利于君利于民,而独不便于庶官者也",中国的立宪应远法德国,近采日本,同时兼取列强各国之长——取日本以教育立国,取英国地方自治之制,取德国"以威定霸",取俄国预备立宪的经验,取美国以工商业立国的方针。②

1906年(光绪32年正月)宣布立宪,"伏愿特降纶音,期以五年改行立宪政体。"③ 1906年设立考察政治馆,次年将该馆改为宪政编查馆。1906年9月1日清政府下诏宣布预备立宪,"时处今日,惟有及时详晰甄核,仿行宪政,大权统于朝廷,庶政公诸舆论,以立万年有道之基。"次日,宣布改革官制,除了原有六部,创设商部、学部、巡警部,改总理各国事务衙门为外务部,共十部。另将原督办政务处(清政府流亡西安其间设立)改为会议政务处,使原来中央政府权限不明、任职不清、名实不符的情况有一定改变。这一年清政府还颁行咨议局章程,并筹设资政院。中国人民于是年首次享有选举

---

① 《意见书》,吴樾著,载《民报》第三期,张枬、王忍之编:《辛亥革命前十年间时论选集》第二卷(上),生活·读书·新知三联书店1977年版,第391—195页。
② 朱勇主编:《中国法制通史》(第九卷),法律出版社1999年版,第71—76页。
③ 罗志渊编著:《近代中国法制演变研究》,正中书局印行1966年版,第132页。

权与被选举权。① 但是,由于有"五不议"的限制,官制改革"与准备宪政之议,可谓毫无关系。"②

1907 年 9 月 20 日,清政府谕令设立资政院,认为"立宪政体取决公论,上下议院实为形状之本,中国上下议院一时未能成立,亟宜设资政院以立议院之基础"。③

1908 年 8 月,清政府公布《钦定宪法大纲》,同时决定预备立宪期为九年。④

1909 年 10 月 14 日,全国除新疆以外,其余 21 省咨议局均如期召开。"此为中国有地方议会之始"。⑤

1910 年 10 月 3 日,资政院按计划第一次开院,各省咨议局第二届年会也同时召开。

在此期间,出现几个立宪团体,比较有影响的是梁启超等设立的政闻社、上海的预备立宪公会、湖北的宪政筹备会、湖南的宪政公会、广东的自治会、北京的宪政期成会等。⑥ 这些团体的主要作用是促使速开国会,缩短预备立宪的时间。从 1910 年 1 月、1910 年 6 月,立宪团体两次联名上书。1910 年 10 月各省督抚及资政院也要求缩短立宪时间。于是清政府将预备立宪期缩短为 5 年,即于 1913 年(宣统 5 年)召开国会。⑦

1911 年武昌起义发生,各省纷纷响应,"革命有一日千里之势"。11 月 26 日,清政府仓促公布《重大信条十九条》,由于革命形势的发展,清政府的倒台只是个时间问题。

(二) 近代宪法的产生与清末宪法的发展

"宪法"一语,于中国古代文献,虽有渊源,但是较之近代西方之宪法,实相距不啻天壤。清朝末年,随着形势的发展,清政府相继颁布两个宪法性文件:1908 年的《钦定宪法大纲》和 1911 年的《重大信条十九条》。中国历史上首次出现了完全意义上的近代"宪法",中国法律发展史进入一个新的历

---

① 王世杰、钱端升著:《比较宪法》,中国政法大学出版社 1997 年版,第 349 页。
② 罗志渊编著:《近代中国法制演变研究》,正中书局印行 1966 年版,第 136 页。
③ 张晋藩主编:《中国百年法制大事纵览》,法律出版社 2001 年版,第 15 页。
④ 宪政编查馆等原奏及附件均见《大清光绪新法令》第二册,第 25—32 页。
⑤ 张晋藩主编:《中国百年法制大事纵览》,法律出版社 2001 年版,第 20 页。
⑥ 罗志渊编著:《近代中国法制演变研究》,正中书局印行 1966 年版,第 140、164 页。
⑦ 王世杰、钱端升著:《比较宪法》,中国政法大学出版社 1997 年版,第 349 页。

第二章 清末十年(1902—1911年):中国建立近代法律体系的初步努力

史阶段。

1.《钦定宪法大纲》①

《钦定宪法大纲》分为"君上大权"(十四条)和"臣民权利义务"(九条)两部分共计二十三条,以日本宪法为蓝本,预备实行君主立宪制。"就起草机关而言,宪法大纲纯然是官僚的产物,毫无人民代表的参与。""就其法律的效力而言,宪法大纲虽经上谕公布,仍然不过是一种草案,并且是一种仅有原则,而无细目的草案。大纲的目的,只在为将来制定宪法时的准则,在正式宪法未颁布以前,该大纲固无任何效力。"② 但是,不能否认的是,这是一个在特定历史条件下产生的,具有宪法学意义的法律文件——其基本意义,就是它试图结束一个时代——一个以暴力统治的专制时代,而欲开创另一个时代——一个以法律统治的法治时代。

中国历史上没有近代意义上的宪法。中国古代社会有一个极为重要的特点,即"行政权力支配社会"。(马克思语)"权在法上",是中国政治和法律的总特征。中国古代第一部诗歌总集《诗经·北山》中说:"普天之下,莫非王土;率土之滨,莫非王臣。"自秦朝开始,中国建立了中央集权的君主专制制度,"六合之内,皇帝之土,……人迹所至,无不臣者。"③ 中国古代的皇帝,不管其能力如何,总是把持着国家所有的统治权力。立法、行政与司法三项大权,完全操纵在皇帝一个人手中。以中国封建文化的鼎盛时代——唐朝为例,皇帝拥有全国最高立法权、行政权和司法权。④

首先,皇帝享有全国最高立法权。表现为皇帝操纵制定国家法律的决定权、颁行单行法规的决定权和修改法律的决定权。唐高祖即位之初,敕命裴寂、肖瑀等十二人"撰定律令,大略以开皇律为准",是为"武德律";唐太宗时,"命长孙无忌、房玄龄与学士法官更加厘改",是为"贞观律"。《唐律疏议·职制》规定,对法律"若不申议,辄奏改行者,徒二年"。其次,皇帝拥有最高行政权。行政组织权、行政指挥权、行政决策权完全操纵于皇帝一人之手。国家行政机构的编制及官员职权全由皇帝决定,官员必须无条件服从皇帝发布的判敕。《唐律疏议·职制》规定:"诸诈伪制书及增减者,绞;未施

---

① 该文件于光绪三十四年八月初一日颁发,刊在《政治官报》光绪三十四年八月初二日第三〇一号第9至11页。原文名为"宪法大纲",后有小字"其细目当于宪法起草时酌定"。《政治官报》设于1907年10月26日。
② 王世杰、钱端升著:《比较宪法》,中国政法大学出版社1997年版,第348页。
③ 《史记·秦始皇本纪》。
④ 参见侯欣一主编:《中国法律思想史》,中国政法大学出版社1999年版,第224—226页。

行者,减一等。"该篇还规定:"事应奏而不奏,不应奏而奏者,杖八十。"《唐律疏议·诈伪》规定:"诸对制及奏事上书,诈住以实者,徒二年;非密而妄言有密者,加一等。"皇帝是名副其实的行政长官。最后,皇帝还享有最高司法权。皇帝拥有直诉案件的受理和审判权,议的裁决权,上请的决定权,死刑的复核权,恩赦权等。此外他还享有军队的调拨权,成为全国军队的总司令。应当强调的一点是,中国古代"法家的君主专制主义理论对君主专制制度的完善与强化起了推波助澜的作用。"①

中国古代的皇帝独揽一切权力,"专制制度惟一的原则就是轻视人类,使人不成其为人"②,造成了极为严重的人性扭曲与变形。"为权力而斗争",成为中国古代社会政治制度与思想观念中一个不可救药的毒瘤,成为一切罪恶、暴力、混乱与堕落的总根源。

《钦定宪法大纲》试图结束封建制度,开创一个新的"法在权上"的法治时代。这个文件以明确的文字形式将皇权规定下来,并以"附录"(原文为"草时酌定")的形式规定了臣民的权利和义务。不仅如此,该文件还隐隐约约可以看到立法、行政和司法权三权分立的影子。其中立法权属于议院,第十二条规定:"在议院闭会时遇有紧急之事得发代法律之诏令,并得以诏令筹措必需之财用。惟至次年会期需交议院协议。"行政权属于皇帝本人,包括第五条规定的"设官制禄及黜陟百司之权"、第六条规定的"统率陆海军及编定军制之权"、第七条"宣战、讲和、订立条约及派遣使臣与认受使臣之权"、第八条"宣告戒严之权,当紧急时得以诏令限制臣民之自由"、第九条"爵赏及恩赦之权"等。司法权属于司法机关,"遵钦定法律行之,不以诏令随时更改"。

另外,该文件还规定了九项臣民的权利和义务。其中权利有六项,包括(选举权与)被选举权,言论、著作、出版、集会、结社自由(即表达权),非经法定程序不受逮捕、监禁的自由,请求法官审判的权利,受法定审判衙门审判的权利,财产及居住不受侵扰的权利等。义务有三项,即纳税、当兵、遵守国家法律。这一点说明,该文件已经具备完整的近代宪法的结构。实际上,美国《美利坚合众国宪法》也只是在修正案中(头十条)规定公民的权利和义务的。

当然,这部法律文件具有浓厚的封建色彩,皇帝对立法权、司法权有直

---

① 刘泽华著:《中国传统政治思想反思》,生活·读书·新知三联书店1987年版,第198页。
② 《马克思恩格斯全集》第1卷,第411页。

第二章　清末十年(1902—1911年):中国建立近代法律体系的初步努力

接的监督与干涉的权力。如议院的"召集、开闭、停展及解散"权属于皇帝,"审判衙门"由皇帝"委任"等。但是毋庸置疑的是,这个文件所规定的皇帝权力比起封建专制时代,有了十分明显的限制。另外,对于诸如中央与地方的关系等问题没有涉及。不过,不能忘记,该文件尚处于"大纲"阶段,不是完整的宪法。不能责之过严,求之过高。

2.《重大信条十九条》①

《重大信条十九条》是中国历史上继1908年颁发《钦定宪法大纲》之后的第二个纲领性宪法文件。

从形式上看,这个文件与清政府颁发的第一个宪法性文件有显著不同。首先,《大纲》分为两部分:"君上大权"与"臣民权利义务"。而《十九信条》只有一部分,即"君主立宪重大信条清单"。《大纲》中原有的臣民权利义务在《十九信条》中没有规定。其次,《大纲》中在部分条文后面(连同标题共有九条)规定了相关解释,以资参考。而《十九信条》则无。最后,《大纲》的制定为日后制定宪法作为参照依据。而《十九信条》第十九条规定"以上第八……条国会未开以前资政院适用之",而当时资政院已经存在(1910年10月3日资政院开院)。可见其为立即生效的文件。

更重要的是,这两个文件在内容上存在重大差别。《大纲》采用日本宪法为蓝本,皇帝拥有较多实权。而《十九信条》"采用英国君主立宪主义",实行责任内阁制、两院制等,"议会政治"的色彩比较浓厚,皇帝的权力大大缩小,具有"虚君共和"的特征。

有学者认为,《重大信条十九条》虽然"为大纲原则的规定","未完成立法程序",但是"已成为一种临时约法,具有宪法效力。"② 但是,从实际情况看,这部宪法性文件只对当时已成为革命的对立面的清政府内部有约束力而已,对于革命势力与全国人民来说,则并未产生实质影响。从法律的角度看,既然未完成法定程序,则其必然不能具有法律效力。加之清政府对于全国局势的实际控制能力已经丧失,这样,这个宪法性文件只是清政府在倒台临终前发布的一份"遗嘱"而已。

尽管如此,在宪法这一部门法律的取舍上,足见德国与日本等大陆法系

---

① 该文件于宣统三年九月十三日颁发。刊在《内阁官报》宣统三年九月十三日第七三号第一四六至一四七页。原名为《君主立宪重大信条清单》,因其共有十九条,通常称为《重大信条十九条》。《内阁官报》系由《政治官报》于1911年8月24日改名而来。

② 罗志渊编著:《近代中国法制演变研究》,正中书局印行1966年版,第169页。

及英美法系(英国)的宪法已对中国发生影响。其宪法虽然由于革命事件的发生,社会形势的逆转,中央政府无力将宪法在全国推行,但是对于国人的心理及以后法律制度的影响,则产生深远影响。

美国独立战争时期伟大的启蒙思想家托马斯·潘恩曾说:"社会是由我们的欲望所产生的,政府是由我们的邪恶所产生的,前者使我们一体同心,从而积极地增进我们的幸福,后者制止我们的恶行,从而消极地增进我们的幸福。一个是鼓励交往,另一个是制造差别。前面的一个是奖励者,后面的一个是惩罚者。社会在各种情况下都是受欢迎的,可是政府呢,即使在其最好的情况下,也不过是一件免不了的祸害,在其最坏的情况下,就成了不可容忍的祸害,因为当我们受苦的时候,当我们从一个政府方面遭受那些只有在无政府的国家中才可能遭受的不幸时,我们由于想到自己亲手提供了受苦的根源而格外感到痛心。政府好比衣服,是天真纯朴受到残害的表征,帝王的宫殿是建筑在乐园的亭榭的废墟上的。"① 权力这个事物,是人类社会维持公共领域与公共关系的必要的尺度与杠杆。但是,正如法国思想家孟德斯鸠所说,一切权力都有被滥用的危险,权力是一种腐蚀剂,权力的滥用直到受到遏制为止。因此,哪里没有建立起"法在权上"的权力体制,哪里就肯定没有真正的自由和秩序。鉴于此,近代宪法都把对权力的设置与行使进行详尽的规定作为自己的最高使命。而清政府颁布的《钦定宪法大纲》与《重大信条十九条》都对权力的行使作出比较明确的规定,尽管还不十分完善与详尽。由此看来,清政府对于近代宪法的本质,还是有比较准确地把握的。只可惜,中国的国情过于复杂,这两个宪法性法律文件都没有逃脱被废弃的命运。

在清政府颁布宪法性文件的同时,一系列法律文件也相继出台、颁布,其中有的进入实施阶段。

三、近代部门法律体系的初步形成

清代主要的法律就是《大清律例》一部。这种"诸法合体"的法典编纂体例,到了近代,已经不能满足社会发展的需要。光绪朝的法典编纂,只能按照当时中国的实际情况,朝着新的方向——部门法律体系的格局前进,将每

---

① 托马斯·潘恩(1737—1809年),美国独立战争时期著名启蒙思想家。著有《潘恩选集》一书。此处引文出自该书中《常识》一文,见《潘恩选集》,马清槐译,商务印书馆1981年版,第3页。

第二章 清末十年(1902—1911年)：中国建立近代法律体系的初步努力

一个法律部门分别独立，自成一体，从而加强法律对社会生活的调整职能。

清末修律的任务是极其艰巨的。不仅旧的法律(主要是刑法)要删改，而且还要制定出新的法律；既要制定出"改同一律"的法律，满足西方国家的"皆臻妥善"的需要，还必须与中国自身国情相适应，力求"中外通行，有裨治理"。加之中国是一个保守思想极为浓厚的国家——不变固然不行，变起来，必然招致保守势力之反对，困难重重，既任重且道远，前途几可想而知。

(一) 传统刑法的改造

1. 清末新刑法的修订过程

1902年，清政府任命沈家本、伍廷芳为修律大臣，1904年修订法律馆正式开馆，着手修律。1905年，删除一项完成。其间经过1907年修订法律馆重组，于1908年完成修改、修并(併)、续纂三项。[①] 其标志性成果，就是《大清现行刑律》(初稿)的出台。1910年5月15日，清政府正式颁布《现行刑律》。其上谕曰："著即刊刻成书，颁行京外，一体遵守。"[②] 这是清代正式颁布实施的惟一一部修改后的新刑法典。

在修订旧律的同时，沈家本也着手制定新刑法的工作。光绪三十三年(1907年)八月编成《修正刑律草案》(即《大清新刑律》)(总则部分)。十一月全文完成。由于新刑律内容与原《大清律例》差异较大，引起一些人士对新刑法的争议与不满。光绪三十四年五月，张之洞对新刑律全面批驳。各省疆吏也同声附和。为此，清廷于宣统元年(1908年)正月下谕旨，试图平息争论。宣统二年七八月间，《修正刑律草案》交由宪政编查馆复核。劳乃宣表示不满，并引起东西洋留学生的参与。[③] 针对上述批驳，沈家本等予以回应。宪政编查馆折衷两派的意见，将《修正刑律草案》核定为《大清新刑律》，并将其"附则"改为"暂行章程"，于是年十月交资政院议决。在资政院，主张维持传统封建纲常名教的保守势力与主张变革的修律者及其支持者再次发生了激烈争辩，"对新刑律的辩论极为激烈，秩序纷乱火爆"[④]。——这就是著名的"礼法之争"。最后，清廷于同年十二月二十五日，将总则、分则

[①] 故宫博物院明清档案部编：《修订法律大臣沈家本等奏请编订现行刑律以立推行新律基础折》，《清末筹备立宪档案史料》(下册)，中华书局1979年版，第852—853页。

[②] 罗志渊编著：《近代中国法制演变研究》，正中书局印行1966年版，第196页。

[③] 黄源盛：《大清新刑律礼法争议的历史及时代意义》，载中国法律史学会编：《中国法制现代化的回顾与展望》，台湾大学法学院出版社1993年版，注17。

[④] 同上书。

与"暂行章程"颁布实施。然而,"礼法之争"并未因此而结束。宣统三年(1911年)三月,主持修律的沈家本辞去修订法律大臣和资政院副总裁职务。"礼法之争"总算曲终人散,落下帷幕。

"礼法之争"是清末法律变革新旧交替过程中最为激烈的一次论争。这次论争,既是一场制度层面的对抗与选择,也是一次思想层面的对立与交锋。对于中国法律近代化事业影响极大。

关于清末刑法的变革,有两个文件可以直接看出其指导思想。

一是1907年(光绪三十三年八月二十六日)沈家本的一个奏折①,其中对刑法的"修订大旨"有较为详细的说明。沈家本认为,法律修改,有三条原因:其一为"悫于时局";其二为"鉴于国际";其三为"惩于教案"。这三个原因多少都使修律诉诸"国际化"。

二是1908年(光绪三十四年正月)沈家本的一份奏折。② 沈家本"以为旧律之宜变通者,厥有五端",提出修改法律的五项指导思想。即:第一,更定刑名;第二,酌减死刑;第三,死刑惟一;第四,删除比附;第五,惩治教育。

上述三条原因和五项指导思想,俱为沈家本等欲大胆吸收西方国家新的刑法理论的表现。其中"删除比附"一项,反映了西方近代刑法中的"罪行法定"思想。"酌减死刑"与"死刑惟一"的思想,则反映了西方近代刑法中的人道主义思想。其应用于旧法典的修订与新法典的制定中,对于从根本上改变中国传统法律的精神与制度意义非同寻常。其中,由于《大清现行刑律》也是上述思想指导下产生的,这些思想自然对其有一定的影响。但是,这些思想主要反映在刑法修改的最后成果——《大清新刑律》上面。

2.《大清现行刑律》——一部过渡性法典

修订法律过程中,首先产生的是《大清现行刑律》。这部法典共有36卷30门389条,附例1327条,此外,后附《禁烟条例》12条,《秋审条例》165条。

正如沈家本所说,《大清现行刑律》是一部过渡性法典。其过渡性表现在:在有限度地改进原《大清律例》的同时,基本继承了这部传统法典内容的两个基本方面。

首先,其扬弃方面则体现为:

---

① 《修订法律大臣沈家本奏刑律草案告成分期缮单呈览并陈修订大旨折》,载故宫博物院明清档案部编:《清末筹备立宪档案史料》(下册),中华书局1979年版,第845—848页。

② 《修订法律大臣沈家本等奏请编订现行刑律以立推行新律基础折》,故宫博物院明清档案部编:《清末筹备立宪档案史料》(下册),中华书局1979年版,第851—854页。

第二章 清末十年(1902—1911年):中国建立近代法律体系的初步努力

第一,将原来的笞、杖、徒、流、死封建五刑及外遣、充军等删改为罚金、徒刑、流刑、遣刑与死刑五种,废除了凌迟、枭首、戮尸、刺字、缘坐等酷刑。

第二,分别刑事与民事,将原来《大清律例》中关于继承、婚姻、田宅、钱债等民事部分,不再纳入刑事制裁范围。这是将传统"诸法合体"的法典编纂体例朝着民刑分开的方向发展。

第三,增加了若干新罪。如将毁坏电杆、毁坏铁路等行为规定为犯罪。

其次,《大清现行刑律》更多地则是继承《大清律例》。具体体现为:

其一,该法典的产生过程,仍是传统法律的产生方式。在1908年(光绪三十四年正月)的《修订法律大臣沈家本等奏请编订现行刑律以立推行新律基础折》中说:"伏查乾隆年间定章,修例年限,五年小修一次,又五年大修一次,大致分修改、修併(并)、续纂、删除四项,依此编订。"沈家本在提出对旧律(即《大清律例》)四项修改意见以后,提出:"如蒙俞允,即定其名曰现行刑律,由该总纂等,按照修改、修併(并)、续纂、删除四项,逐加按语,分门编录,并责令剋期告成,分别缮具清单,恭候钦定。"① 其具体办法包括:删除总目、厘正刑名、节取新章、简易例文四个方面。② 由此可以看出,《大清现行刑律》的产生方式就是传统法律的修改、修併(并)、续纂、删除四种方式。

其二,这部法典的内容,基本上是原来《大清律例》的"缩写本",并没有什么新的内容。关于这一点,首先,除了删除原《大清律例》的六部名称以外,其主文30门的篇目与原《大清律例》完全一致。③ 民国时期学者指出,《大清现行刑律》"仅删繁就简,除删除六曹旧目而外,与《大清律》根本主义无甚出入,与今之《新刑律》亦并未衔接,实不足备新旧律过渡之用。"④ 此外,原《大清律例》中的服制图、服制仍然予以保留。其次,这部法典仍然采用刑法与民法混合的编纂体例,体现出"诸法合体"的特征。最后,原刑法中与封建传统联系紧密的"十恶"、"八议"、请、减、赎等一仍其旧。也就是说,这部法典是中国传统法典的最后一部。"至《大清现行刑律》,为吾国最后而最进步之旧式法典"。⑤

---

① 《修订法律大臣沈家本等奏请编订现行刑律以立推行新律基础折》,故宫博物院明清档案部编:《清末筹备立宪档案史料》(下册),中华书局1979年版,第853页。
② 同上书,第852—853页。
③ 包括名例、职制、公式、户役、田宅、婚姻、仓库、课程、钱债、市廛、祭祀、礼制、宫卫、军政、关津、厩牧、邮驿、盗贼、人命、斗殴、骂詈、诉讼、受赃、诈伪、犯奸、杂犯、捕亡、断狱、营造、河防。
④ 谢振民编著:《中华民国立法史》(下),中国政法大学出版社2000年版,第882页。
⑤ 谢振民编著:《中华民国立法史》(上),中国政法大学出版社2000年版,第28页。

关于这部法律的实际效力,有学者认为:"按之实际,律中关于刑事部分几全未实行,而关于民事部分,则至民国继续有效。"①

3.《大清新刑律》——中国第一部近代刑法

《大清新刑律》是"中国历史上第一部独立的、半殖民地半封建性质的刑法典,它体现了这一时期刑律修订的最高成就"②。《大清新刑律》,也是中国法律近代化过程中国际化与本土化的一个重要成果。

《大清新刑律》正文分为总则与分则两编,共53章,411条③,附"暂行章程"5条。

这部法典无论其形式还是其内容,均表现出立法者采用西方国家近代刑法原则与制度的极大努力,与旧的《大清律例》及前述《大清现行刑律》相比,都有十分明显的差异,为两种风格迥然不同的法典。

首先,从形式上看,《大清新刑律》分为总则与分则两编。采用编、章、条的编纂体例。这种概括主义的编纂方法使新法典的结构与原法典明显不同,完全是现代刑法典的结构。其篇章的排列不再以原来的六部职掌为顺序,总则以犯罪的构成要素为基本排列原则,而分则以罪名统领全文,传统刑法法典中大量附载"条例"的情况,从此不复存在。更重要的是,《大清新刑律》是一部完全近代意义上的刑法典,不再容纳其他法律部门的内容,一改中国传统"诸法合体"的编纂体例。不难看出,这部法典完全是引进西方国家近代刑法典的结果。

其次,从内容上看,《大清新刑律》也与旧法典几乎完全不同,不是一部完全封建主义的法典,而是一部带有资本主义性质的刑法典。法典除了一些与封建皇帝制度相关的制度外,其制度设计更体现出近代西方国家维护

---

① 罗志渊编著:《近代中国法制演变研究》,正中书局印行1966年版,第196页。《中华民国立法史》的作者谢振民也认为:"关于民事部分,至民国后仍施行有效。"见谢振民编著:《中华民国立法史》(上),中国政法大学出版社2000年版,第28页;杨鸿烈也认为:"直到民国成立,这部法典里的民法还成为民国十几年来民法的有效部分。"见杨鸿烈著:《中国法律思想史》(下册),商务印书馆1998年影印版,第321页。

② 朱勇主编:《中国法制通史》(第九卷),法律出版社1999年版,第275页。

③ 第一编为总则,分则为法例、不为罪、未遂犯、累犯罪、俱发罪、共犯罪、刑名、宥减、自首、酌减、加减刑、缓刑、假释、赦免、时效、时则、文例。第二编分则,分别为侵犯皇室罪、内乱罪、外患罪、妨害国交罪、泄露机务罪、渎职罪、妨害公务罪、妨害选举罪、骚扰罪、逮捕监禁脱逃罪、藏匿罪人及湮灭证据罪、伪证及诬告罪、放火决水及防害水利罪、危险物罪、妨害交通罪、妨害秩序罪、伪造货币罪、伪造货币印文罪、伪造度量衡罪、亵渎祀典及发掘坟墓罪、鸦片烟罪、赌博罪、奸非罪及重婚罪、妨害饮料水罪、妨害卫生罪、杀伤罪、堕胎罪、遗弃罪、私擅逮捕监禁罪、略诱及和诱罪、妨害安全信用名誉罪及秘密罪、窃盗及强盗罪、诈欺取财罪、侵占罪、赃物罪、毁弃损害罪。

第二章 清末十年(1902—1911年):中国建立近代法律体系的初步努力

社会公共秩序及保护人权的精神。这一点从法典本身及沈家本关于法典的指导思想上,可以明显地看出。

第一,其刑罚是以自由刑为主的新体系。新刑罚体系包括死刑、徒刑、拘役和罚金四种主刑和褫夺公权、没收两种从刑。其中,死刑只保留绞一种;徒刑包括有期徒刑和无期徒刑两种;传统刑法采用的笞、杖改为罚金或拘役。经过改造,新刑罚体系与原来的封建五刑——笞、杖、徒、流、死几乎完全不同。

第二,实行罪行法定主义,删除了原来刑法中的比附制度。其第十条明确规定:"凡律例无正条者,不论何种行为,不得为罪。"这一规定体现了近代西方新刑法中法律不溯及既往、法无明文规定不为罪和法律无明文规定不为罚的原则,彻底废除了封建的比附援引制度。"罪刑法定主义的确立,意味着对罪刑擅断主义的彻底否定,同时也标志着对国家刑罚权的控制以法律的形式规定下来。从此罪刑法定主义原则成为我国近代刑法中最重要的传统而相延不改,成为近代刑事立法及实践的重要指针。"[①] 罪刑法定主义体现出新刑法保护刑事被告人合法权利、保护人权的意思。

第三,通过酌情减死刑等,使刑法典体现出人道主义精神。沈家本指出,西方一些国家已经废除死刑,中国一时不能废除,但应减少死刑的适用范围。这一点,与收回治外法权关系特为紧密。

第四,新刑法法典在一定程度上体现了法律面前一律平等的精神。原《大清律例》在定罪量刑上实行同罪异罚的原则,往往根据当事人的官秩、服制、良贱及家庭身份的不同,形成不同的科刑标准。新刑法除了直系尊亲属以外,全部一律平等。这是清末法律近代化过程中刑法方面的最为重要的改进之一。

第五,新刑法贯彻预防主义的思想,实行惩治教育。新刑法仿照西方近代刑法制度,规定了刑事责任能力的制度,按照被告人的年龄,对被告实行区别对待的原则。对于幼年犯罪者,改用惩治处分,"以冀渐收感化之效"。[②]

中国近代有学者指出:"《大清新刑律》大体上继受日本刑法。历代律例以至于《大清现行刑律》,均属民刑不分,此律则为单一之刑法法典。其要旨

[①] 音正权:《罪刑法定主义及其在近代中国的演进》,载中国法律史学会主办:《法律史论集》第三卷,法律出版社2001年版,第434页。

[②] 《修订法律大臣沈家本等奏请编订现行刑律以立推行新律基础折》,故宫博物院明清档案部编:《清末筹备立宪档案史料》(下册),中华书局1979年版,第849页。

除沈氏原奏所列五点外,并规定犯罪行为之责任能力与条件,及违法阻却之原因,明示犯罪构成之要素,采用缓刑与假释之制度,明定起诉权、行刑权时效之期间,凡此均为旧律之所无。至关于亲属之范围,仍以旧服制图为准,以期适合习惯。分则所定,井井有条,要而不繁,简而得当,沟通中外,融贯新旧,实为当时最进步最完善之法典。"① "总之,这部新刑律虽曾参酌自唐律以来的旧有规定,但大部分实在是甄采那时欧洲大陆派德意志等国最新的法案。"②

关于这部法典的效力,由于其颁布的时间为1911年1月25日,是年10月10日,武昌起义爆发,30日各省响应。从法典颁布到清廷灭亡,前后不过9个月时间。加之当时大臣们对于这部法典持保守者立场者居多,阻力重重。由此看来,这部法典在清政府统治期间,实际效力不会太大。但是,这部法典却对以后中国刑法的发展影响至为深远。中华民国建立以后,临时大总统孙中山发布命令,指出:"现在民国法律未经议定颁布,所有以前施行之法律及新刑律,除与民国国体抵触各条应失效力外,余均暂行援用,以资遵守。"③ 民国元年三月,该法典经过删除,以《中华民国暂行新刑律》为名公布实施。④ 民国四年、七年之刑法第一、第二修正案,均受到《中华民国暂行新刑律》的影响,故间接受到《大清新刑律》的影响。⑤ 不仅如此,中华民国南京国民政府的刑法也受到《大清新刑律》的影响。"直至民国十六年,国民政府奠都南京后,仍延续清末民初继受西方法制的立法事业,权衡国情,斟酌损益,在一九三〇年前后,逐渐制颁民刑及各类法典,完成'六法全书'的雏形。事实上,此时期的立法,即有赖于晚清沈氏草创的各种法规及草案,为其重要凭借。以刑法言,民国十六年十二月间,国民政府司法部就前述《刑法第二次修正案》略加删节,是为《刑法草案》,提交国民政府,于十七年三月十日正式公布,定名《中华民国刑法》,即旧刑法。该法施行为期仅七年,以其内容未能尽善,复于二十三年,由立法院参酌各国最新立法例及刑法理论,重加改订,图以迎合时代潮流,……惟考其内容,仍多因袭脱胎于

---

① 谢振民编著:《中华民国立法史》(下),中国政法大学出版社2000年版,第886—887页。
② 杨鸿烈著:《中国法律思想史》(下册),商务印书馆1998年影印版,第323页。
③ 北京政府《临时公报》,中华民国元年四月份。
④ 同上书,中华民国元年十月十五日。
⑤ 谢振民编著:《中华民国立法史》(下),中国政法大学出版社2000年版,第888、891页。

第二章 清末十年(1902—1911年):中国建立近代法律体系的初步努力

《大清新刑律》及《暂行新刑律》。凡此,不能不归功于沈家本的筚路蓝缕。"①

(二) 近代民法与商法的产生

从法律体系的角度来看,我国法律传统是"诸法并存、民刑有分"的,"中国古代的社会历史环境,决定了法律从产生时起就以'刑'为主要的表现形式。进入封建社会以后,历代代表性的法典从《法经》到《大清律例》,都采取以刑为主、诸法合体、民刑不分的编纂体例,其中也包括少量纯粹民事条款和民事法律纠纷的裁判规定。"② "我国昔日民刑不分,关于民事部分,多混于刑法、行政法或礼教中,甚少关于民事法之规定,故古代法制,重在刑法。"③ 近代著名法学家王世杰④认为:"中国历代法典对于近代民法典中所规定之事项,规定极少,盖钱田户婚等事只涉及私人与私人之间之利益关系,专制国家以为与公益无涉,遂视为细故,因之律文亦多疏略(钱田户婚等案大都可由初审衙门判结,命盗等大案则否,即此亦可想见其重视刑事案而轻视今人之所谓民事案),然钱田户婚等事之未经律文规定者,却亦大都有习惯法在那里支配。"⑤ 这种情况,显然不能满足近代社会私权成长的需要。在清末修律的大背景下,民商法的制定提上议事日程。

1. 清末民法的产生过程

光绪三十三年(1907年)四月,民政部奏请厘定民法:"查东西各国法律,有公法私法之分。公法者定国家与人民之关系,即刑法之类是也。私法者定人民与人民之关系,即民法之类是也。二者相因,不可偏废。……各国民法编制各殊,而要旨闳纲,大略相似。举其荦荦大者,如物权法定财产之权,债权法坚交际之信义,亲族法明伦类之关系,相续法杜继承之纷争,靡不缕晰条分著为定律。临事有率由之准,判决无疑似之文,政通民和,职由于此。中国律例,民刑不分,而民法之称,见与尚书孔传。历代律文,户婚诸条,实近民法,然皆缺焉不完,……窃以为推行民政,澈究本原,尤必速定民律,而后良法美意,乃得以挈领提纲,不至无所措手。拟请饬下修律大臣斟

---

① 黄源盛:《大清新刑律礼法争议的历史及时代意义》,载中国法律史学会编:《中国法制现代化的回顾与展望》,台湾大学法学院1993年版。
② 《清代民法综论》,张晋藩著,中国政法大学出版社1998年版,"绪论"第1页。
③ 展恒举著:《中国近代法制史》,台湾商务印书馆1973年版,第12页。
④ 王世杰(1892—1983年),近代著名宪法学家,湖北崇阳人,曾留学伦敦大学,获政治经济学学士;法国巴黎大学,获得法学博士。曾任武汉大学校长职。著有《比较宪法》(与钱端升合著)等。
⑤ 罗志渊编著:《近代中国法制演变研究》,正中书局印行1966年版,第188页。

酌中土人情政俗,参照各国政法,厘定民律,会同臣部奏准颁行,实为图治之要。"① 这个文件不仅指明了制定中国民法的必要性、迫切性,同时也指出了民法制定的方针,应该是"斟酌中土人情政俗,参照各国政法"。这可以说是民法"国际化"与"本土化"结合的第一个指导性立法规划。

光绪三十三年(1907年)九月,宪政编查馆奏议"修订法律办法",提出"仿照各国办法","编纂民法、商法"诸法典及其附属法等,"以三年为限,所有上列各项草案,一律告成"。② 同年,修订法律大臣提出为完成民法、商法等,需要聘请"外国法律专家随时咨问"。③ 光绪三十四年十月,沈家本奏请聘用日本法学博士志田钾太郎、法学士松冈义正,专任民法总则、债权、物权三编起草工作④,民法的亲属与继承两编则由修订法律馆会同礼学馆起草。⑤ 这样,就在中外法学家共同努力下,紧锣密鼓地展开大清民法编纂工作。

宣统三年(1911年)八月,修订法律馆"依据调查资料,参照各国法例,斟酌各省之调查报告"⑥,完成民法总则、债权、物权、亲属、继承五编的起草。这就是《大清民律草案》,也称民律第一次草案。

《大清民律草案》有五编共36章,1569条。⑦

关于《大清民律草案》的实际效力,由于"未及颁行,清廷即被推翻"⑧,故这部法典并未实施。

---

① 《光绪朝东华录》(五),总第5682页。
② 故宫博物院明清档案部编:《清末筹备立宪档案史料》(下册),中华书局1979年版,第850页。
③ 《光绪朝东华录》(五),总第5803页。
④ 同上书,总第6019页。
⑤ 亲属法的起草人为章宗元、朱献文,继承法的起草人为高种、陈录。见谢振民编著:《中华民国立法史》(下),中国政法大学出版社2000年版,第744页。
⑥ 《修订法律大臣俞廉三等奏编辑民律前三编草案告成缮册呈览折》,故宫博物院明清档案部编:《清末筹备立宪档案史料》(下册),中华书局1979年版,第911页。
⑦ 总则分为八章:法例、人、法人、物、法律行为、期间及期日、时效、权利之行使及担保,共计323条;第二编债权分为八章:通则、契约、广告、发行指示债券、发行无记名证券、管理事务、不当得利、侵权行为,共计654条;物权分为七章:通则、所有权、地上权、永佃权、地役权、担保物权、占有,共计339条;第四编亲属法,分为七章:总则、家制、婚姻、亲子、监护、亲属会抚养之义务,共计143条;第五编继承法,分为六章:总则、继承、遗嘱、特留财产、无人承认之继承、债权人或受遗人之权利,共计110条。见谢振民编著:《中华民国立法史》(下),中国政法大学出版社2000年版,第745—746页。
⑧ 张晋藩主编:《中国百年法制大事纵览》,法律出版社2001年版,第26页。又见谢振民编著:《中华民国立法史》(下),中国政法大学出版社2000年版,第747页,"未及颁行而清亡"。

第二章 清末十年(1902—1911年):中国建立近代法律体系的初步努力

2.《大清民律草案》对国际化与本土化的双重追求

民法本为我国传统法律体系中比较薄弱的环节。近代民商经济形势的发展,收回治外法权的特殊使命,都迫使清政府加紧制定民事法律。另一方面,由于民法与一般民众的联系极为密切,故民法的制定必须既照顾到与国际接轨和适合于中国自身社会民情的特殊需要这两个方面。"国际化"与"本土化"就成为清末民法的双重追求。这两个方面,《大清民律草案》基本都照顾到了。

首先,《大清民律草案》体现了对"国际化"的追求。这一点,表现在以下两点:

其一,从形式上看,《大清民律草案》的编纂体例,不同于中国过去旧的任何一部法典形式——《大清民律草案》是一部独立的民法法典。中国过去法典虽然有属于民事性质的法律规定,但是,民事法律一般是与刑事法律混合在一起的。由于我国传统法律是以刑法为主的,这在实际上就造成这样一个现象,就是如果一项民法问题与刑法调整联系不够紧密,则往往被视为"细故"而不予关注。这种"民法问题刑法化"、"私法问题公法化"的做法,不仅将民事问题"大事化小,小事化了",不利于民众私权的保护,而且直接造成民法这一法律部门的不发达。《大清民律草案》则完全是一部近代民法法典。其前三编基本上仿照德国、日本和瑞士三国民法编纂而成①,后两编虽然着意于照顾我国社会民情风俗,但也完全是按照近代民法的编纂体例纂修而成的。这在法律体系的构造上,缔造了中国法律发展历史上的第一部民法法典,在法典编纂体例上,打破了传统"诸法合体"的惯例,开创了我国民事权利保护的先河与私法发展的新传统。

其二,从内容上看,《大清民律草案》体现了"折冲樽俎、模范列强"的国际化方针。这一点在1911年修订法律大臣俞廉三的奏折中就可以清楚地看出。这份奏折明确说明民法的制定共有"四项"原则,其第一项为"注重世界最普通之法则":"瀛海交通于今为盛,凡都邑、钜埠,无一非商战之场,而华侨之流寓南洋者,生齿日益繁庶,按国际私法,向据其人之本国法办理。如一遇相互之诉讼,彼执大同之成规,我守拘墟之旧习,利害相去,不可以道里计。是编为拯斯弊,凡能力之差异,买卖之规定,以及利率时效等项,悉

---

① 见杨幼炯著:《近代中国立法史》,商务印书馆1936年版,第73页;又见罗志渊编著:《近代中国法制演变研究》,正中书局印行1966年版,第197页;又见谢振民编著:《中华民国立法史》(下),中国政法大学出版社2000年版,第747页。

采用普通之制,以均彼我而保公平。"① 其第二项原则为"原本后出最精之法理":"学说之精进,由于学说者半,由于经验者半,推之法律亦何莫不然,以故各国法律愈后出者,最为世人注目,义取规随,自殊剽袭,良以学问乃世界所公,并非一国所独也。是编关于法人及土地债务诸规定,采用各国新制,既原于精确之法理,自无凿枘之虞。"② 这两项原则表明,民法的制定,必须以贯彻"国际化"为基本目标。《大清民律草案》特别是其总则、债权和物权三编,就是以这种思想为立法的原则而产生的。其具体表现,就是对近代西方民法三大基本原则——契约自由、保护私有财产和过失责任的采纳和吸收。

关于契约自由原则。《大清民律草案》仿照德国潘德克顿民法编纂体例,把《债权》放在民法法典仅次于总则的第二编的位置,说明这部民法对于"契约自由"的重视。在近代民事法律关系中,债权作为动态物权,具有优越的民法地位,是近代资本主义国家社会发展趋势,自然也成为民法优先保护的重点。而契约又是产生债权与债务的最基本方式,这样一来,对债权的保护就集中体现为对契约自由的保护上来。在这一方面,《大清民律草案》可以说是不遗余力。该法首先明确规定债权的基本法律地位,第324条规定:"债权人得向债务人请求给付";第336条规定:"债权人有选择者,得因起诉或者申请强制执行,行使其选择权";第355条规定:"债权人得向债务人请求不履行之损害赔偿"。同时该法通过第357、358、363条等,明确规定了债务人的"故意或过失不能给付"、"怠于交易上必要之注意"、"所负责任与自己同一事务注意,有重过失",及不能给付时所承担的优先举证责任等,对于债权人所负有的义务。③ 其次,该法规定将契约的约定优于法律规定,即充分尊重缔结契约双方当事人的合意。第331条规定:"债务人约明以周年6%以上之利息支付利息,经一年后得随时将原本清偿,此权利不得以契约除去或限制之。"第371条规定:"迟延之债务若以制服金钱为标的者,债务人赔偿依法定利率而定损害额;但约定利率逾法定利率时,依约定利率而定

---

① 故宫博物院明清档案部编:《清末筹备立宪档案史料》(下册),中华书局1979年版,第912页。
② 同上书,第912—913页。
③ 第357条规定:债务人于法令或法律行为无特别订立者,因故意或过失致不能给付者应负其责,债务人若怠于交易上必要之注意即为有过失之债务人。第358条规定:债务人所负责任与自己事务同一注意者,有重过失时不得免其责任。第363条规定:不能给付是否归责于债务人有争议时,债务人负举证之责任。

第二章 清末十年(1902—1911年):中国建立近代法律体系的初步努力

损害额。"①

关于保护私有财产原则。《大清民律草案》主要通过第三编"物权"实现对私有财产的保护。其第983条规定:"所有人于法令之限制内得自由使用、收益、处分其所有物。"第984条规定:"所有人于其所有物得排除他人之干涉。"第986条规定:"所有人对于以不法保留所有物之占有者或侵夺所有物者,得回复之。"该法对私有财产的保护特别体现在土地所有制度方面。通过第1080、1081、1082、1083及1086诸条,详细保护土地所有权及地上权、永佃权等。②

关于过失责任原则。《大清民律草案》在总则第二章中规定了责任能力,以过失责任为其原则。其第37条规定:"因故意或过失而侵害他人之权利者,对于侵害行为需负责任。"第40条规定:"在心神丧失中为侵权行为者,不负责任,但其心神丧失因故意或过失而发生者不在此限。"

此外,《大清民律草案》总则第三章用106条规定了法人制度。

《大清民律草案》的上述规定,是清末修律追求"国际化生存"的重要成果与表现。这部法典尽管在清末没有生效而发挥实际作用,但是,这些前所未有的制度化创造,对于保护近代私人权利,促进中国社会经济的发展,开创了一个法理的空间,对于以后中华民国时期民法的发展,奠定了重要的基础。③

其次,《大清民律草案》也体现了对"本土化"的追求。

清末民法的制定,其首要任务固然是与国际接轨,以期收回治外法权。但是任何法律制度都必须立足于本民族的实际情况,通过引进先进的法律制度,使法律具有一定的"超前性"。但是这种"超前"的法律必须有一个限度——法律应当与社会民情保持比较和谐的关系。如果法律过于超前,超越了当时社会发展的阶段,超越民众所能接受的法律的限度,则这样的法律很难在这样的社会中生根发展。这就是法律变革中的本土化问题。因此,清末民法的制定,也注意到与社会的衔接,尽可能照顾到"本土化发展"这一

---

① 《大清民律草案》,吉林人民出版社2002年版。以下关于该法引文均出自此书。
② 第1080条规定:地上权人应向土地所有人支付定期地租。第1081条规定:地上权人因不可抗力继续三年以上于使用土地有妨碍者,得表示抛弃权利之意思。第1082条规定:地上权人虽因不可抗力于使用土地有妨碍,不得请求免除地租或减少地租。第1083条规定:地上权人继续三年怠于支付地租,或受破产之宣告者,"土地所有人得表示消灭其地上权之意思,并得请求涂销其设定之登记。"第1086条规定:永佃权人得支付佃租。
③ 朱勇主编:《中国法制通史》(第九卷),法律出版社1999年版,第212页。

变革层面。

清末在制定民法前三编时，聘用外国人做顾问，但是，对于与中国社会联系密切、关系到民众基本生活秩序与传统法律与文化价值观念的家庭生活、伦理关系——即该法典的第四编"亲属"与第五编"继承"相关制度的制定，清政府则并没有聘请外国人参与其中，而是由修订法律馆会同礼学馆共同起草这两部分的。这一点首先表明，立法者在对于民法的立法原则立场的选择与立法程序的把握上是明智的。

《大清民律草案》对"本土化"的追求，更重要的是，体现在法典本身的指导思想与内容方面。清末民法的制定，有两个指导思想与法律的"本土化"有直接关系。其一是"求最适于中国民情之法则"。主持修律者认识到，各国"民情风俗"由于"种族之观念"或由于"宗教之支流"，往往不能"强令一致"，民法"缘于民情风俗而生"，如"强令一致"，则可能招致"削趾就履之诮"。鉴于此，修律者明确提出："凡亲属、婚姻、继承等事，除与立宪相背酌量变通外，或取诸现行法制，或本诸经义，或参诸道德，务期整饬风纪，以维持数千年民彝于不敝。"① 另一项原则为"期于改进上最有利益之法则"，其中强调的是"匡时救弊，贵在转移，""循序渐进冀收一道同风之益"。② 这两项原则说明，民法的制定是遵从"本土化"精神的。

为了贯彻前述所谓"编纂法典之要义"，清末进行了大规模的民事习惯调查，并形成民事习惯调查报告。在清末修律中制定了《通行调查民事习惯章程文》，共有10条。③ 这一工作，对亲属与继承两编乃至整个民法的本土化，都有重要的作用。从《大清民律草案》的具体内容上可以看出，这部法典是努力接近我国的本土国情的。其表现略有以下数端：

其一，为了维护家庭与社会的稳定，"亲属"与"继承"两编采用的是义务本位主义亦即家属主义的立法原则。其表现甚多。第一章中规定，亲等的计算以服制图为准，而不是以大陆法系通用的罗马法计算方法。家庭内部权利人的权利行使受到一定的限制。第1333条规定："同宗者不得结婚。"第1338条规定："结婚须由父母允许。"第1374条规定："行亲权之父母，于必要之范围内可亲自惩戒其子，或呈请审判衙门送入惩戒所惩戒之。"第

---

① 故宫博物院明清档案部编：《清末筹备立宪档案史料》（下册），中华书局1979年版，第913页。
② 同上。
③ 详细内容可参见李贵连编著：《沈家本年谱长编》，台湾成文出版社1992年版，第330—331页。

第二章 清末十年(1902—1911年):中国建立近代法律体系的初步努力

1375条规定:"子营职业须经行亲权之父或母允许。"第1376条规定:"子之财产归行亲权之父或母管理之。"凡此种种,皆为中国传统法律制度家族主义的近代表达而已。

其二,性别歧视在亲属与继承两编中有明显表现。在该法总则中,明确将妻规定为限制民事行为能力人。① 关于夫妻关系,该法第1351条规定:"关于同居之事务由夫决定。"第1355条规定:"妻于寻常家事视为夫之代理人,前项妻之代理权夫得限制之。"第1358条规定:"妻子成婚时所有之财产,及成婚后所得之财产为其特有产。但就其财产,夫有管理使用权及收益之权,夫管理妻之财产显有足有损害之虞者,审判厅因妻之请求得命其自行管理。"该法还保留了妾的传统。关于继承权,男女也是不平等的。该法区分了继承人和承受人,前者兼继承宗祧与财产,而后者仅继承遗产。根据我国传统,女子显然只有承受遗产权,无继承权。这些规定与原《大清律例》几乎如出一辙。"夫为妻纲"、男尊女卑的封建法律观念,在当时立法者看来,还是不容从根本上动摇的。当然,关于这一点,不能仅仅从清朝灭亡近一个世纪以后来评价。结合民国时期还大量存在的纳妾现象,不难理解为何清末民法的制定者仍需维护传统的礼教。

另外,清末还进行了相当数量商事与经济领域的立法。其中比较重要的有:

1903年的《钦定大清商律》,包括"商人通例"9条和"公司律"131条;②

1904年的《商标注册试办章程》,共28条;③

1906年的《破产律》,共69条;④

1907年的《大清矿物章程》,正章74条,附章73条;⑤

其他还有《公司注册试办章程》,共18条;《银行注册章程》,共8条;《试办银行章程》,共32条;《银行通行则例》,共15条;《大小轮船公司注册给照暂行章程》,共20条;《出洋赛会章程》,共18条;《运送章程》,共56条;⑥

---

① 见该法第26—30条。
② 张晋藩主编:《中国百年法制大事纵览》,法律出版社2001年版,第3—4页。
③ 何勤华:《中国近代民商法的嚆矢》,载何勤华著:《外国法与中国法——20世纪中国移植外国法反思》,中国政法大学出版社2003年版,第229页。
④ 张晋藩主编:《中国百年法制大事纵览》,法律出版社2001年版,第12页。
⑤ 该章程由张之洞主持订立,经农工商部奏定于次年2月13日宣布实施。见张晋藩主编:《中国百年法制大事纵览》,法律出版社2001年版,第15页。
⑥ 何勤华:《中国近代民商法的嚆矢》,载何勤华著:《外国法与中国法——20世纪中国移植外国法反思》,中国政法大学出版社2003年版,第217页。

1909年的《印花税则》,共15条;《印花税办事章程》,共12条①;《奖励华商公司章程》②;

1910年《著作权律》,共55条等。③

上述法律的产生,初步形成了我国近代第一个民商经济法律体系。

(三) 刑事诉讼法与民事诉讼法的制定

1. 司法独立与诉讼法律的制定

中国传统,不仅民事法律与刑事法律不分,而且实体法律与程序法律也是混合在一起的。"中国诉讼断狱,附见刑律。"④ 除了中央国家机关,以行政兼理司法,是中国基本法律传统。这种情况,不仅不符合西方国家法律的一般状况,往往对于中国自身的国家管理造成诸多弊端。"鉴于国际",中国也应实行实体法与程序法的分开,由不同的法律部门分别执掌——实行司法独立,就成为这一时期制定诉讼法的核心问题。

司法独立的原则,是近代西方启蒙思想家孟德斯鸠(1689—1755年)提出的一个法治原则。他在《论法的精神》一书中提出,为了防止权力的集中带来的腐败与专横,必须将权力分别控制在不同的部门手中。他说:"一切有权力的人都容易滥用权力,这是万古不易的一条经验。有权力的人们使用权力一直到遇有界限的地方才休止。"⑤ 因此,"要防止滥用权力,就必须以权力约束权力。"⑥ 孟德斯鸠认为,从法律的产生到应用,有三个相关环节:立法、行政与司法,因此法律就应由三个部门来执掌这三种法律权力,即形成立法权、行政权与司法权的分别独立,其目的是实现三个部门之间的制约与平等。"当立法权和行政权集中在同一个人或同一个机关之手,自由便不复存在了;因为人们将要害怕这个国王或议会制定暴虐的法律,并暴虐地执行这些法律。"⑦ 同样,"如果司法权同立法权合而为一,则将对公民的生命和自由施行专断的权力,因为法官就是立法者。如果司法权同行政权合

---

① 张晋藩主编:《中国百年法制大事纵览》,法律出版社2001年版,第16页。
② 同上书,第17页。
③ 何勤华:《中国近代民商法的嚆矢》,载何勤华著:《外法与中国法——20世纪中国移植外国法反思》,中国政法大学出版社2003年版,第230页。
④ 《修订法律大臣沈家本等奏进呈诉讼法拟请先行试办折》,《大清光绪法规大全》卷11。
⑤ 〔法〕孟德斯鸠著:《论法的精神》,张雁深译,商务印书馆1982年重印本,第154页。
⑥ 同上。
⑦ 同上书,第156页。

第二章　清末十年(1902—1911年)：中国建立近代法律体系的初步努力

而为一,法官便将握有压迫者的力量。"① "如果同一个人或是由重要人物、贵族或平民组成的同一个机关行使这三种权力,即制定法律权、执行公共决议权和裁判私人犯罪或争讼权,则一切便都完了。"② 这个思想就是作为近代西方宪政之法理基础的三权分立与权力制衡的思想。根据这一思想,必须实行司法独立。

中国政府的一些比较开明的官员,对上述思想也有一定的认识。他们结合当时中国所处的国际、国内的实际情况,也提出了在三权分立的框架下,实行司法独立的建议。

首先,从学理来看,国家机关之间责权不明,权限不清,往往遇事推诿,相互掣肘,或是独断专行,肆无忌惮。清政府内部官员对于这种情况有清晰的认识。"今日积弊难清,由于权限之不分,以行政官而兼有立法权,则必有藉行政之名义,创为不平之法律,而未协舆情。以行政官而兼有司法权,则必有循平时之爱憎,变更一定之法律,以意为出入。以司法官而兼有立法权,则必有谋听断之便利,制为严峻之法律,以肆行武健,举人民之生命权利,遂妨害于无穷。其言深切著明,洞见症结,于立宪各国之精义,昭若发矇。"③

其次,司法行政合一这种情况,于修律的直接目标——收回治外法权,尤其不利。"夫国家者,主权所在也,法权所在,即主权所在,故外国人之入他国者,应受他国法堂之审判,是谓法权。中国通商以来,即许各国领事自行审判,始不过以彼法治其民,继渐以彼法治华民,而吾之法权日削。近日德设高等审判司于胶州,英设高等审判司于上海,日本因之大开法院于辽东,其所援为口实者,则以中国审判尚未合东西各国文明之制,故遂越俎而代谋。"④ "泰西各国诉讼之法,均系另辑专书,复析为民事、刑事二项。凡关于钱债、房屋、地亩、契约及索取、赔偿者,隶诸民事裁判。关于叛逆、伪造货币官印、谋杀、故杀、抢劫、窃盗、诈欺、恐吓取财,及他项应遵刑律定拟者,隶诸刑事裁判。……中国华洋讼案,日益繁多。外人以我审判与彼不同,时存歧视。商民又不谙外国法制,往往疑为偏袒,积不能平,每因寻常争讼细故,酿成交涉问题,比年以来,更仆难数。若不变通诉讼之法,纵令事事规仿,极

---

① 〔法〕孟德斯鸠著:《论法的精神》,张雁深译,商务印书馆1982年重印本,第156页。
② 同上。
③ 《御使吴钫奏厘定外省官制请将行政司法严定区别折》,故宫博物院明清档案部编:《清末筹备立宪档案史料》(下册),中华书局1979年版,第821页。
④ 同上书,第822—823页。

力追步,本体虽充,大用未妙,于政法无济也。"①

最后,更重要的是,司法不独立,于中国内政极为不利。"臣尝观自古致乱之故有二,一则由于民财之穷尽,一则由于讼狱之不平。顾民财穷尽,尚有抑循赈恤之方,惟以讼狱不平激成变故者,则悠怒猝发而不可收。泰西各国百年以来,皆病行政官之专横,而改设法堂公判之制,由是民气渐靖,治化日隆。中国审判向州县兼司,簿书填委,积弊丛生,非延搁多时,即喜怒任意,丁役视为利薮,乡保借为护符。往往一案未终而家产荡尽,一差痏出而全村骚然,遂致驱民入教,干涉横生,民教相仇,变起不测,匪徒乘机煽惑,酿为厉阶,是国家欲藉州县官以宣德达情,而州县官以滥用法权,反致民离众叛。推原其故,则以州县事繁,既须抚字催科,而又劳形诉讼,跋前疐后两无所居,贤者竭蹶不遑,不肖者遂恣睢自逞。且审判一事须平日熟諳法律,而案情万变,悉待推求,行政官以日不暇给之躬,用之于非其素习之事,必致授权幕友,假手书差,枉法滥刑,何所不至。又以层层节制,顾忌良多,未免曲徇人情,无独立不挠之志。若使司法分立,则行政官得专意爱民之实政,而审判官惟以法律为范围,两事既分,百弊杜绝。是司法制度之不可不分立,关乎内政者又其一也。"②

这段话,实际道出了中国传统司法制度的社会实情——司法专横与司法腐败。在这份奏折中,还驳斥了一些反对司法独立的理由,强有力地支持了司法独立原则在中国诉讼法中的应用。

"中外有识之士,皆为此次厘定官制,惟司法分立一事,最得预备立宪之本原,莫不延颈企组以待法院编制之成立。然而绳墨之吏安其所习,蔽于其所希闻,或为种种疑似之谈以相挠阻。揣其命意不外三端,一曰国民程度之未及,一曰审判人才之不足,一曰行政官权力之寖微而已矣。夫以中国人民为不应受独立法院之审判者,此不通事理之言也。至内地通商口岸各国租界,群行其领事裁判之权,未闻以华民程度太低致生异议。彼方用其审判于中国人民,而我转谓本国人民不应受独立法院之审判,臣诚痛之。至嫌审判人才不足,其说似矣,然昔日之州县不外科举、劳绩、捐纳三途,未必素习审判之事,一旦身任行政官,遂举一切民刑诉讼付之审判而不疑。今若行政与审判分离,向之以两事责

---

① 《修订法律大臣沈家本等奏进呈诉讼法拟请先行试办折》,《大清光绪法规大全》卷 11。
② 《御使吴钫奏厘定外省官制请将行政司法严定区别折》,故宫博物院明清档案部编:《清末筹备立宪档案史料》(下册),中华书局 1979 年版,第 823 页。

第二章 清末十年(1902—1911年):中国建立近代法律体系的初步努力

一人者,今惟以一人专一事,夫兼营旁骛,上智尤苦其难,用志不纷,中材亦堪自勉,而转虑人才之不足,此又臣所未喻也。至谓行政官权力寖微,则尤属一偏之见,夫官吏所以有行政权者,拧国家予之也,权之所在,虽以督抚大员,不必亲身断狱而权自尊。若夫假审判之权以自便其作威作福之私,而肆其武健严酷之手段,此正圣世所不容,而宜加屏斥者也。臣考东西各国古制,其行政、司法初亦不分,迨后法理日精,渐图分立。行政官得尽心于教养,而无滥用权力之事,故民事日新。司法官得以法律保障人民,故狱无怨滞。倘法权独立果有妨行政官之权力,则彼各国何不守其自古相传之旧俗,而好为是纷纷也。且使行政、司法并为一官,而无害于长治久安之计,固不妨置为缓图,乃臣熟察世界各国之情形与夫内地民生之疾苦,窃以为司法分立关乎时局安危者甚大,而有万不可以再迟者,请为我皇太后、皇上剀切陈之。"①

在近代中国法律"国际化生存"的背景下,以司法独立为中心的诉讼法制的变革,便拉开帷幕。

2. 从《刑事民事诉讼法》到《刑事诉讼律草案》和《民事诉讼律草案》

1906年4月,修订法律大臣沈家本等奏陈《大清刑事民事诉讼法》(草案)。这部法律草案分总纲、刑事规则、民事规则、刑事民事通用规则、中外交涉案件,共五章,260条。另附颁行例3条。②"这是中国历史上第一部专门的诉讼法草案。"③

这部法律草案,首次将实体法与程序法分开,体现了司法独立的精神;并吸收了西方近代诉讼法中的陪审制度、律师制度、公开审判、自由心证、回避制度等。其中陪审制度为英美法系国家通用的制度。但是,明显可以看出,此法律草案仍然保持刑事与民事诉讼制度一定程度的混合,具有一定的保守性和过渡性。即使如此,这部法律草案还是遭到张之洞等人反对。张指出,若实施这部法律,"父子必异财,兄弟必析产,夫妇必分资,甚至妇人女

---

① 《御使吴钫奏厘定外省官制请将行政司法严定区别折》,故宫博物院明清档案部编:《清末筹备立宪档案史料》(下册),中华书局1979年版,第822—823页。
② 第一章总纲:分为刑事、民事之别,诉讼时限,公堂,各类惩罚4节。第二章刑事规则,分为:逮捕、拘票、搜查票及传票,关提,拘留及取保,审讯,裁判,执行各刑及开释7节。第三章民事规则,分为:传票,讼件之值未逾500元者,讼件之值逾500元者,审讯,拘提图匿被告,判决后查封产物,判案后监禁被告,查封在逃被告产物,减成偿债及破产物,和解,各票及讼费共计11节。第四章刑事、民事通用规则,分为律师、陪审员,证人,上控4节。第五章中外交涉案件。见谢振民编著:《中华民国立法史》(下),中国政法大学出版社2000年版,第981—982页。
③ 朱勇主编:《中国法制通史》(第九卷),法律出版社1999年版,第294页。

子,责令到堂作证","袭西俗财之产制,坏中国名教之防,启男女平等之风,悖圣贤修齐之教。"① 光绪三十三年,各省先后复奏,均拟订请展缓施行,另交由法部详核妥拟。②

1907年修订法律馆改组,"以该馆有起草民事诉讼律、刑事诉讼律之专责,而《钦定逐年筹备事宜清单》有限定宣统五年颁布该二律之明文,乃督饬总纂、纂修、协修各员,分别从事编纂,至宣统二年(1911年)十二月二十七日奏明告成,请饬下宪政编查馆考核。未及颁行,而清室遂亡。"③

这样一来,《大清刑事民事诉讼法》草案实际上就成为废案。

从1907年起,沈家本等继续诉讼法的制定工作。1911年1月(宣统二年十二月),修订法律馆起草完成了《刑事诉讼律草案》和《民事诉讼律草案》。④ 这次起草,将刑事诉讼与民事诉讼分别进行,改变了前次刑事、民事放在一起的做法。同时,对原来《大清刑事民事诉讼法》草案中争议的陪审制度、律师制度等予以保留。《刑事诉讼律草案》共有6编,514条。⑤《民事诉讼律草案》共有4编,22章,800条。⑥ 但是,《刑事诉讼律草案》在清朝并

---

① 《遵旨核议新编刑事民事诉讼法折》,《张文襄公全集·奏议》卷69。
② 谢振民编著:《中华民国立法史》(下),中国政法大学出版社2000年版,第982页。
③ 同上书,第991页。
④ 张晋藩主编:《中国百年法制大事纵览》,法律出版社2001年版,第24页。
⑤ 第一编总则,分为3章,第一章审判衙门,分为:事物管辖,土地管辖,管辖指定及转移,审判衙门职员之回避拒却及引避共4节。第二章当事人,分为原告官、被告人、辩护人及辅佐人共2节。第三章诉讼行为,分为被告人之讯问,被告人之传唤、拘摄及羁押,检证、搜索、扣押及保管,证言,鉴定及通译,急速处分,文件,送达,期间,裁判共10节。第二编第一审,分为2章,第一章公诉,分为通则,侦查处分,预审处分,提起公诉共4节。第二章公判。第三编上诉,分为4章。第一章通则,第二章控告,第三章上告,第四章抗告。第四编再理,分为3章,第一章再诉,第二章再审,第三章非常上告。第五编特别诉讼程序,分为2章,第一章大理院特别权限之诉讼程序,第二章感化教育及监禁处分程序。第六编裁判之执行。见谢振民编著:《中华民国立法史》(下),中国政法大学出版社2000年版,第1013页。另,关于该法律草案的条数,还有一说,是155条。见李贵连著:《沈家本》,法律出版社2000年版,第291页。
⑥ 第一编审判衙门,分为5章,第一章事物管辖,第二章土地管辖,第三章指定管辖,第四章合意管辖,第五章审判衙门职员之回避、拒却及引避。第二编当事人,分为7章,第一章能力,第二章多数当事人,第三章诉讼代理,第四章诉讼辅佐人,第五章诉讼费用,第六章诉讼担保,第七章诉讼救助。第三编普通诉讼程序,分为5章。第一章总则,分为:当事人书状,送达,日期及期间,诉讼行为之濡滞,诉讼程序之停止,言词辩论,裁判,诉讼笔录共8节。第二章地方审判厅第一审诉令程序,分为:起诉,准备书状,言词辩论,证据,又分为通则、人证、鉴定、书证、检证、证据保全,裁判,缺席判决,假执行之宣示共7节。第三章初级审判厅之程序。第四章上诉程序,分为控告程序,上告程序,抗告程序共3节。第五章再审程序。第四编特别诉讼程序,分为5章,第一章督促程序,第二章证书程序,第三章保全诉讼,第四章公示催告程序,第五章人事诉讼,分为宣告禁治产程序,宣告准禁治产程序,婚姻事件程序,亲子关系事件程序。见谢振民编著:《中华民国立法史》(下),中国政法大学出版社2000年版,第991—992页。另,关于该法律草案的章数,还有一说,认为有21章。见李贵连著:《沈家本》,法律出版社2000年版,第292页。

第二章　清末十年(1902—1911年)：中国建立近代法律体系的初步努力

未颁布实施。《民事诉讼律草案》的命运亦复如此。①

光绪三十三年八月，沈家本提出制定《法院编制法》。②在制定《法院编制法》的过程中，清政府于1906年十月颁布了《大理院审判编制法》③，光绪三十三年十月二十九日通过《天津府属审判厅试办章程》，宣统元年，宪政编查馆详核《各级审判厅试办章程》，经过补充，于同年七月初十日奉旨依议，通行各省一体遵行。④

宣统元年十二月二十八日(1911年2月7日)《法院编制法》获准颁布实施。这是一部法院组织法，为清代制定的与诉讼法相关的惟一一部正式生效的法典。该法有16章，164条。⑤此外，宪政编查馆所拟订之《初级暨地方审判厅管辖案件暂行章程》12条，《法官考试任用暂行章程》14条，《司法区域分划暂行章程》10条与《法院编制法》同时施行。⑥除此以外，清末还制定了一系列相关的司法制度。主要有：光绪三十二年的《议恤相验名折》，光绪三十三年十月的《宗室诉讼仍由大理院裁判》，三十四年的《大理院稽查票传人证出入章程》、《司法警察职务章程》，宣统元年《地方审判厅内增设民刑两庭》、《议覆东督奏吉省拟设检验学习所改忤作为检验吏给予出身折》、《拟建京师模范监狱》、《检察厅调度司法警察章程》、《宗室觉罗诉讼章程》、《诉讼状纸通行章程》等。⑦

(四) 近代行政法的产生

1. 清代传统的行政法

清代虽然是一个君主专制的封建国家，但是，众多的人口，广阔的地域，必然要求一套行之有效的行政管理的法律法规——行政法。"清季行政法规，虽非全部包括于会典之中，而散见于大清会典及其他成文法者不少。将会典以行政机关之组织、权限及事务之准则等一般行政为主，谓之为行政法

---

① 张晋藩主编：《中国百年法制大事纵览》，法律出版社2001年版，第24页。又见谢振民编著：《中华民国立法史》(下)，中国政法大学出版社2000年版，第991、1013页。
② 《酌拟法院编制法缮单呈览折》，见李贵连著：《沈家本》，法律出版社2000年版，第282页。
③ 谢振民编著：《中华民国立法史》(下)，中国政法大学出版社2000年版，第985页。
④ 同上书，第983—984页。
⑤ 其章目与大致内容见于谢振民编著：《中华民国立法史》(下)，中国政法大学出版社2000年版，第987—989页。
⑥ 谢振民编著：《中华民国立法史》(下)，中国政法大学出版社2000年版，第989页。
⑦ 以上法律文件见朱勇主编：《中国法制通史》(第九卷)，法律出版社1999年版，第298—299页。

典,固无不可,故大清会典者,实为清代之行政法也。"① 此外,还有学者指出:"清代'则例'同样有泛指和专指两种情况,用作专有名词时通常指具有行政法规性质的六部则例。"② "则例之名流行于清代,是由中央政府各部就本部门的行政事务随时作出处置的实例,经由有关人员审议通过,交由皇帝批准生效的单行法规。"③ 由此可见,清代不仅存在大量的行政法,而且其行政法还比前代发达。

清代行政法的内容,随着时期的不同而有所区别,大致涉及行政等级的划分、文官制度的确立、官吏的任用与考核、民族事务管理等等。④ 近代日本学者织田万(1868—1945年)曾著《清国行政法》一书,系统研究了清朝的行政法律法规。该书从清国行政法之渊源、行政组织、官吏法、裁判制度等方面分门别类详尽地介绍了清朝行政法的情况。⑤ 从该书的情况来看,尽管清代行政法是服从和服务于清代专制政治需要的,但其作为一个法律部门,已经具备了近现代行政法律法规的基本体系。

2. 《钦定行政纲目》和近代行政法的产生

根据清末新政的精神和《钦定宪法大纲》的需要,必须建立三权分立的行政体制。为此,清宪政编查馆于1910年4月拟定了《钦定行政纲目》。⑥ 这是清末制定的最重要的一部具有近代行政法性质的法律。但是,该法未及实施,即随着清政权的瓦解而淹没在历史的烟尘之中。

《钦定行政纲目》的基本精神,就是"谨按宪法大纲,君主立宪政体,君上有统治国家之大权,凡立法行政司法皆归总揽。而以议院协赞立法,以政府辅弼行政,以法院遵律司法。"⑦ 由此可以看出,该法具有建立三权分立体制的意图。该法还提出"融会列国成规,按切我国情事"的立法原则,将国家行政机关分为直接官治、间接官治、地方官治和地方自治四级隶属建制。此外,该法最值得注意的是,它将国家事务与皇室事务分开,称其为立宪政体的"第一要义",而行政纲目的主要内容"以属于国家行政事务为限。"应该肯定,《钦定行政纲目》基本符合近代立宪政体的法治精神,具有近代行政法的

---

① 展恒举著:《中国近代法制史》,台湾商务印书馆1973年版,第32页。
② 苏亦工著:《明清律典与条例》,中国政法大学出版社2002年版,第42页。
③ 同上书,第70页。
④ 张晋藩主编:《清朝法制史》,法律出版社1994年版,第19—27、77—113、293—327、572—587页。
⑤ 〔日〕织田万著:《清国行政法》,中国政法大学出版社2003年版,"目次"。
⑥ 张晋藩主编:《中国百年法制大事纵览》,法律出版社2001年版,第22页。
⑦ 张晋藩主编:《清朝法制史》,法律出版社1994年版,第700页。

第二章 清末十年(1902—1911年):中国建立近代法律体系的初步努力

性质。

清末还制定了一系列近代意义的行政法。1908年宪政编查馆奏定《结社集会律》,共35条,规定"除各省会党显干例禁均属秘密结社,仍照刑律严行惩办外,其余各种结社集会,凡与政治及公事无关者,皆可照常设立,毋庸呈报。其关系政治者,非呈报有案不得设立,关系公事者,虽不必一一呈报,而官吏谕令呈报者,亦当遵照办理。"[①] 此外,清末制定的行政法还有:1906年商部、巡警部和学部制定的《大清印刷物专律》,1907年商部制定的《大清报律》,1910年颁布的《著作权律》。[②] 为配合官制改革,自1906至1911年制定了涉及文官制度的行政法若干,主要有:《民政部官制章程》、《度支部职掌员缺章程》、《学部官制》、《陆军部官制》、《法部官制》、《各省学务官制》、《内阁官制各省官制通则》、《邮传部职掌员缺章程》、《都察院整顿变通章程》、《农工商部职掌员缺》、《理藩部司员缺分定责任章程》、《法官考试任用暂行章程施行细则》、《州县改选章程》、《考核巡警官吏章程》、《切实考验外官章程》等。[③]

清末以《钦定行政纲目》为中心的一系列行政法律法规的产生,标志着近代意义的行政法律体系已经具备一个雏形。尽管大多数法律仅仅处于草拟而未真正颁布实施,但是对以后行政法律体系的构筑,却产生了一定程度的积极影响。

---

① 张晋藩主编:《中国百年法制大事纵览》,法律出版社2001年版,第17页。
② 张晋藩主编:《清朝法制史》,法律出版社1994年版,第700—702页。
③ 同上书,第699页。

第三章 中华民国北京政府(1912—1928年)：中国建立近代法律体系的继续努力

> 人类由于志趋善良而有所成就,成为最优良的动物,如果不讲礼法,违背正义,他就堕落为最恶劣的动物。……城邦以正义为原则。由于正义衍生的礼法,可凭以判断(人间的)是非曲直,正义恰正是树立社会秩序的基础。
>
> ——亚里士多德:《政治学》①

一、北京政府对法律近代化的继续推动

1911年,辛亥革命推翻了清政权,中国悠久的封建帝制宣告结束。1912年中华民国成立,中国进入一个新的历史时期,中国法律的发展也进入了一个新的阶段。

从形式上看,自1912年至1949年国民党统治在大陆的结束,中国始终处于"中华民国"时期。② 但就法律制度的发展演变来看,这一时期显然可以分为两个阶段:由北洋军阀建立和控制的中华民国北京政府统治的阶段,以及由中国国民党建立和控制的中华民国国民政府统治的阶段。二者以1928年东北的改旗易帜为界。

"中国法律近代化在时间上也表现出阶段性。……从1912年民国政府建立,到1928年南京国民政府统一全国的十七年中,由北京政府推动并具体实施的法律近代化的重点,在于宪政体制的探索和变革。

---

① 亚里士多德(公元前384—322年),古希腊著名学者。著有《政治学》、《雅典政制》等。此处引文出自其《政治学》,商务印书馆1965年版,第9页。

② 这里需要说明的是,这一时期在中国版图上出现的政权有好几个,但是它们是否能够对外代表中国中央政府,则是有疑问的。例如,北京政府统治时期,统治中心在北京,但地方出现几个政权,除了北京政权可以对外代表中国,其他则难以如此。日本在东北扶植的伪"满洲国",显然是不合法的。中国共产党建立和控制的陕甘宁边区政府,是国民政府的特别行政区,只能视为中华民国国民政府的一部分。本文从法制史研究的角度,只对中华民国北京政府和中华民国国民政府时期的法律制度予以关注,除非特别需要,其他政权一般不予考虑。

第三章　中华民国北京政府(1912—1928年):中国建立近代法律体系的继续努力

……南京国民政府建立后,一改此前法律近代化的侧重点,迅速展开大规模的基本法律的制定、完善活动。……在不到三年的时间里,即制定、颁布一系列重要的基本法律,包括民法、刑法、民事诉讼法、刑事诉讼法等,中国近代法律的典型形态——六法体系基本形成。"[①]

中华民国北京政府的统治,是在夺取革命党人辛亥革命成果的基础上,以武力为后盾建立起来的。这一时期政治制度的急剧变化,显得十分混乱,令人眼花缭乱,似乎掩盖了法律制度方面的相对粗线条的变化及其对法律近代化的继续推动,尤其是在近代法律体系形成方面取得的成就。依照笔者前述中国法律近代化过程中国际化与本土化两种力量的对抗与妥协的立场,则自1912年共和政体的确立迄1928年国民政府定都南京并实现政治统一的这一阶段,对于法律制度的演变进行深入研究,是一个十分重要的课题。这是因为,一方面,为了配合一个新的共和政体的建立,必须引进当时西方先进国家的法律模式,从而在理论和制度层面为新政权的合法性进行说明,另一方面,政治局势和社会形势的动荡不安,与此时各种法律思潮相互激荡,使得新法律制度面临种种严峻的考验。大体上说,北京政府继承了清末法律变革以"宪政"为中心的基本思路——除了君主的因素,但是,在推进法制建设的过程中,却不能有效巩固和保有来之不易的法律成果。最后由于政权的更迭,法律近代化的主导权转移到了中国国民党的手里。

法律制度往往与政治制度的变化息息相关。在中华民国北京政府时期,由于政权的频繁更替,一个单一的宪法秩序没有从根本上建立起来,从而使得"宪政体制的探索和变革"成为中国法律近代化的一个侧重点。本文将就这一问题进行深入探讨。此外,由于这一时期的政治体制毕竟与已经覆没的清政权不同,由此而来的种种制度化建设的努力,使得这个时期可以称为一个"新制度主义"的时代。以清末修律成果为基础的六法体系得以进一步确立和发展。

二、"三权分立"框架下的宪法

北京政府的法制建设,处于从辛亥革命推翻清朝统治到改组后的国民党重新建立自己的政治权威这两个历史界碑之间的一个特殊时期,其所有

---

① 朱勇主编:《中国法制通史》(第九卷),法律出版社1999年版,"绪言"第2—3页。

法律近代化的努力,都与这两个重大历史事件有着密切的联系。

由于辛亥革命的影响——革命的意义和限度,北京政府的法制建设——积极的和消极的——表现均十分明显。就其积极的一面来看,由辛亥革命开创的"民主共和"的新观念,基本上得以延续和保存。大量宪法文件的不断产生,可以说明当时宪法及其象征的民主共和的观念至少在形式上是被接受的。就其消极方面看,法律的作用基本上被降低到论证当权者政权合法性的工具的地步,在某种意义上,法律充当了一个记录混乱的记事簿和为当局摇旗呐喊的吹鼓手的角色。其结果,宪法与宪政的权威性没有确立,力图主宰宪法的政府当局,也就无法得到宪法权威的保护。玩弄法律者作茧自缚,最终为法律所玩弄。北京政府时期宪法的命运集中反映了这一点。

事实上,自 1912 年至 1927 年的十数年间,可以说是宪法起草的活跃期。除了 1912 年公布的临时约法外,陆续可见到的宪法草案,包括 1913 年的天坛宪草、1914 年 5 月由袁世凯公布的中华民国约法、1915 年的中华帝国宪法草案、1916 年以后天坛宪草的续修起草、1923 年曾经短暂公布的中华民国宪法(即"曹锟宪法"),以及 1925 年后由段祺瑞主导的国宪起草委员会所提出的中华民国宪法草案等。① 众多宪法和宪法草案的尝试,却并没有造就真正拥护宪法、尊重宪法的宪政传统。

(一)"三权分立":未经讨论即予通过

"三权分立"的宪法学说,是由法国近代启蒙思想家孟德斯鸠第一次系统阐述,并由独立后的美国政府采用的。由于这一学说是以人类政治领域中关于权力的一些常识和经验作为立论的基础,而且是一种有针对性地解决政府结构中权力分配问题的理想方案,因此受到近代众多思想家的赞许。1908 年,在清末新政和制宪运动中产生的《钦定宪法大纲》,基本上以三权分立为未来政府体制的蓝图。值得注意的是,尽管这一宪法方案确有其合理性和科学性,但是在被中国极少数决策者接受时,并没有引起严肃的讨论,更没有在民众中进行广泛的宣传,对民众进行相应的启蒙教育。

1911 年 12 月(辛亥年 10 月),各省都督府代表联合会议议决宣布《中华

---

① 关于北京政府统治时期宪法的发展,可参见谢振民编著:《中华民国立法史》(上),中国政法大学出版社 2000 年版,第二编"总论"。又可见于王世杰、钱端升著:《比较宪法》,中国政法大学出版社 1997 年版,"第二章辛亥革命及北京政府时代的制宪"。

第三章　中华民国北京政府(1912—1928年)：中国建立近代法律体系的继续努力

民国临时政府组织大纲》，共4章21条。① 该法为组织临时中央政府的法律依据，其中所规定的政府体制即为三权分立制。② 1912年2月12日，清帝宣布退位。3月11日，参议院议决通过《中华民国临时约法》，共7章56条。③ 该法以"三权分立"的宪法学说为基础，确立新政府的体制，为参议院接受，直接引入，作为建立新政府的基础性方案。④ 由于《临时约法》在民国初期，为民主共和法统之基石，其影响及于整个北京政府统治时期，直至为国民政府取代。

中华民国北京政府的这一法律现象，蕴涵着丰富的法律史意义。

首先，在法学的层面上看，"三权分立"的宪法学说，从一个专制政府的改革方案，直接转化为一个号称"民主共和"政府的建设蓝图，却没有受到任何抵制甚至于反思，说明这一思想对传统专制政治制度具有解构作用。作为专制政府的清政府在接受这一西方宪法学说的同时，就应当意识到推行这一制度所可能具有的潜在力量。反之，如果这个政府出于本能抗拒它，则意味着这一政府本身尚不具备实施宪政的能力或诚意。

其次，从中国法律近代化的历史连续性来看，清末试图采用的"三权分立"体制的努力尽管没有成功，但在实际上为后来的中华民国政府产生直接的影响。这一点说明，从清末展开的法律近代化运动，与后来中华民国时期的法制建设事业，本质上是一脉相承的。而中华民国时期的法律近代化事业，只是在新的前提下对前者的继续。此外，纵观整个北京政府统治时期，尽管有袁世凯称帝和一次短暂的复辟事件，但是，"三权分立"作为新政府建立的基本框架基本上被延续下来。这说明，民主与共和还是这一时期的政治与法律的基调。

最后，从比较法律史的角度来看，一项具有根本变革意义的制度的推行，要么以武力为后盾，强制实施；要么有民众的基础，得到大多数人的支

---

① 该法于旧历辛亥年10月13日公布，民国元年1月2日修正公布。刊于《临时政府公报》，1911年1月29日第一号。第一章"临时大总统副总统"，第二章"参议院"，第三章"行政各部"，第四章"附则"。

② 该法第一章规定了临时大总统为政府首脑和元首，第二章规定参议院为代表民意机关，另第一章第六条规定有"中央审判所"："临时大总统得参议院同意有设立临时中央审判所之权"。

③ 该法刊于《临时政府公报》第三五号。第一章"总纲"，第二章"人民"，第三章"参议院"，第四章"临时大总统副总统"，第五章"国务员"，第六章"法院"，第七章"附则"。

④ 该法第四条规定："中华民国以参议院、临时大总统、国务院、法院行使其统治权"，其中大总统与国务员共同行使行政权。

持,否则必将招致失败。① 从北京政府的情况看,"三权分立"的宪法体制没有最终建立起来。究其根源,在其有军事力量支持的时候,没有推行这一体制的决心与诚意,而当其军事力量不足以提供强力支持时,则又同时缺乏民众的拥护。等待它的只有土崩瓦解。不仅如此,推行者的行动不力,还往往造成人们对推行的理想本身的怀疑,造成思想和社会资源的浪费。

(二) 总统制和内阁制:缺乏根基的民主试验及其失败

中华民国成立以后,对于政府的组织形式,究采用总统制,抑或内阁制,初无定论。按照《中华民国临时政府组织大纲》的规定,政府采用总统制。其第二条至第六条明确规定了大总统的权力。② 其权力除受到参议院的牵制外,不受其他限制与约束。这与美国的总统制十分相似。但是,当北洋军阀头目袁世凯施展权术,继任临时大总统并极有可能成为正式大总统不可避免的情况下,南京临时政府参议院遂决定实行责任内阁制,并付诸《临时约法》以资约束。

此时期,对于政府的组织采用何种形式,曾有过短暂的争论。在国民党议员中,主张责任内阁制最力之人为宋教仁③,"《临时政府组织大纲》采总统制,宋教仁曾提一修正案,为责任内阁制,但因大多数人反对甚烈,迄未实现。此次议决之《临时约法》,竟采责任内阁制,并变本加厉,盖所以抑制袁氏。"④ 这两个法律文件的制定机关相同,为何精神上极为不同呢?"直言之,则当日政制之由总统制一变而为内阁制者,非本于学理之所致,乃由于人事所使然。……制定临时约法之际,已显露袁氏将继任总统的端倪,为防闲袁氏的奸枭,故特将总统制改为内阁制,使袁氏居于虚尊之位,而实权界

---

① 以美国《合众国宪法》的确立为例,在美国独立战争结束以后,先确立的是邦联制,后来才是联邦制。其间联邦党对联邦制的宣传具有关键作用。再以法国资产阶级法制的确立为例,其宪法基本上是在军事力量的推动下强化实施的。日本明治维新以后的新体制,也是经历了战争才确立起来的。

② 其第二条规定:临时大总统有统治全国之权;第三条规定,临时大总统有统率海陆军之权;第四条规定,临时大总统得参议院之同意有宣战、媾和、缔结条约之权;第五条规定,临时大总统得制定官制官规兼任免文武职员,但制定官制暨任免国务各员及外交专使需参议院之同意;第六条规定,临时大总统得参议院之同意有设立临时中央审判所之权。

③ 宋教仁,字遁初,号渔夫,湖南桃源人,1882 年 4 月 5 日生,早年投身于革命,为辛亥革命和民国创立立下丰功伟绩。自1912 年 8 月同盟会改组为国民党以来,宋一直主持党务工作,任国民党代理理事长。在国民大选中,国民党获得 392 个议席,宋即将以国民党领袖的身份组织责任内阁。1913 年,由于其政见与袁世凯不合,拒绝袁之收买,后遇刺身亡。

④ 谢振民编著:《中华民国立法史》(上),中国政法大学出版社 2000 年版,第 46 页。

第三章 中华民国北京政府(1912—1928年):中国建立近代法律体系的继续努力

之于内阁。吾国论政之士,每谓临时约法为'对人立法'者,盖有其由来。"①

实际上,《临时约法》并未能起到约束袁氏的作用。究其根源,除了当时南京临时参议院的忽焉兴废,固为袁所不喜,该法本身的基本缺陷及当时民主力量的薄弱也是重要原因。就其本身来说,《临时约法》的制定缺乏民众代表性,既不是由民众选举产生的代表制定的,又没有取得袁的认可——该法本身是由孙中山以临时大总统的名义公布的,其公布之时(1911年3月11日)袁已于3月8日在北京就任临时大总统。此时即有两个合法之"临时大总统",袁即使不予承认,于法理亦并不矛盾。以责任内阁制求之于袁,既是与虎谋皮,而寄希望于一纸《约法》,更是一厢情愿。不仅如此,该法所设立之责任内阁制,是建立在中央集权的基本理念基础之上。这两个宪法制度设计,都与中国当时的国情有相当之距离。概以中国国土之大,幅员之广,非以行之有效之总统制,无法形成政治权威,以维持国家的独立与统一。另一方面,以中国漫长的封建专制传统言之,则专制之根基固在于中央,因此,无地方分权之制以牵制,则民主共和之政体亦恐难以为继。对此,当时反对责任内阁制之胡汉民曾与宋教仁辩护说:"(美)以十三州联邦,共和既定,即去反覆。法为集权,鲇者乘之,再三篡夺。我宜何去何从?况中国革命之破坏,未及于首都,特权者脑中惟有千百年专制之历史,苟其野心无防范制,则共和立被推翻,何望富强。"② 对于宋以内阁制防范袁的图谋,胡谓:"内阁制纯恃国会,中国国会本身基础,独甚薄弱,一旦受压迫,将无由抵抗,恐蹈俄国一九〇五年后国会之覆辙,国会且然,何有内阁?今革命之势力在各省,而专制之余毒积于中央。此进则彼退,其势力消长,即为专制与共和之倚伏,倘更自为削弱,噬脐之悔,后将无及。"③ 由此观之,当时以国民党代表占主导的参议院采用责任内阁制,表面上看来似乎可以逼袁就范,实际上无地方自治制度之制衡,适更易为袁所牢笼控制。④

退一步说,无论总统制抑或责任内阁制,其实质都是议会民主制的一种实现形式,只不过是其权力重心侧重点不同而已。依照胡汉民的推断,当时

---

① 罗志渊编著:《近代中国法制演变研究》,正中书局印行1966年版,第338—339页。
② 同上书,第333页。
③ 同上。
④ 关于《临时约法》的缺陷与不足的研究,可见杨幼炯:《近代中国立法史》,商务印书馆1936年版,第三编第六章"南京参议院与临时约法"相关评述,第95—96页;音正权:《中华民国临时约法的主要缺陷》,载张晋藩主编:《20世纪中国法制的回顾与前瞻》,中国政法大学出版社2002年版,第286—292页。

中国的民主力量仍比较薄弱,而议会民主制正好是依托于比较牢固的民众基础的。这样看来,推行议会民主制度在当时的中国是不可寄以厚望的。这或许正是以后最终走向破产的根源。

纵观北京政府时期,仅仅从1912年至1928年的17年间,内阁更换32届①,变更了47次。②议会民主制前后经历三起三落,最后走向"死胡同"。③"近代西方国家,议会政治作为封建政治的对立物,是资产阶级反对封建专制政治的成果,也是防止封建复辟的有力武器。它以资产阶级的经济力量和经济手段代表着新兴资产阶级的阶级利益和要求,民国初年,民族资本主义的发展刚刚起步,民族资产阶级也仅仅是初具规模。但即使是如此不甚发达的资产阶级力量,也未受议会政治的充分利用。不仅如此,当资产阶级的部分代表要求参与政治、加入议会之时,他们反而受到议会的歧视。从第一届国会议员的构成看,它实际上是以政治家和知识分子共同组成的机构。受中国传统因素的影响,以政治家、知识分子为主体的国会,自觉地把自己与直接代表资产阶级利益的工商业者对立起来。以至于出现作为民族资产阶级的工商业者以自己所掌握的经济手段与本应代表自己利益的国会展开斗争这一奇特现象。国会的先天不足决定了它在与掌握军政大权的封建军阀的对立中失败结局的必然性。"④

北京政府时期议会民主制度的失败,说明了辛亥革命的意义和限度。"辛亥革命打倒了满清,这是革命惟一的成绩。满清打倒了以后,我们固然扫除了一种民族复兴的障碍,但是等到我们要建设新国家的时候,我们又与民族内在的各种障碍对面了。"⑤"1911年的辛亥革命被当时的革命者赋予了太多的历史使命:民族革命(驱除鞑虏,恢复中华)、政治革命(变帝制为共和)、思想革命(废儒家学说)。其实,一场革命是无法完成这三大任务的。现在从这三大革命的命运来看,只有民族革命是成功的,政治革命虽然改帝制为共和,但大都是有'共和'之名,而无'共和'之精魄——民主、自由、法制等精神。思想革命最为复杂,它的不彻底为中国留下了无穷的后患,因为思

---

① 张晋藩主编:《中国百年法制大事纵览》,法律出版社2001年版,第91页。
② 陈旭麓著:《近代中国的新陈代谢》,上海人民出版社1992年版,第362页。
③ 关于议会制度在这一时期的具体兴衰起落,可见朱勇:《论民国初期议会政治失败的原因》一文,载张晋藩主编:《20世纪中国法制的回顾与前瞻》,中国政法大学出版社2002年版,第177—188页。
④ 朱勇:《论民国初期议会政治失败的原因》一文,载张晋藩主编:《20世纪中国法制的回顾与前瞻》,中国政法大学出版社2002年版,第188页。
⑤ 蒋廷黻著:《中国近代史大纲》,东方出版社1996年版,第95页。

第三章 中华民国北京政府(1912—1928年):中国建立近代法律体系的继续努力

想的高度民主决定了改革的高度,并关系到解决中国问题的路径取向。"①

其实,作为政府的组织形式,无论采用总统制抑或内阁制,从法理的层面上说都是有道理的。只要努力加以维护和平,假以时日,皆可收民主政治之功效。但是从中华民国北京政府时期总统制与内阁制的运作状况来看,不仅这两种宪法制度双双受损,无法取得实效,同时国民党也同样受到损害。为了追求民主宪政的信念和民主共和国的理想,不得不用非常之手段与保守势力进行斗争,为了东山再起,不得不动用军事力量进行北伐。其结果,不仅时间贻误甚多,国力损耗极大,且于外国侵略势力的觊觎,提供可乘之机。大国政治,绝非易事,更非儿戏,其如是哉!

(三) 地方与中央对权力的争夺

地方与中央的关系问题,是困扰北京政府的另一个重大宪法制度问题。

前述总统制与责任内阁制的争论,实际和中央与地方的关系密切相关。甚至后者的重要性要远远超出前者。但是,遗憾的是,民国时期的宪法,几乎都没有恰当解决这一问题。从而出现了中央挟持地方和地方威胁中央两种不利局面。

从某种意义上说,辛亥革命本身就是一个以地方反对中央政权、最终瓦解中央政权的历史事件。但是,革命后建立起来的政府并未及时解决地方与中央的关系问题。《中华民国临时政府组织大纲》第二章"参议院"第八条规定:"参议院以各省都督所派之参议员组织之。"除此以外,整个文件中几乎不涉及地方问题。如果说这是发生在非常时期的临时性措施,那么《中华民国临时约法》作为一个具有宪法意义的文件,也未能就这一问题作出规定,则未免失之草率。该约法七章56条中没有把地方与中央政府的关系问题列为一章,其条文中只有三个条款涉及地方与中央关系:即其第三条、第十七条和第十八条。② 从世界范围内来看,处理地方与中央关系的宪法模式,无非分为邦联制、联邦制和单一制。③ 但是,从这三个条文几乎看不出究

---

① 吴敬琏:《一个经济学者眼中的戊戌百年》,载《读者》1998年7月,又见1998年4月17日《南方周末》。
② 第三条规定:"中华民国领土为二十二行省、内外蒙古、西藏、青海。"第十七条规定:"参议院以第十八条所定各地方选派之参议员组织之。"第十八条规定:"参议员每行省、内蒙古、外蒙古、西藏各选派五人,青海选派一人,其选派方法由各地方自定之"。
③ 关于中央政府与所属地方之关系问题的论述,可见王世杰、钱端升著:《比较宪法》,中国政法大学出版社1997年版,第311页。

竟欲采用何种制度。1915年公布的《中华民国约法》(即"袁记约法"或"新约法"),对此问题亦竟只有一条,即第三条规定:"中华民国之领土依从前帝国所有之疆域。"不仅难以看出中央政府与地方究竟处于何种关系,就连临时约法中参议员的产生办法也没有规定。这就不难理解为什么袁氏如何为了自己的便利操纵地方政府的负责人——他们可以由袁本人委任和免职,以及如何处置参议院中的参议员们——他们既不是民选代表,就没有独立性、代表性和合法的权利。① 这种安排,可谓费尽心机。

利用中央与地方关系的不明确的空子,上下其手,威逼利诱,以图谋私利的做法,乃是袁的拿手好戏。早在1913年,袁氏提出增修约法案之条文,为当时制定宪法草案的国会置之不理,其后袁又派员出席陈述意见,又为宪法起草委员会拒绝。袁于此乃知非以非常手段不能制服。于是同年十月通电各省军民长官,逐条研究,欲以各省军人为声援,以武力相威胁,逼迫国会屈服。② 袁氏通电发出后,各省都督、民政长、镇守使、都统等,纷纷复电响应,提出解散国民党,撤销国民党议员资格,撤销宪法草案,解散宪法起草委员会等主张。③ 在这种情况下,宪法起草委员会、国民党议员和第一届国会等的命运,就可想而知了。

"袁记约法"没有规定中央政府与地方的关系,其目的非常明确:利用袁的个人力量和影响,加强中央集权。这个目的实现以后,接下来就是要铺平通向帝制的道路。具有讽刺意义的是,袁的帝制失败,同样是由于地方势力的再度集中和强大。1915年4月,首先兴起于云南的护国军宣布讨袁,南方各省相继响应,袁不得已,只好宣布帝制延期,随后召集大会,决议撤销承认帝案,取消帝制。

由此不难看出,地方与中央关系影响非同小可。二者关系的非制度化,为制度外力量——军事力量和个人特别之社会影响作用于政治局势提供了相应的空间。

其实,关于中央与地方关系问题,在1913年天坛宪法草案起草时曾经有人提议。但因起草委员会情势危机,急于收束,完全不及纳入宪法草案,只有其第一条规定:"中华民国永远为统一民主国",做了形式上的安排,算

---

① 当然,根据该约法第七章第四十九条(该章只有此一个条文)之规定,"参议院应大总统之咨询审议重要政务,参议院之组织由约法会议议决之"。
② 袁的通电全文可见杨幼炯著:《近代中国立法史》,商务印书馆1936年版,第162—167页。
③ 同上书,第167—169页。

第三章　中华民国北京政府(1912—1928年)：中国建立近代法律体系的继续努力

是一个交代。1916年重开的"天坛宪法草案"审议会议,再度对省制问题进行讨论。期间主张省制入宪和反对此提议的议员各执一词,终至发生互相殴打,通电全国,要求惩戒对方,并向法院提出起诉。直到1917年1月,各派折衷调和形成"省制十六条"。① 其中主要涉及地方区域之规定、省议会之职权、省长由总统任命和省参议会之组织大纲等。但是,省制的宪法议案并未能够入宪。② 由于这个问题未能解决,到了1922年8月北京政府宪法起草委员会(国会第二次恢复)再度对省制问题进行审议。③ 后又因北京政变发生而未果。在此期间发生了1918年西南之护法国会及1920年的联省自治运动。概而言之,这都是由于中央与地方关系问题而引起的。

1923年的《中华民国宪法》共13章141条④,是中国近代惟一一部正式公布实施的宪法。⑤ 该法"原为民国二年《天坛宪法草案》演进之结果"⑥,其与1913年,特别是1915年天坛宪法草案不同的地方,"即在'国权'与'地方制度'两章"⑦——恰恰是地方与中央的关系问题。关于"国权",该法第五章用了十七个条文,且以列举的方法予以规定(自第二十二条至第三十八条),不可谓不详尽。关于"地方制度",该法第十二章用了十二个条文予以规定(自第一百二十四条至第一百三十五条),同样显示对此问题的重视。实际上,该法涉及中央与地方关系的条文还不止这些。其第一条、第三条、第二十六条、第四十一条也是关于该问题的规定。⑧

关于这部宪法,研究之人可谓仁者见仁,智者见智。笔者以为,撇开其他问题,就地方与中央关系问题,《中华民国宪法》不失为一部成功的宪法。

第一,这部宪法以最高级法律的性质和地位⑨,明确宣告中国为一个"统一"的"民主国"。为了加强这个宪法原则,该法还特别规定："国体不得为修

---

① 杨幼炯著：《近代中国立法史》,商务印书馆1936年版,第237页。
② 其详细情况,见杨幼炯著：《近代中国立法史》,商务印书馆1936年版,第238页。
③ 同上书,第304页。
④ 该宪法公布于1923年10月10日,又称为"曹锟宪法"或者"贿选宪法",刊于《政府公报》第二七二八号。
⑤ 朱勇主编：《中国法制通史》(第九卷),法律出版社1999年版,第450页。
⑥ 杨幼炯著：《近代中国立法史》,商务印书馆1936年版,第312页。
⑦ 王世杰、钱端升著：《比较宪法》,中国政法大学出版社1997年版,第388页。
⑧ 其第一条规定："中华民国永远为统一民主国。"第三条规定："中华民国国土依其固有之疆域,国土及其区划以法律不得变更之。"第四十一条规定："参议院以法定最高级地方议会及其他选举团体选出之议院组织之。"
⑨ 该法第三条中出现"法律"一语,且其前有否定词"不得"。这一点说明了该法是处于法律地位之上的上位法。

正之议题"(第一百三十八条)。由此可见,这部法律把维护国家的独立与统一作为一个根本目标和任务。这是非常符合近代中国由割据混乱走向统一和稳定的历史趋势的。根据这一条,可以认定该宪法确立的国家结构形式应为单一制。这一点,也是比较符合中国历史的传统的。

第二,这部宪法没有规定实行类似于美国的联邦制,但是赋予地方(省)以相当大的自治权。第五章第二十二条规定:"中华民国之国权属于国家事项,依本宪法之规定行使之。属于地方事项依本宪法及各省自治法之规定行使之。"这一规定在某种程度上是将地方与中央置于对等的地位上。其第二十三条、第二十四条和第二十五条分别列举了属于国家即由中央管辖的事项、由中央管辖但可以交由地方办理的事项,以及属于地方政府管辖的事项。①为了避免中央与地方就某些事项引起争议,其第二十六条明确规定:"除第二十三条、第二十四条、第二十五条列举事项外,如有未列举事项发生时,其性质关系国家者,属之国家,关系各省者属之各省。遇有争议由最高法院裁决之。"这一规定,采用概括主义补充了前面三条列举主义条文的不足。并且确定了此一问题的争议解决机制。这四个宪法条文,在法律的层面上基本上解决了中央与地方的关系问题。

第三,《中华民国宪法》确立了一种单一制国家赋予其管辖地方较大自治权利的宪法模式。该法第十二章"地方制度"中,列举了不属于联邦制国家所经常划归地方政府管辖的事项。其第一百二十四条及第一百二十六条

---

① 该法第二十三条规定:"左列事项由国家立法并执行之:一,外交;二,国防;三,国籍法;四,刑事民事及商事之法律;五,监狱制度;六,度量衡;七,币制及国立银行;八,关税、盐税、印花税、烟酒税,及全国税率应行划一之租税;九,邮政、电报及航空;十,国有铁道及国道;十一,国有财产;十二,国债;十三,专卖及特许;十四,国家文武官吏之铨试、任用、纠察及保障;十五,其他依本宪法所定属于国家之事项。"第二十四条规定:"左列事项由国家立法并执行或令地方执行之:一,农工矿业及森林;二,学制;三,银行及交易所制度;四,航政及沿海渔业;五,两省以上之水利及河道;六,市制通则;七,公用征收;八,全国户口调查及统计;九,移民及垦殖;十,警察制度;十一,公共卫生;十二,救恤及游民管理;十三,有关文化之古籍、古物及古迹之保存。上列各款省于不抵触国家法律范围内得制定单行法。本条所列第一、第四、第十、第十一、第十二、第十三各款,在国家未立法以前,省得行使其立法权。"第二十五条规定:"左列事项由省立法并执行或令县执行之:一,省教育、实业及交通;二,省财产之经营处分;三,省市政;四,省水利及工程;五,田赋、契税及其他省税;六,省债;七,省银行;八,省警察及保安事项;九,省慈善及公益事业;十,下级自治;十一,其他依国家法律赋予事项。前项所定各款有涉及二省以上者,除法律别有规定外,得共同办理。其经费不足时,经国会议决,由国库补助之。"

第三章　中华民国北京政府(1912—1928年)：中国建立近代法律体系的继续努力

至第一百三十二条即属于这样的规定。①这种既不同于完全实行单一制的国家，又不同于完全实行联邦制的国家之宪法模式，完全是一种独创。究其根源，"盖当时省宪派与反省宪派争执甚烈，此种规定，盖属一种调和。"②

此外，该宪法在处理中央与地方管辖事项争议的问题上，把最高法院置于一个特殊的位置上。这一从宪法本身所规定的国家机构方面解决宪法问题的做法，实际上无形中加强了该宪法本身的内在联系，同时突出了国家最高司法机关的法律地位，体现了"法在权上"和"以法治权"的法治精神。

令人遗憾的是，"十二年(1923年)十月十日中华民国宪法为十三年(1924年)十一月二十四日段祺瑞颁布临时政府制时所推翻。但既在该宪法存续的期间内，该宪条文亦大都未及实施；盖当时直系军阀虽假借此宪以相号召，初无实行此宪的诚意；且该宪本文既无施行细则的规定——该宪公布后，国会亦从未另颁宪法施行细则——该宪中一部分条文实际上或亦无从实施。"③

1923年的《中华民国宪法》，不仅是中华民国时期第一部公布实施的宪法，也是中国近代历史上第一部完整的宪法。从1913年开始第一届国会第一期常会宪法起草委员会起草天坛宪法草案，到1923年《中华民国宪法》的实施，前后共经历了十年时间，因此，这一段宪法的发展史被有的学者称为

---

① 第一百二十四条规定："地方划分为省县两级。"第一百二十六条规定："省自治法由省议会县议会及全省各法定之职业团体选出之代表组织省自治法会议制定之。前项代表除由县议会各选出一人外由议会选出者不得逾县议会所选出代表总额之半数，其由各法定之职业团体选出者亦同。但由省议会县议会选出之代表不以各该议会之议员为限，其选举法由省法律定之。"第一百二十七条规定："左列各规定各省均适用之：一，省设省议会，为单一制之代议机关，其议员依直接选举方法选出之。二，省设省务院，执行省自治行政，以省民直接选举之省务员五人至九人组织之。任期四年，在未能直接选举以前，得适用前条之规定，组织选举会选举。但现役军人非解职一年后不得被选。三，省务院设院长一人，由省务员互选。四，住居省内一年以上之中华民国人民于省之法律上一律平等完全享有公民权利。"第一百二十八条规定："左列各规定各县均适用之：一，县设县议会，于县以内之自治事项有立法权。二，县设县长，由县民直接选举之，依县参事会之赞襄执行县自治行政，但司法尚未独立及下级自治尚未完成以前不适用之。三，县于负担省税总额内有保留权，但不得逾总额十分之四。四，县有财产及自治经费省政府不得处分之。五，县因天灾事变自治经费不足时得请求省务院经省议会议决由省库补助之。六，县有奉行国家法令及省法令之义务。"第一百二十九条规定："省税与县税之划分，由省议会议决之。"第一百三十条规定："省不得对于一县或数县施行特别法律，但关系一省共同利害者不在此限。"第一百三十一条规定："县之自治事项有完全执行权，除省法律规定惩戒处分外，省不得干涉之。"第一百三十二条规定："省及县以内之国家行政除由国家分置官吏执行外，得委任省县自治行政机关执行之。"
② 王世杰、钱端升著：《比较宪法》，中国政法大学出版社1997年版，第388页。
③ 同上。

"十年制宪"。① 对于这部宪法,学者指出:"共和十年的历史表明,民族分裂是近代中国面临的重大威胁。为防止地方军阀和割据势力基于各种理由所提出的分裂、独立要求,同时,鉴于袁世凯帝制自为及张勋复辟的历史教训,该宪法将'统一'、'民主'作为最根本的国家制度列于第一章第一条的显著位置。为保证国体的延续性,该宪法从两个方面作了辅助性规定。第一,任何机构,不得变更国体,即使是依法享有国家最高立法权的国会,也不得讨论对国体的修正。第二,为防止由于某种势力控制而导致在北京的中央政权实施国体变更,宪法赋予地方各省维护国体的权力和责任:一旦国体发生变动,地方各省有权联合起来,保卫国体,直到原国体被恢复。司法独立是保证司法公正和社会公平的重要手段,也是形成权力制约机制、防止权力专制的重要保障。该宪法确立司法独立原则,并通过提高法官地位、强化法官在职务、薪俸、处分等方面的特殊性等方式,保证法官独立审判,防止行政权或其他权力对司法权的干预。可以说,1923 年的《中华民国宪法》在很大程度上体现了资产阶级民主派反对民族分裂、反对个人独裁和军阀专制、建立并巩固资产阶级民主政治的要求。"② 因此,可以毫不夸张地说,1923 年的《中华民国宪法》,是中国近代宪法史和中国法律近代化的一个重要里程碑。

三、近代部门法律体系的进一步发展

(一) 一个"新制度主义"的时代

北京政府统治时期,不仅宪法不断发展,其部门法也出现一个蓬勃发展的局面。

1912 年中华民国成立以后,设立法典编纂会,作为专门的法律制定机构。1914 年,该机构裁撤,成立法律编查会。1918 年又改为修订法律馆。③ 从 1912 年到 1928 年北京政府的倒台,这些专门的法律制定机构制定了大量的法律法规。根据《北洋政府时期的政治制度》一书的记录,这一时期政

---

① 朱勇主编:《中国法制通史》(第九卷),法律出版社 1999 年版,第 444 页。
② 朱勇:《〈中华民国立法史〉序言》,载谢振民编著:《中华民国立法史》,中国政法大学出版社 2000 年版,第 1—4 页。
③ 杨幼炯著:《近代中国立法史》,商务印书馆 1936 年版,第 326 页;张晋藩主编:《中国百年法制大事纵览》,法律出版社 2001 年版,第 52 页。

第三章 中华民国北京政府(1912—1928年):中国建立近代法律体系的继续努力

府所有制定颁布的法律、法规、规则、条例、章程、命令等,共约有852件。①其数量之大,可见一斑。

在中华民国的法律发展史上,虽然中华民国北京政府时期是从南京临时政府到南京国民政府的一个比较长的过渡时期,但是,无论从数量还是从质量上,从形式或是本质上看,这一时期的立法成果都是极为重要的。

首先,伴随清政府之被瓦解,封建制度在中国也基本上结束了。中华民国的成立,中国即进入一个与过去的封建社会专制统治不同的新时代——一个以民主共和为标志的时代。这就要求新成立的政府以新的制度来维护其权威,维持最基本的社会秩序,从而使民主共和的精神得以培植和发育。从形式上看,民国初期的法律制度在很多方面继承了清末修律的成果。但是,却不能由此断定民国初期的法律制度与过去封建制度的继续保留。因为清末修律的基本发展方向是君主立宪,除去规定国家基本性质的宪法以外,其他各部门法律具有西方立宪政体的基本法律精神。民国初期所继承的清末修律成果,正好是这一部分内容。因此可以说,正是民国初期北京政府的立法工作,才使得清末修律取得的主要成果得到巩固和发展。

其次,1928年北京政府倒台以后,南京国民政府展开了以建立近代六法体系为目标的新的立法活动。但是,后者在制定各法律部门时,在不同程度上都继受了北京政府已取得的立法成果。民法、刑法及诉讼法,甚至宪法,许多条文都与以前北京政府的相应法律保持了法律精神和语言的一致性。如果说北京政府的立法工作为南京国民政府的立法活动奠定了相当的基础,并不算过分。事实上,国民政府的所有法律,至少在形式上仍然冠以"中华民国"的称谓,这一点与北京政府的法律并无二致,说明整个民国时期的法律制定工作具有相当的连续性和继承性。"北洋政府时期,虽然军阀混战、政局动荡,但是清末以来开启的法律近代化事业并没有中断,北洋政府将清末的各项法典以及法典草案进一步完善,为后来南京政府完成六法体系奠定了基础。"②

(二)六法体系的确立与发展

1. 民国初期立法工作的社会背景

中华民国初期北京政府的立法工作,在很大程度上,是对清末修律的继

---

① 参见该书"附录二":"重要法规目录"。钱实甫著:《北洋政府时期的政治制度》,中华书局1984年版,第478—529页。

② 张晋藩主编:《中国民法通史》,福建人民出版社2003年版,第1143页。

续和发展。

1912年元月5日,中华民国临时政府成立以后,孙中山以大总统名义发表对外宣言,其中有:"吾人当更张法律,改订民刑商法及采矿规则,改良财政,蠲除工商各业种种之限制,并许外人以信教之自由。"① 3月10日,孙中山又发布暂行援用前清法律及暂行新刑律令:"现在民国法律未经议定颁布,所有从前施行之法律及新刑律,除与民国国体抵触各条,应失效力外,余均暂行援用,以资遵守。"② 司法部长伍廷芳认为援用前清法律,应经参议院承认,随呈请孙大总统咨请参议院审议,咨文中说:"据司法部总长伍廷芳呈称:窃自光复以来,前清政府之法规,即失效力,中华民国之法律,尚未颁行,而各省暂行规约,尤不一致。当此新旧递嬗之际,必有补救方法,始足以昭划一,而示标准。本部现拟就前清制定之民律草案、第一次刑律草案、刑事、民事诉讼法、法院编制法、商律、破产律、违警律中,除第一次刑律草案,关于帝室之罪全章,及关于内乱罪之死刑,碍难适用外,余皆由民国政府声明,继续有效,以为临时适用法律,俾司法者有所根据。谨将所拟,呈请大总统,咨由参议院承认,然后以命令公布,通饬全国一律遵行。俟中华民国法律颁布,即行废止。"参议院于4月3日作出决议,咨复政府,其中说到:"经本院于四月初三日开会议决,……此次政府交议,当新法律未经规定颁行以前,暂酌用旧有法律,自属可行。所有前清规定之法院编制法、商律、违警律,及宣统三年颁布之新刑律,刑事、民事诉讼律草案,并先后颁布之禁烟条例,国际条例等,除与民主国体抵触之处,应行废止外,其余均准暂时适用,惟民律草案,前清时并未宣布,无从援用。此后凡关民事案件,应仍照前清现行律中规定各条办理。惟一面仍须由政府饬下法制局,将各种法律中与民主国体抵触各条,笺注或笺改后,交由本院议决,公布施行。"③ 后以"暂行新刑律"名。由此可以看出,继承清末修律的法律成果,在中华民国建立之初,尽管为形势所逼,但也是非常必要的和及时的。

2. 民法与商法的发展

民国初期民法的发展,大致有两个阶段。其第一个发展时期是自民国

---

① 参见罗志渊编著:《近代中国法制演变研究》,正中书局1966年版,第251页。
② 同上书,第251—252页。
③ 同上书,第252页。

第三章 中华民国北京政府(1912—1928年):中国建立近代法律体系的继续努力

成立到1915年民律亲属编草案的编纂。① 该草案分为七章141条。② 这个草案无论章目还是内容,均与大清民律亲属法草案大致相同。其对清末修律的继承性一目了然。

民法的第二个发展阶段是1918年修订法律馆成立以后到1925年基本完成民律各编草案的修订工作。其间,由于1922年我国于华盛顿会议上提出收回领事裁判权问题,大会议决由在华享有领事裁判权各国派员来华调查司法。北京政府为此即命司法部对于司法上应行改良之事,尽速进行,并饬修订法律馆积极编纂民、刑各法典。在这种情况下,民法的修订受到一定的影响。修订法律馆参考大清民律各编草案,编成由总则、债、物权、亲属和继承五编组成的,自大清民律草案形成以来的第二个比较完整的民法法典草案。史称民律第二次草案。由于1926年时局的变化,国会解散,此草案未能完成立法程序,未成为正式法典。民国政府司法部通令各级法院作为条理采用。③

民律第二次草案基本上是对清末修律取得民法成果的继承。其总则系由大清民律草案的总则修订而成,但比后者少了100条(大清民律草案总则共有323条,民律二草只有223条)。第二编债编变动较大,系由采用瑞士债权法。④ 其第三编物权基本继承了前清民律草案债权编的内容,仅增加第六章"抵押权"和第八章"典权",并将"动产质权"改为"权利质"。第四编系在1915年法律编查会修订而成的亲属编的基础上,并参考《大清现行律》民事有效部分及历年来大理院判例制定而成。其篇目与《大清民律草案》第四编亲属更接近。⑤ 第五编也是由《大清民律草案》之继承编稍加变动而成,其变动部分大抵取材于《大清现行律》民事有效部分及历年来大理院判例。其内容的变化,主要是将继承分为宗祧继承和财产继承。

第二次民律草案的产生,体现出国际化与本土化紧密的特点。在国际化方面,其所继承之大清民律草案本身就是移植大陆法系民法之结果,而第二次民律草案之债、物权两编,进一步采纳大陆法系,特别是瑞士的民法。如采用能力、买卖、利率和时效制度等。其本土化方面,成果亦甚显著。将

---

① 其编纂机构由民初之法典编纂会1914年转换为法律编查会。
② 第一章通则,第二章家制,第三章婚姻,第四章亲子,第五章监护,第六章亲属会,第七章抚养之义务。
③ 杨幼炯著:《近代中国立法史》,商务印书馆1936年版,第328页。
④ 同上。
⑤ 同上。

前清民律草案中之债权编改为债编,即有保护债务人利益的意思,物权编增加抵押权及典权两章,抵押之标的,以不动产为限,系尊重中国固有之习惯。典权更是我国独有之民事习惯,该二草予以保留,体现出对固有习惯之尊重。其亲属与继承两编,在大清民律草案起草时,就是由中国人自己主持的。此次二草,更加注重中国固有之道德伦理及从前法律传统,宗法制度有所保留,家长权、宗祧继承制度,以及亲等的计算接近固有之服制等。

关于这部法典草案的起草,曾任修订法律馆总裁的江庸[①]有过这样一段评述:"(一)前案(即大清民律草案——笔者注)仿于德日,偏重个人利益,现在社会情状变迁,非更进一步以社会为本位,不足以应时势之需求。(二)前案多继受外国法,于本国固有法源,未甚措意。如民法债权篇于通行之'会',物权篇于'老佃'、'典'、'先买',商法于'铺底'等全无规定,而此等法典之得失,于社会经济消长盈虚,影响极巨,未可置之不顾。(三)旧律中亲属继承之规定,与社会情形悬隔天壤,适用极感困难,法曹类能言之,欲存旧制,适成恶法,改弦更张,又滋纠纷,何去何从,非斟酌尽美,不能遽断。"[②]

根据这段话,可以看出,第二次民法草案的起草,更加注重法律与社会的衔接,其保留传统法制,适应现实需要的意图非常明显。其结果,"过渡期内令人惊讶的是民法的延续,新的民国政府没有采用晚清政府依1900年德国民法典为范本草拟的新法典,而是继续使用清末修订过的旧法典。结果是一部自称为刑法典的《大清刑律》中的民事部分被出乎意料地当作民国法典使用了将近二十年。"[③]

民初商法之重要者,为1914年公布实施之《公司条例》、《商人通例》,以及后来两法之实施细则。"此项《商人通例》及《公司条例》,体裁上虽仿日商法,而内容则有采自德国之新商法也。"[④]《票据法》四个草案,分别产生于

---

① 江庸(1878—1960年),子翔云,福建省长汀县人。1907年毕业于日本早稻田大学政治经济科,回国后历任北洋政法学堂教习、学部参事、修订法律馆协修、大理院帮审员等。辛亥革命后,历任北京政府北京政法专科学校校长、京师高等审判厅厅长、司法部次长、司法总长代理、司法总长、修订法律馆总裁、法权研究会总长等。1923年辞去修订法律馆总裁,退出政界。1925年任东方文化事业总委员会委员。他还担任过北京政法大学、朝阳大学校长、故宫博物院古物馆馆长等职务。中华人民共和国成立后,历任全国政协委员、全国人大代表、上海文史馆副馆长、馆长等。
② 谢振民编著:《中华民国立法史》,中国政法大学出版社2000年版,第748页。
③ 黄宗智著:《法典、习俗与司法实践:清代与民国的比较》,上海书店出版社2003年版,第2页。
④ 杨幼炯著:《近代中国立法史》,商务印书馆1936年版,第329页。

第三章　中华民国北京政府(1912—1928年)：中国建立近代法律体系的继续努力

1913、1922、1923、1924年。甚至第四个草案于1925年又经修改,定稿时共有四章122条。因修订法律馆改组而中辍。① 1915年法律编查会完成《破产法草案》,共3编,337条。② 1926年《海船法案》公布,共有6编,263条。③ 1917年完成《保险契约法草案》,共4章,109条。④ 1914年公布施行《证券交易所法》及1915年之《证券交易所法施行细则》。⑤

3. 刑法的发展

北京政府的刑法,仍然是在继承清末修律成果基础上进行的。

1912年,民国成立以后,由于短时间内不可能立即制定出民主共和性质的刑法,遂决定暂时援用旧的刑法,即将清末修律中产生之《大清新刑律》,经删除与民国国体相抵触之章、条和文字,并撤销暂行章程5条,命名为《暂行新刑律》公布实施。后为施行之必需,司法部拟定实施细则10条公布施行。⑥ 1914年,又产生《暂行新刑律补充条例》15条,其内容基本模仿《大清新刑律》暂行章程5条,加以扩充。这种倒退,显然是为了袁世凯称帝的需要。此条例一直施行到1922年,后经广州军政府明令废止。⑦

1914年,法律编查会制定《修正刑法草案》,共二编55章,432条。1918年,修订法律馆成立,编成《刑法第二次修正案》,共有2编,377条。次年,又将该案加以文字修改,产生改定《刑法第二次修正案》,增加16条,使之共有393条。该法律草案"实较前有显著之进步,为民国以来最完备之刑法法典。"⑧ 因种种原因,该草案并未成为正式之刑法典。

4. 民事诉讼法和刑事诉讼法的发展

民国初期民事诉讼法与刑事诉讼法,仍然是继承清末修律的结果,并且呈现出同步发展的特点。

民国成立之初,参议院议决暂时援用前清之《民事诉讼律草案》第一编关于管辖的前四章,共计41条。1919年,司法部特呈准政府援用《民事诉讼律草案》第一编第五章关于审判衙门职员回避、拒却、引避之规定,共11条。这样一来,前清《民事诉讼律草案》第一编内容全部为民国初期北京政

---

① 谢振民编著:《中华民国立法史》,中国政法大学出版社2000年版,第819页。
② 同上书,第802页。
③ 同上书,第828页。
④ 同上书,第833页。
⑤ 同上书,第864页。
⑥ 同上书,第887页。
⑦ 同上。
⑧ 同上书,第903页。

府所继承。

1921年,北京政府修订法律馆完成《民事诉讼法草案》的起草,后政府下令将其改为《民事诉讼条例》,于1922年7月1日起在全国一律施行。但是,由于在此之前,1921年,广州军政府即公布《民事诉讼律施行细则》7条,规定与公布后两个月施行。"此吾国有正式民事诉讼法典之始。惟此律在当时只施行于西南各省。"① 至此,当时在我国实际上同时存在两部民事诉讼法。

根据《中华民国立法史》一书的作者谢振民的研究,北京政府施行的《民事诉讼条例》,为移植德国民事诉讼法,又采用奥地利、匈牙利及以后德国和日本修正民事诉讼法律的新成果,"故《民事诉讼条例》较之德、日旧法及《民事诉讼律》实已大有进步"。② 该条例共有六编,共计755条。③

在刑事诉讼法方面,1912年,民国建立以后,首先援用的是前清未颁布实施之《刑事诉讼法律草案》第一编第一章第一节至第三节共27条。1919年4月,北京政府司法部特呈准颁行《刑事诉讼律草案》第一编第一章第四节11条,关于审判衙门职员回避、拒却、引避之规定。这样一来,正如民事诉讼法一样,前清《刑事诉讼律草案》第一编内容全部为民国初期北京政府所继承。

1921年3月,广州军政府公布修订过之前清《刑事诉讼律草案》,同年4月又公布《刑事诉讼律施行细则》7条。"吾国之有正式《刑事诉讼法》盖自此始,惟其施行区域,只及于西南数省。"④

1921年10月,北京政府将修订法律馆完成之《刑事诉讼法草案》改为《刑事诉讼条例》,并拟具《刑事诉讼条例施行条例》13条公布,定于1922年1月1日先在东省特别法院区域施行。1922年1月6日,政府又决定自本年7月1日起,在全国一律施行。至此,像民事诉讼法一样,当时在我国实

---

① 谢振民编著:《中华民国立法史》,中国政法大学出版社2000年版,第993页。
② 同上书,第994页。
③ 第一编总则,第一章法院,第二章当事人,第三章诉讼程序。第二编第一审程序,第一章地方审判厅诉讼程序,第二章初级审判厅诉讼程序。第三编上诉审程序,第一章第二审程序,第二章第三审程序。第四编抗告程序。第五编再审程序。第六编特别诉讼程序,第一章证书诉讼程序,第二章督促程序,第三章保全程序,第四章公示催告程序,第五章人事诉讼程序。
④ 谢振民编著:《中华民国立法史》,中国政法大学出版社2000年版,第1014页。

第三章　中华民国北京政府(1912—1928年):中国建立近代法律体系的继续努力

际上同时存在两部刑事诉讼法。北京政府之《刑事诉讼条例》共有八编。①

民国初期北京政府的诉讼法,除了刑事诉讼法和民事诉讼法律以外,实际还有行政诉讼法。②

5. 行政法的发展

北京政府时期行政法的发展成绩十分突出。仅从数量上看,由于清封建政权的解体,新的民主共和国政权建设,必须依赖相关法律以确立政府体制,包括其组织及职权等。根据前述《北洋政府时期的政治制度》一书的记录,这一时期政府所有制定颁布的法律、法规、规则、条例、章程、命令等,共约有852件。除去关于宪法、民法、刑法、民事诉讼法、刑事诉讼法等,其余绝大部分是行政法。另根据《中华民国立法史》一书的记录,民国初期北京政府制定产生(有的没有真正颁布实施)的行政法也有约153件之多。③ 其中比较重要的有:1912年的《文官高等考试法》、《大学令》、《国籍法》、《印花税法》;1914年公布的《文官惩戒委员会编制令》、《全国水利局官制》、《省官制》、《会计法》、《审计法》、《国币条例》、《森林法》、《矿业条例》、《商会法》;1915年的《司法官惩戒法》、《著作权法》;1919年的《中央防疫暂行编制》;1921年的《邮政条例》;1923年的《商标法》等。"这一时期的立法活动,形成辛亥革命以后民国政府第一次大规模的立法高潮。法律、法规的制定、实施,为规范社会、发展经济提供了有利的条件,也为中国法律近代化创造了良好的基础。"④

---

① 第一编总则,第一章法例,第二章法院之管辖,第三章法院及检察厅职员之回避,第四章被告之传唤及拘提,第五章讯问,第六章被告之羁押,第七章证人,第八章鉴定人,第九章扣押及搜索,第十章勘验,第十一章辩护,第十二章裁判,第十三章文件,第十四章送达,第十五章期限。第二编第一审,第一章公诉,第二章私诉。第三编上诉,第一章通则,第二章第二审,第三章第三审。第四编抗告。第五编非常上告。第六编再审。第七编诉讼费用。第八编执行。

② 包括民国初期所制定之《诉愿法》、《行政诉讼法》等,可参见谢振民编著:《中华民国立法史》,中国政法大学出版社2000年版,第1049—1055页有关北京政府时期行政诉讼法的介绍。

③ 详见谢振民编著:《中华民国立法史》,中国政法大学出版社2000年版,第二章行政法(上)及第三章行政法(下)。同一法律的修正案,作为一件新法计算。

④ 朱勇:"《中华民国立法史》序言",载谢振民编著:《中华民国立法史》,中国政法大学出版社2000年版,第3页。

四、北京政府时期法律近代化的几个特点

（一）法制发展受政局变化影响极大，连续性较差

北京政府时期，是中国历史上又一军阀混战、地方势力割据的时期。军事力量的增长，是中国国家近代化过程中的一个必然产物。中国要保持民族尊严，维护国家的独立自主，强大的军事力量是必要的支柱。北洋部队本来是中国政府为实现上述目标而从清政府内部成长起来的一股军事力量。但是在清政府倒台以后，由于缺乏对国家近代化的自觉意识，无法对其自身存在与发展进行合理定位，其作为具有地域特色和派系特色的军阀性质逐渐显露。尤其是在北洋部队的核心人物袁世凯去世以后，这股军事力量群龙无首，对外保持相对一致，对内则相互倾轧，争权夺利，各自依靠其军事实力，混乱不已。这是影响北京政府时期法律近代化的一个最基本因素。

北洋军阀与其他地方军事力量的争斗，与北洋军阀各派系之间的争夺，使中国政局动荡不安，法制建设无法保持其连续性，其内在的一致性也受到一定程度的影响。宪法的发展——不同版本的频繁更换，就是其影响的结果之一。在北京政府时期，具有宪法性质的法律文件（草案），先后产生有七八个，但是，只有1923年的《中华民国宪法》才是惟一一部公布实施的宪法。就是这部宪法，也因其为贿选产生受到敌对势力的评难和攻击。最后，由于制定宪法者在军事力量方面的失利，而使整个宪法被废弃。"宪法未能像广大中国人民期望的那样控制冲突、导致团结，对此，……有些人的解释是，管理政府的都是些自私、虚伪的政客，他们破坏了法律。另一种看法是，北京政府不过是地方黩武主义制度的一件外衣罢了。本章论述的是，宪法体制由于参与的分子热衷于派系斗争而耗尽了自身的活力。"[①] 与宪法始乱终弃的命运相仿佛，其他部门法的命运也好不到哪里去。民法、刑法、行政法，甚至于诉讼法的发展，无不受到政局变动的摆布。在1922年以后，中国还一度出现北京政府和西南军政府两个政府同时并存的局面。

（二）宪法的发展是主线，统一与民主是主题

中国传统上是一个奉行"大一统"思想的国家。短暂的分裂终归以统一

---

① 〔美〕费正清编：《剑桥中华民国史》（上），杨品泉等译，中国社会科学出版社1993年版，第315页。

第三章　中华民国北京政府(1912—1928年):中国建立近代法律体系的继续努力

结束。中国的历史就是在这种统一——分裂——再统一的循环过程中,完成民族融合和文化整合。到了近代,在西方国家以坚船利炮兵临城下的情况下,只有坚持统一的大前提,才可能保持中华民族独立自主地生存与发展。这一任务,最终落实到宪法的发展上。宪法是国家的根本法。对于中国来说,坚持一个中央政府的宪法原则,对于维护中华民族的独立与统一是一个生命线。

近代中国另一个历史发展脉络,就是反对专制,实行民主。近代中国在反对外来压迫、反对外敌入侵的过程中,逐渐认识到,专制是妨碍民族富强与民族自尊的最可怕、最强大的敌人。因此,只有反对专制政体、废除专制主义的封建法律制度,同时实行民主,奉行法治,建立一个以宪法为基础的健全的近代法律体系,才能够巩固国家的独立和统一,实现民族富强,最终实现民族复兴。自从清政府被辛亥革命推翻以后,封建帝制在中国的大地上再无立足之地。法律的制定,也以共和、民主为基本精神。

民国初期宪法的发展,基本上坚持了统一和民主的主题。从《中华民国临时政府组织大纲》到1923年的《中华民国宪法》,都以中华民族的对外独立和对内统一为基本法律精神和立法指导思想。尤其是1923年《中华民国宪法》,以明文规定国体不得作为讨论的议题和宪法变更的对象。

(三) 法律体系的国际化与本土化的协调发展,是这一时期法律近代化的基本目标

1. 国际化的追求,仍是这一时期法制建设的动力与目标

清末修律,以移植西方国家,尤其是大陆法系国家的法律制度作为基本途径。民国初期的法制建设,一方面继承了清末修律的基本成果,另一方面,在其基础上进一步引进西方国家的最新法律成果,融合到既有的法律制度中去。这一点在民法、民事诉讼条例的制定中,都可以看出。

中国的法律近代化运动,一个基本的动力是收回治外法权。这一因素在民国初期的法制建设中再度成为法制建设的推动力量。1923年在华盛顿会议上中国代表提出收回治外法权的议案,经会议议决,决定由在华享有领事裁判权的国家派代表组成委员会,到中国进行司法状况调查。受这一事件的刺激,当时的北京政府事实上加大了各项立法工作,以期在调查委员会到来时得到满意的结果。最终由于北洋军阀内部的纷争等多方面的原因,此目的没有实现。但这一事件无疑也加快了中国法律近代化的进程。

2. 部门法的发展,更加偏重于本土化,外来法的社会适应性与本土法律传统的保留

在清末修律中,受当时历史条件的限制,重视移植外国法律制度而轻视发掘本国固有法律传统,对外来资源引进多而吸收少。因此,难免有急于求成和盲目引进之嫌。这种情况,在民国初期,得到一定程度的纠正。

民国建立以后,有了一个相对良好的思想环境和制度环境。清政府的倒台,在一定程度上冲击了原来封建制度下的上层官僚、贵族、士绅等保守阶层的思想。对中下层民众也有一定的影响。但是,由于辛亥革命主要发生于南方各省,对北方影响不如南方大,加之民众的启蒙一直没有提到议事日程,民主的社会基础还十分薄弱。社会的保守力量还比较强大,许多传统的观念、制度和风俗习惯依然在人们的心中根深蒂固。这种国情和民情意味着,中国的法律近代化事业要想取得成功,就必须对上述事实予以相当的尊重。修订法律馆总裁江庸对民法起草的意见,事实上表达的就是对上述问题的认识。在宪法领域中,中央与地方关系的争论,除了各种地方势力和各种利益团体的对立和矛盾外,传统力量与改革力量的冲突与较量,也是其中一个重要方面。联邦制与中国固有之大一统观念及传统差异还是比较明显的,在当时的情况下,实行联邦制,能不能保持中国的统一和完整,乃是一个不可预料的重大问题。

3. 更加注重国际化与本土化的协调发展

国际化的任务和本土化的目标,都要求在法律近代化中将二者进行协调发展。从民国初期的法律体系建设的实际情况来看,宪法、民法、刑法的发展,都比较符合这个要求。

以1923年的《中华民国宪法》为例,其各项宪法原则和制度设计,基本上都是符合当时中国的国情,符合中国社会的发展阶段的。除了前述国体与省制问题,该法第四章"国民"详细开列了中华民国国民在宪法上享有的各种自由和权利,这些自由和权利对于民众民主、自由观念的成长,对于市民社会的培植,都具有基础性意义。其中该章第六条规定了"中华民国人民非依法律不受逮捕、监禁、审问或处罚。人民被羁押时得依法律以保护状请求法院提至法庭审查其理由",这一规定与美国合众国宪法中有关法治的条文十分相似。第九条还规定了"中华民国人民有选择居住及职业之自由,非依法律不受限制"。这一点与近代英国法律史学家梅因关于近代法律的发展是"从身份到契约"的著名论断,也非常吻合。如果其得到落实,则对于中国近代社会经济的发展,对于个人自由的成长,必可起到积极作用。该章

第三章 中华民国北京政府(1912—1928年):中国建立近代法律体系的继续努力

第二十一条规定"中华民国人民依法律有受初等教育的义务"。将义务教育规定入宪法,在当时的中国乃至世界,可谓都是比较有进步意义的举措。该宪法一个特别值得注意的部分,乃在于其对三权分立体制的设计。该法第六章、第七章、第八章、第九章,分别规定了"国会"、"大总统"、"国务院"、"法院"四个国家机构。其中第六章第三十九条规定"中华民国之"实行两院制的议会民主制,保证了人民的选举权和被选举权,体现了"主权在民"近代宪政原则。其第七章"大总统"第七十一条(该章第一条)规定"中华民国之行政权由大总统以国务员之赞襄行之"。继而,在第八章"国务院"第九十五条规定了"国务员赞襄大总统对于众议院负责任"。这些规定显然与实行三权分立的美国宪法有较大差异。但是,揆之民初责任内阁制与总统制的争执,这种规定显然是有意调和二者之间的矛盾,力求在总统制与责任内阁制之间寻求一种平衡。如果说该宪法是总统制之下的责任内阁制,似乎比较符合其立法意图。这些创造性的制度构造,应该说是充分考虑中国实际情况的结果。

第四章　中华民国国民政府(1928—1949年)：
中国近代法律体系的形成

> 如果我们梦想回到我们的童孩时期，如果我们依靠别人来获得幸福，如果我们回避我们的考验，人道、理性和责任的考验，如果我们丧失勇气并且在文明压力之前退缩，那么我们就必须用我们对所面临的这个直截了当的决定的明确理解来增强自己的力量。我们是有可能回到野蛮中去的。但是，如果我们希望仍然成为人，那就只有一条路走，这就是通向开放社会的道路。我们必须对未知、不确定和不保险的事情不断进行探索，使我们所能具有的理性，尽好地为安全和自由而制定计划。
>
> ——波普①

一、国民政府对法律近代化的追求②

自1927年中华民国南京国民政府建立，至1949年中华人民共和国的成立，这一时期中国法律近代化事业进一步取得了显著的进展。在1927年至1937年日本大规模入侵中国之间的十年间，南京国民政府在相对稳定的政局中，"一改此前法律近代化的侧重点，迅速展开大规模的基本法律的制定、完善活动。南京国民政府的立法者们总结清末法制改革以来历届政府在立法方面的经验和教训，吸收西方各国先进的法律理论和制度，同时保留

---

① 波普，现代英国著名思想家，证伪主义和"世界3"理论的创始人。此引文出自于他《开放社会及其敌人》一书，杜汝楫、戴雅民译，山西高校联合出版社1992年版，第212页。
② 国民政府最早成立于1921年系由1917年护法军政府演变而来。是年4月广州非常国会通过《中华民国政府组织大纲》，规定正式政府的国家元首为大总统，孙中山被非常国会推选为大总统，并于5月5日在广州宣誓就职。次日政府正式成立。1922年陈炯明发动政变，1923年3月，孙中山回到广州组建"中华民国大元帅大本营"，并开始改组国民党，次年1月完成改组。1925年称广州国民政府。1926年7月开始北伐，12月准备迁都武汉，1927年3月20日以后称武汉国民政府。4月，南京国民政府成立。1928年12月29日张学良宣布东北改旗易帜，服从国民政府，南京国民政府完成中国名义上的统一。
南京国民政府成立之前的广州、武汉国民政府等曾制定颁布一些重要的法律法规。本文只对南京政府时期的法律近代化进行研究。

第四章 中华民国国民政府(1928—1949年):中国近代法律体系的形成

中国传统重要的基本法律,包括民法、刑法、民事诉讼法、刑事诉讼法等,中国近代法律的典型形态——六法体系基本形成。中国法律近代化的基本任务宣告完成。"[1]

南京国民政府时期的法律近代化,既在根本上区别于清末法律改革"君主立宪"的基本精神,又不同于北京政府时期陷入混乱和困境的"民主共和"的法制建设事业。但是,作为中国法律近代化过程中的一个重要环节,南京国民政府基本上仍然继续了法律近代化的国际化与本土化的基本方针。其宪法一方面坚持了中华民国建立以来的"民主共和"基本精神,以孙中山先生的"三民主义"和"五权宪法"的思想为基础,西方民主宪政的思想得以深入贯彻;另一方面,作为政治力量斗争和妥协的产物,各种现实国情因素在宪法中也有一定的体现。这一时期的民法法典制定工作,成绩尤其突出,民法法典的制定者们以德国民法为蓝本,并注意吸收当时世界上比较先进的民法发展成果,以期使中国的民法具有世界一流水平,同时,这种做法并未忽视中国本土的国情。与民国初期北京政府的民法制定工作相比,南京国民政府民法近代化的本土化工作一点也不逊色。"国民党法律不是其德国范本的副本,它是以晚清草案为蓝本、经连续两次修订的产物。这些修订在某些重要方面使法律更切合中国的既存习俗与现实,在其他方面它们则引入了更进一步的根本性改变。"[2] 其民事诉讼法、刑法、刑事诉讼法和行政法等,基本上也都遵循国际化与本土化的道路向前推进,从而使我国的法律近代化事业达到了前所未有的水准。

二、南京国民政府时期宪法的发展

南京国民政府时期宪法发展基本上有两条线索,一是国民政府的训政体制,亦即国民政府组织大纲,一是宪法文本的发展。二者之间有一定的差异,但在不同程度上都受到了孙中山的宪法学说——"三民主义"与"五权宪法"的影响,基本上以此为指导思想。

---

[1] 朱勇著:《中国法律的艰辛历程》,黑龙江人民出版社2002年版,第293页。
[2] 黄宗智著:《法典、习俗与司法实践:清代与民国的比较》,上海书店出版社2003年版,第3页。

(一) 孙中山"三民主义"和"五权宪法"的思想

1. 三民主义

三民主义,是孙中山革命活动的总体指导思想。这一思想的首次提出,是在 1905 年 11 月同盟会机关刊物《民报》发刊词中。他提出,民族主义是推翻满清政府,建立独立的汉族当权的政府。民权主义是推翻封建专制制度,建立资产阶级的民主共和国。民生主义是以平均地权的办法防止贫富分化的一种社会政策。1919 年,他在论及"三民主义"时说:"革命之目的,即欲实行三民主义也。何谓三民主义? 曰民族主义、曰民权主义、曰民生主义是也。中国革命何以必须行此三民主义? 以在此二十世纪之时代,世界文明进化之潮流已达于民生主义也,而中国则在异族专制之下,则民族之革命以驱除异族、与民权之革命以推翻专制,已为势所不能免者也。然我民族、民权之革命时机,适逢此世界民生革命之潮流,此民生革命又我所不能避也。"① 孙中山的三民主义思想,来源于美国总统林肯的民有、民治、民享的思想(The government of the people, by the people, for the people)。②

孙中山的三民主义思想中,与宪法、宪政联系最为密切的是其民权思想。1921 年他在一次演讲时说:"瑞士为民权最发达的国家,前已说过。现在应声明那代议制不是真正民权,直接民权才是真正民权。美、法、英虽主张民主义,仍不是直接民权。兄弟的民权主义,系采瑞士的民权主义,即直接的民权主义。然间接民权,已非容易可得,不知流了多少碧血以作代价,始能得之。从这里看起,直接民权,更是可贵,但是却一定要有很大的代价。直接民权,一是'选举权'。人民既得直接民权的选举权,尤必有'罢官权'。选之在民,罢之亦在民。又如立法部任立一法,人民因其不便,亦可起而废之,此种废法权,谓之'复决权',言人民可再以公意决定之。又人民应有'创制权',即人民可以公意充制一种法律。直接民权凡四种:一选举权,一复决权,一创制权,一罢官权。此为具体的民权,乃真正的民权主义。"③

由此可见,孙中山的三民主义思想,是关于人民与政府关系的理论。"但欲使全国人民对于中央政府行使此种直接民权,在版图辽阔的中国,实际上自有重大困难。所以在孙中山的理想中,创制、复决及罢免三权,在训

---

① 孙中山著:《三民主义》,岳麓书社 2000 年版,第 238 页。
② 孙中山:《三民主义之具体办法》,载孙中山著:《三民主义》,岳麓书社 2000 年版,第 262 页。
③ 同上书,第 262—263 页。

(二) 国民革命理论——训政理论

1. 建国三时期和训政保姆论

在 1906 年同盟会制定的《革命方略》中,孙中山就提出,革命的程序分为"军法之治"、"约法之治"、"宪法之治"三个阶段。"此三期,第一期为军政府督率国民、扫除旧污之时代。第二期为军政府授地方自治权于人民,而自揽国事之时代。第三期为军政府解除权柄,宪法上国家机关分掌国事之时代。俾我国民循序以进,养成自由平等之资格,中华民国之根本,胥于是乎在焉。"①

根据上述思想,孙中山主张在真正实行宪法之治之前,应有一个所谓"训政"阶段。对此,孙中山曾详细说明:"夫以中国数千年专制退化而被征服亡国之民族,一旦革命光复,而欲成立一共和宪治之国家,舍训政一道,断无由速达也。美国之欲扶助菲岛人民之独立,乃先从训政著手,以造成其地方自治为基础,至今不过二十年,而已丕变一半开化之蛮种,以成就文明进化之民族,今菲岛之地方自治,已极发达,全岛官吏,除总督尚为美人,余多为土人所充任,不日必能完全独立。将来其政治之进步,民智之发达,当不亚于世界文明之国,此即训政之效果也。……夫中华民国者,人民之国家,君政时代则大权独揽于一人,今则主权属于国民之全体,是四万万即今之皇帝也。……而今皆为主人矣。是故民国之主人者,实等于初生之婴儿,革命党者,即产生婴儿之母也。既产之矣,则当保养之,教育之,方尽革命之责也。此革命方略之有训政时期者,为保养教育此主人,成年而后还之政也。"② 按照这种思想的逻辑,所谓训政不是目的,而是通向宪政的必由之路,是一种手段。孙中山的这一思想,可能有基于当时中国社会教育落后,经济不发达,封建专制制度的余毒一时尚难以扫除,民众的民主意识、共和观念尚不牢固等现实因素的考虑。但是,其将革命党人与一般人民群众在思想上进而在制度上对立起来的思想,是一种对人民的不信任,与其民主思想本身有一定矛盾。

2. 以党治国论

"以党治国"论,是关于革命政党与政权之间的关系的理论。孙中山曾经提出,革命"就是要将政治揽在我们手里来作","不单是用革命去扫除那

---

① 罗志渊编著:《近代中国法制演变研究》,正中书局印行 1966 年版,第 422—423 页。
② 同上书,第 424—425 页。

第四章　中华民国国民政府(1928—1949年):中国近代法律体系的形成

恶劣政治,还要用革命的手段去建设。"① 他认为,革命党的责任不仅要先建国,"把国家再造一次"②,而且革命胜利后,"更应以党为掌握政权之中枢"。③ 应当指出,孙中山提出的"以党治国"论,强调的是"主义治国",即治国以主义为宗旨,"是要本党的主义实行,全国人民都遵守本党的主义",同时,"以党治国"论要求掌握政权中枢的革命党团结其他革命党派、团体,"倘有一件事发生,在一个时机或者一个地方,于本党中求不出相当人才,自非借才于党外不可。"④

孙中山的"以党治国"论的提出,首先是处于对民国成立以后政局的变化的考虑。由于国事日艰,民主共和的到来,似乎遥遥无期。"革命未成功时要以党为生命,成功后仍绝对用党来维持"。⑤ 所以他决计要改组中国国民党。另一个因素是苏俄的影响。"十一年八月,孙中山先生被难抵沪。苏俄代表越飞亦同时到达北京,即派人携函来沪接洽,中山先生乃决计将中国国民党之组织加以改组。……十二年夏,孙中山先生又派蒋中正赴俄考察,俄复派鲍罗廷到粤,与中山先生数度详商。遂决定改组中国国民党。"⑥ 1924年中国国民党第一次全国代表大会开幕,"孙中山先生以总理资格出席,致开幕词,略谓:'此次国民党改组,有两件事:第一件,是改组国民党,要把国民党再来组织一个有力量,有具体的政党;第二件,便是用政党的力量去改造国家。'"⑦ 孙中山曾明确提出:"欲以党治国,应效法俄人。"⑧ 国民党在改组过程中,接受了苏俄顾问的指导。

(三) 南京国民政府时期宪法文本的发展

1. 训政纲领和训政时期约法

1928年10月,国民党中央常务委员会决议通过《训政纲领》。次年三月,国民党第三次全国代表大会对该纲领予以追认,并通过《确定训政时期党、政府、人民行使治权之分际及方略案》,在国民党内确立了党治的原则。1931年5月,国民会议召开,通过了《中华民国训政时期约法》,从而为训政

---

① 《孙中山全集》第5卷,中华书局1981—1986年版,第400页。
② 《孙中山全集》第9卷,中华书局1981—1986年版,第97页。
③ 同上书,第122页。
④ 《孙中山全集》第8卷,中华书局1981—1986年版,第282页。
⑤ 《孙中山全集》第5卷,中华书局1981—1986年版,第263页。
⑥ 谢振民编著:《中华民国立法史》,中国政法大学出版社2000年版,第196页。
⑦ 同上书,第197页。
⑧ 《孙中山全集》第8卷,中华书局1981—1986年版,第268页。

体制涂上了民意的色彩。同时规定实行五院制的政府体制。

上述两个宪法性的文件都以"训政保姆论"为思想基础,以"党治"为核心。

《训政纲领》共有 6 条,其内容主要是:训政时期由国民党全国代表大会代行全国国民大会的政权,国民党全国代表大会闭会其间,由国民党中央执行委员会代行,训政时期的行政、立法、司法、考试、监察五项治权,付托给国民政府总揽而执行之,在党和政的关系上,"指导、监督国民政府重大国务之施行,由中国国民党中央执行委员会政治会议行之。"以该纲领为基础,1928 年 10 月国民党中央执行委员会通过《中华民国国民政府组织法》,规定国民政府实行委员制与五院制相结合的政府体制。①

《中华民国训政时期约法》② 分为八章,共有 89 条。③ 该约法表面上具有宪法的形式,如在总纲中规定中华民国的领土,国家之主权归属,国旗和国都等,还规定了人民之权利义务,国计民生与国民教育,中央与地方之权限,等等。此宪法性文件与前中华民国宪法,尤其与 1923 年《中华民国宪法》相比,一个最大的不同,就是根据"训政"的基础精神,确立了"以党治国"的原则。该法在总纲前面有一段文字说明,"国民政府本革命之三民主义五权宪法以建设中华民国。即由军政时期入于训政时期,允宜公布约法共同遵守,以期促成宪政授政于民选之政府。兹谨遵创立中华民国之中国国民党总理遗嘱,召集国民会议于首都,由国民会议制定中华民国训政时期约法如左"。这一段文字实际上是整个文件的立法之指导思想。其第三十条规定:"训政时期,由中国国民党全国代表大会代表国民大会行使中央统一权。中国国民党全国代表大会闭会时,其职权由中国国民党中央执行委员会行使。"第四十七条规定:"三民主义为中华民国教育之根本原则。"第七十二条规定:"国民政府设主席一人,委员若干人,由中国国民党中央执行委员会选任委员名额以法律定之。"第八十五条规定:"本约法之解释权由中国国民党中央执行委员会行使之。"

作为一个具有宪法地位的法律文件④,该法与以前宪法相比,具有明显的缺陷。比如,该法第三十二条规定:"行政、立法、司法、考试、监察五种治

---

① 朱勇主编:《中国法制通史》(第九卷),法律出版社 1999 年版,第 620—621 页。
② 1931 年 6 月 1 日公布,刊登于《国民政府公报》,第七十八号。
③ 第一章,总纲;第二章,人民之权利义务;第三章训政纲领;第四章国计民生;第五章国民教育;第六章中央与地方之权限;第七章政府之组织;第八章附则。
④ 该法第八十四条规定:"凡法律与本法抵触者无效。"可见其为地位最高之上位法,即母法。

第四章 中华民国国民政府(1928—1949年):中国近代法律体系的形成

权由国民政府行使之。"该法第七十一条规定:"国民政府设行政院、立法院、司法院、考试院、监察院及各部会。"此两条即确立五院制的政府体制。但是对各院之间的权限及相互关系均没有明确的规定。又如,关于中央与地方之关系,该法第六章虽然有所规定,但是与1923年的《中华民国宪法》相比,要简单得多。其中第五十九条规定之中央与地方权限采取"均权制度",意义十分含糊,不知所云。另外,该法多处出现"建国大纲"一语,无疑为法外有法,法上有法。如果此约法实行起来,一旦发生异议,解释亦将发生问题,必将产生无穷之麻烦。其最根本一点,此约法既为"训政约法",自然无法体现公民之选举权,即民意机关没有存在的必要。作为宪法,没有民意,何谈民主,没有民意的基础,其是否可以称得上是一部宪法,尚值得怀疑。

从总体上看,《中华民国训政时期约法》,体现出孙中山主张的"主义治国"的"党治"思想,并具有十分突出的中央集权的特征。这种集权不仅体现为将国家的治理权基本上集中于中国国民党之手中,而且,国民党全党的权力则进一步集中于中国国民党中央执行委员会这一部门。回顾中华民国创立的历史,虽然国民党为推翻清政府立下汗马功劳,没有国民党,中华民国自无由成立。但是,中华民国非由一党一人所创,亦为实情。民国成立之初,孙中山将大总统的权位让于袁世凯,这一历史事实不管怎样解释,其不可否认的一点是,袁亦为民国的成立作出了一定的贡献。民国初期之北京政府,既有废弃共和国之劣迹,又有假共和之名义,行争权夺利之实际,可谓人神共弃。但是,该约法将中华民国之成立全部归功于国民党,既不完全符合历史,也未必能够完全代表民意。其为维持国家统一与秩序的良好意愿固值得褒奖,但是其急功近利之处,在近代民主潮流的推动下,必然难以逃脱最终被废弃之命运。对此,近代宪法学家评论道:"我们需知约法虽已颁布,而党治的制度初未动摇,统治之权仍在中国国民党的手中。在党治主义之下,党权高于一切;党的决定,纵与约法有所出入,人亦莫得而非之。以此之故,民国二十年六月的约法,并未尝为中国政制划一新的时期。"①

2. 五五宪草和中华民国宪法

1936年5月,历经五年的反复推究和审查,立法院终于通过《中华民国

---

① 王世杰、钱端升著:《比较宪法》,中国政法大学出版社1997年版,第413页。

宪法草案》，并予公布。① 此即《五五宪草》。该法分为八章，共有148条。②该草案的内容相对比较完整，但是同样存在一些问题。其一，最严重者，为宪法草案排斥民主政党的权力，与近代一般民主宪法所允许容纳的政党制度有根本抵触。该草案第一条即规定："中华民国为三民主义共和国。"由此规定可以看出，其在基本精神上，为继承《中华民国训政时期约法》的一个完善稿。其二，该草案对国民大会的规定，实际为实行一院制。不再像前宪法那样规定将民意机关分为参议院和众议院。这种没有常设机构的做法，实际为一党擅权，甚至于无限期推迟国民大会的召开，提供了空间。其最严重者，则为代表民意的国民大会，并没有充分之立法权。其相关权力为中央政府之立法院拥有者甚多。其三，该法关于中央政府体制的设计，亦不尽合理。在五院之中，行政院与立法院的权力较之司法院、考试院、监察院为大，其行政院的权力比立法院似乎更为充实。纵观整个草案，对于各院之间的相互牵制，规定甚为简单。因此，在五院的实际运作中，难免产生相互扯皮或争权夺利的纠葛。这些说明，该草案没有能够完全体现西方近代宪法之"制约"与"平衡"的宪法理念。

1946年11月，由国民党主导的国民代表大会召开，该大会在没有中国共产党等的参加下，通过了《中华民国宪法草案》，国民政府于次年元旦公布，并于1947年12月25日正式实施。

《中华民国宪法》分为14章，共有175条。③

这部宪法，从宪法产生的法律程序方面看，由当时"国民大会"通过。但是，按照民主宪法的惯例，所谓国民大会，应该由普遍选举产生的人民代表组成。而这一时期的国民大会并不符合这一点。当时中国对外战争——持续八年的抗日战争已经结束。人心思治，按理说，进行普遍选举，进而组织国民代表大会并非没有条件。但是，当时国民党与共产党各自拥有军事力量，国内实际上处于内战状态。在这种情况下，通过民主选举，组织国民代表大会，制定民主宪法的希望，实际上只是海市蜃楼。这种特定的历史条

---

① 该法刊登于《国民政府公报》第2039号。
② 第一章总纲；第二章人民之权利义务；第三章国民大会；第四章中央政府；第五章地方制度；第六章国民经济；第七章教育；第八章宪法之施行修正。
③ 该法公布于《国民政府公报》，第二七一五号。第一章总纲；第二章人民之权利义务；第三章国民大会；第四章总统；第五章行政；第六章立法；第七章司法；第八章考试；第九章监察；第十章中央与地方之权限；第十一章地方制度；第十二章选举、罢免创制、复决；第十三章基本国策；第十四章宪法之施行与修改。目前笔者所见法律著述，多认为该宪法共有147条，根据《中国立宪史》（荆知仁著，联经事业出版公司1984年初版）一书后附录中国立宪的资料及有关文献，应为175条。

第四章 中华民国国民政府(1928—1949年):中国近代法律体系的形成

件,决定了该宪法的命运。

从宪法本身来看,除了关于中央政府体制的规定有所不同,它与1931年的《中华民国宪法草案》没有本质的变化。①

从南京政府建立到其最终为中国共产党所推翻,这一时期的宪法,基本上是以"以党治国"为其核心和灵魂。对此,1936年国民政府时期的法学家曾这样评价:"此数年间,中国已由法治递嬗于党治。前此以约法或宪法为国家根本大法,一切法律均不得与之抵触。在党治时期,国民政府受党之指导监督,一切以党义为依据。国家所立之法,不得与党义党纲相抵触,即以前之法律,凡与党义党纲相抵触者无效。党义党纲虽无根本之形式,实有根本法之实质。此外并无形式上之国家根本大法,党治初期之异于法治时期与训政时期者在此。"② 其实,这一评价,完全可以适用于整个国民政府时期。

三、近代部门法律体系的形成

(一) 六法体系的最终确立

1. 民事法律

(1) 南京国民政府时期民事法律发展概况。南京国民政府十分重视民法的起草和修订工作。这一时期的民事法律分为总则编、债编、物权编、亲属编和继承编,共五编。整个法典采用分编起草、民商合一的方式。其各编起草和完成的情况如下:

1928年12月,国民政府立法院成立。次年成立民法起草委员会。该委员会根据国民党中央政治会议第168次会议的决议,首先开始《总则编》的起草。1929年4月立法院通过《民法总则编》。《总则》分为7章,152条。③

1929年开始起草《民法债编》草案。11月经立法院通过,同年11月23日国民政府公布,1930年5月5日施行。分为2章,604条。④

《物权编》为1929年11月19日立法院通过,同年11月30日公布,次

---

① 关于《五五宪草》与1946年《中华民国宪法》对于中央政府的体制的不同,可以参考朱勇主编:《中国法律通史》(第九卷),法律出版社1999年版,第634页。
② 谢振民编著:《中华民国立法史》,中国政法大学出版社2000年版,第193页。
③ 第一章法例;第二章人;第三章物;第四章法律行为;第五章期日及期间;第六章消灭时效;第七章权利之行使。
④ 第一章通则,分为6节。第二章各种之债,分为24节。

年5月5日实施。分为10章211条。①

1930年7月开始《亲属编》和《继承编》的起草工作。同年12月26日由国民政府同时公布,次年5月5日开始实施。《亲属编》分为7章,共计171条。②《继承编》分为3章,88条。③

至此,民事法律的起草工作基本完成。此外,按照民商合一的法典编制方式,一些商事法律采用单行法规的方式起草。其产生的商事法律主要有:

《交易所法》,1929年10月3日公布;

《票据法》,1929年10月30日公布;

《公司法》,1929年12月26日公布;

《海商法》,1929年12月30日公布;

《保险法》,1929年12月30日公布;

《船舶法》,1930年12月4日公布;

《银行法》,1931年3月28日公布;

《破产法》,1935年7月17日公布;

此外还有《合作社法》等。

(2) 民事法律对国际化的追求。南京国民政府时期的民事法律,是中国法律近代化进程中特殊而重要的一个组成部分。其在继承以前民事法律修律的成果基础上,继续向前推进。在法律体系的国际化方面,取得重要的成绩。主要表现为以下几个方面:

首先,在法典编纂体例方面,采用民商合一的方式,符合当时主流的立法模式。

民商分立,抑或民商合一,是近代民法法典编纂的两种不同方式。清末修律过程中,中国政府采用的是民商分立的模式。北京政府时期,基本上沿袭了清末民商分立的形式。④ 关于南京国民政府时期民法法典的编纂方式,

---

① 第一章通则;第二章所有权;第三章地上权;第四章永佃权;第五章地役权;第六章抵押权;第七章质权;第八章典权;第九章留置权;第十章占有。

② 第一章通则;第二章婚姻;第三章父母子女;第四章监护;第五章抚养;第六章家;第七章亲属会议。

③ 第一章遗产继承人;第二章遗产之继承;第三章遗嘱。

④ 谢振民认为,"自民国十一年至十四年,修订法律馆又先后编成《票据法》第一、第二、第三、第四、第五各次草案。其编制体例,仍大致为民法与商法各独立为一法典,修订法律馆虽有民商合编之拟议,终以改编之业,繁而难举,非假以岁月,不克事,而当力图改进司法,收回法权之际,又未便dock此等关系重要法典,置为缓图,故仍分别修订。"参见谢振民编著:《中华民国立法史》,第六章"商法",中国政法大学出版社2000年版,第803页。

第四章　中华民国国民政府(1928—1949年)：中国近代法律体系的形成

1929年5月,国民党中央政治会议委员兼立法院院长胡汉民、副院长林森提议编订民商合一的法典。他们在提案中说：

> "查民商分编,始于法皇拿破仑法典。维时阶级区分,迹象未泯,商人有特殊之地位,势不得不另定法典,另设法庭以适应之。欧洲诸邦,靡然相效,以图新颖。然查商法所订定者,仅为具有商业性质之契约,至法律上原则或一般之通则,仍需援用民法。而商法上最重要之买卖契约,且多在民法中规定。是所谓商法者,仅为补充民法之用而已,其余条例,固已难臻美备。且社会经济制度递嬗,信用证券,日益发达,投资商业者风起云涌,一有限公司之设立,其股票与债券类分散于千百非商人之手,而签发支票、汇票等事,昔日所谓之商行为,亦非复商人之所专有。商行为与非商行为之区分,在学说上彰彰明甚者,揆诸事实,已难尽符。……吾国商人本无特殊地位,强予划分,无有是处。此次订立法典,允宜考社会实际之状况,从现代立法之潮流,订为民商统一之法典。"①

上述文字,从学理层面奠定了近代中国民商合一的立法基础。其关于民商合一的主要理由,大致如后来国民党中央政治会议向立法院提交的审查报告所说,共有如下八点②：其一,因历史关系认为应订民商统一之法典。"我国自汉初弛商贾之律后,四民同受治于一法,买卖钱债,并无民商之分。清末虽有分订民法法典及商法法典之议,民国成立以来,亦沿其说,而实则商人本无特殊之阶级,亦何可故为歧视耶?"③ 其二,因社会进步认为应订民商统一法典。第三,因世界交通,认为应订民商合一法典。第四,因各国立法趋势,应订民商统一法典。第五,因人民平等,认为应订民商合一法典。第六,因编订标准认为应订民商合一法典。第七,因编订体例,认为应订民商合一法典。第八,因商法与民法之关系,认为应订民商合一法典。这些理由,从不同角度支持了民商合一的法典体例。应当说,上述基本上反映了近代以来商业的发展对民法的要求,以民商合一的体例,比较符合世界的潮流和法典发展的趋势。

其次,民法采用社会本位的立法指导思想,为当时最先进的民事法典理念。国民政府立法院民法起草委员会在民法总则的起草说明书中列举了四

---

① 谢振民编著：《中华民国立法史》,中国政法大学出版社2000年版,第758页。
② 同上书,第759—760页。
③ 同上书,第759页。

点立法理由。其中第二点"社会公益之注重"一点为:

"自个人主义之说兴,自由解放之潮流,奔腾澎湃,一日千里,立法政策,自不能不受其影响。驯至放任过甚,人自为谋,置社会公益于不顾,其为弊害,日益显著。且我国人民,本以自由过度,散漫不堪,尤须及早防范,籍障狂澜。……此编之所规定,辄孜孜致意于此点,如对于法人取干涉主义,对于禁治产之宣告,限制其范围,对于消灭时效,缩短其期间等皆是。"① 这一立法原则,在各编中均有所体现。如在《债编》中,不仅保护债权人利益,也保护债务人利益。限制重利盘剥(该问题在刑法中亦有规定)。在《物权编》中,第765条规定所有权行使必须"于法令限制之范围内"。第773条规定:"土地所有权,除法令有限制外,于其行使有利益之范围内及于土地之上下。如他人之干涉无碍其所有权之行使者,不得排除之。"第774条规定:"土地私有人经营工业及行使其他之权利,应注意防免邻地之损害。"《亲属编》特别规定了"亲属会"一节。其对于亲属会的权利,规定了亲属间一切纠纷,可以由其进行排解,"且其职权范围较各国民法所规定者为广"②。这种规定,虽然没有涉及一般之社会利益,但是家庭的稳定,对于社会的稳定,无疑是有帮助的。在《继承编》中,将配给财产的范围扩大,由亲属会议根据被继承人生前所受抚养之程度,及其他关系,决定对于被继承人生前继续抚养之人,予相应的财产配给。另外该编设置限定继承的制度,即继承人对于被继承人之债务,以其继承所得之遗产为限,"于限制继承人义务中,仍寓保护债权人权利之意"。③ 此类规定,可谓不胜枚举。

至于当时对于采纳"社会化"的民法原则,杨鸿烈曾说:"自世界大战告终前后,中国的学术界有所谓'新文化运动'的兴起,文学革命、思想革命、社会革命…真是甚嚣尘上! 就在全世界的变迁也很剧烈! 社会上平民生活的困难,阶级斗争的恐怖,都使以前以个人主义为根据的法律不得不改变,而以社会为本位,所以颁布的法令都有使'权利趋于社会化','契约趋于集合化'的形势,流风所播,我国自然大受影响,而法律思想乃又发生一大变化。尤其是从十四年国民政府成立之后,秉承孙中山先生的遗教,制定许多名贵的法典,另开辟中国法系的新纪元!"④

---

① 谢振民编著:《中华民国立法史》,中国政法大学出版社2000年版,第756页。
② 同上书,第795页。
③ 同上书,第797页。
④ 杨鸿烈著:《中国法律思想史》(下册),商务印书馆1998年版,第347页。

第四章 中华民国国民政府(1928—1949年):中国近代法律体系的形成

再次,该法典在亲属和继承等权利领域,赋予女性与男性同样的地位,符合男女平等的近代民法潮流。该法典《总则编》的立法理由说明书中说到:

"此编对于特别限制女子行为能力之处,一律删除。并以我国女子,于个人财产,有完全之处分之权,复规定已结婚之妇人,关于其个人之财产,有完全处分之能力。至其他权义之关系,亦不因男女而有轩轻。"①

该法典在男女平等的问题上,体现得最为明显的是《亲属编》和《继承编》。在其《亲属编》中,规定离婚的条件,男女一样,亲权由父母共同行使,夫权也被废除。该编最重要的一个体现男女平等的地方,则在于亲等的计算采用罗马法的计算方法。过去的教会法计算方法实际与中国固有之服制及宗法观念颇相一致。②而此次法典编纂,以罗马法的亲等计算方法排除了对姻亲的歧视。在《继承编》中,对于男女平等原则,也有重要体现。如我国古代对于继承权,往往由男子享有。但此编规定同一顺序的继承人男女一律平等。废除宗祧继承,遗产之继承,不以宗祧继承为前提。

最后,该法典废除了中国沿用了几千年的宗法传统,从根本上动摇了封建制度的法律基础。

我国的宗法传统,实为我国相延数千年的封建制度。此传统造成诸如男尊女卑、重视血亲、歧视姻亲、家长制等等重大社会问题。此次民法法典的制定,基本上不再延续宗法制度。除其中基于对社会稳定的考虑,保留一些家制和亲属会的规定外,过去之服制图、男女不平等等问题,皆予以废除。此实为引进西方国家先进之平等、自由观念,以权利为法律基础的结果。此种改进,如非以他山之石,攻我之玉,纯依赖中国固有之法律观念,实难有所进展。由于新民法的改进,近代法学家杨鸿烈曾对此评价到:"这些规定虽然还不能说是极彻底的法律革命,但已经是能够根本推翻几千年来'藏污纳垢'伪善的旧礼教所护持的名分,亲属关系,宗法观念,造成了一种不流血的礼教革命了。"③

(3) 民事法律对本土化的追求。北京政府时期,民法基本上沿用了清

---

① 谢振民编著:《中华民国立法史》,中国政法大学出版社2000年版,第756页。
② 关于亲等计算方法的差异,可以参见谢振民编著:《中华民国立法史》,中国政法大学出版社2000年版,第781—782页。
③ 杨鸿烈著:《中国法律思想史》(下册),商务印书馆1998年版,第360页。

末修律中产生的《现行刑律》中有关民事问题的规定。其于本土化方面,虽然有所发展,但成效并不理想。而南京国民政府的民法,对于本土化,则远较以前成绩为突出。

首先,在南京国民政府民法法典起草过程中,为了使新的法典适应中国本土国情,曾经进行有关民事习惯调查研究的工作。关于这一点,杨幼炯曾有这样一段记述:"至关于亲属继承两编,胡(汉民)、林(森)两院长因关系本党党纲及各地习惯甚大,非详加审慎,诚恐多所扞格,提请由中央政治会议制定原则。嗣经中政会第二二〇次会议讨论,并经决议,交法律组审查。第二三六次会议决议亲属编立法原则,于十六年七月二十六日发交立法院遵照起草。该院民法起草委员会为慎重起见,特先商同院统计处,制定调查表多种,发交各地征求习惯,复就前北京司法局之《习惯调查报告会书》妥为整理,并将各种重要问题分别交付该会各委员、顾问、秘书、编修等,比较各国法制详加研究。"由此可见,南京国民政府在起草民法法典的过程中,对于法律本土化工作是比较重视的。

其次,新民法典吸收和有意保留了一些中国固有法律传统中比较优良,又比较重要的法律制度。其中,关于典权的规定,典型地反应了这一点。

典权制度是中国古代形成的具有民族特色的一个民事法律传统。元、明、清时期的法律对此都设有相关条款。清末修律中产生的民法第一次草案没有规定典权,实际上将其混同为不动产质。北京政府时期编制的民法第二次草案则恢复了这一制度。而新民法《物权编》用第八章一章共计17条来规定典权制度(自第九百一十一条至第九百二十七条)。可见其对这一传统民事制度的重视。

关于新民法的这一做法,《中华民国立法史》的作者谢振民曾予以详尽之分析:

"我国习惯无不动产质,而有典,二者性质不同。盖不动产质为担保债权,出质人对于原债务仍负责任,苟质物价格低减,不足清偿,出质人仍负清偿之责,而典则否。质权既为担保债权,则于出质人不为清偿时,只能将质物拍卖,就其卖得全额而为清偿之计算,无取得其物所有权之权利,典则用找贴方法,便可取得所有权。二者比较,典之习惯,实远胜于不动产质。"①

---

① 谢振民编著:《中华民国立法史》,中国政法大学出版社2000年版,第772—773页。

第四章 中华民国国民政府(1928—1949年):中国近代法律体系的形成

另外,新民法在一定范围内保留了中国固有之家庭和家族的制度,将其规定为二章,即《亲属编》之第六章《家》和第七章《亲属会议》,共计有16个条文(从第一千一百二十二条到第一千一百三十七条)。其中《家》一章规定了家长及其权利,特别是对于未成年子女及家属的权利。《亲属会议》一章规定了亲属会议的组成及运作方式等问题。这些规定,刻意摹仿中国古代有关家长权与族长权的法律传统,但是其相关权利,则比传统社会中之家长及族长的权利要小得多。这些规定,有助于保持家庭的敦睦和谐,家族的繁荣昌盛。其重视家庭与家族的价值,不仅体现于民法,在刑法上也有所体现。

"中国古代没有独立的民法典。在对于有关民事关系的法律调整方面,主要适用其他法律中的相关条款。同时,礼和习惯以及在各宗族共同体内部生效的宗族法等规范,在调整民事关系方面,也起到极其重要的作用。基于涉及民事关系的法律、礼、习惯、宗族法等规范,形成了一些具有典型民族特色的民事传统。《民法》在一定程度上保留了这些传统,其中,既有一些符合当时国情民风、对于确立更易为中国社会所接受的民事法律体系具有积极意义的内容,也有一些迁就历史惰性、不利于社会进步和制度更新的糟粕。"① 关于这一点,在后面的评论中,笔者将进一步予以分析。

2. 刑法

(1) 南京国民政府时期刑事法律的发展概况。南京国民政府时期,曾制定实施了两部刑法。

1927年4月,南京国民政府司法部长王宠惠在研究1919年北京政府所订之《改第刑法第二次修正》提出修改意见,并提出《刑法草案》。后经过修改,1928年2月,国民党中央常务委员会通过该草案。国民政府于1928年3月10日公布,并定于7月1日实施。② 这部刑法通常称为1928年《中华民国刑法》。相对与1935年刑法,也叫做"旧刑法"。

1928年《中华民国刑法》公布实施以后,原来施行的多种特别刑事法令

---

① 朱勇主编:《中国法制史》,法律出版社1999年版,第591页。
② 这部刑法的实际施行时间,后有所变动。根据《中华民国立法史》的记录,"《中华民国刑法》本经国民政府明令宣示,以民国十七年七月一日为施行期,旋因《刑事诉讼法》尚在审查中,不及提前制定公布,而该两法实同时施行之必要,司法部乃呈由国民政府提出第75次会议决议展期两月,定自九月一日起施行,并函经第147次政治会议转请中央第152次常务会议决议追认"。其施行时间应为1928年9月1日。见谢振民编著:《中华民国立法史》,中国政法大学出版社2000年版,第914页。

未被吸收入该刑法。不仅如此，以后国民政府相继制定颁布一些新的单行刑事法律法规。于是修改此刑法的问题，就被提到议事日程。1932年国民党第四届二中全会提出"划一刑法案"。① 当时，外国一些刑事立法的成果引入国内，立法院也着手修改刑法。到1934年11月刑法修正案通过立法院三读。1935年1月1日国民政府修正公布，同年7月1日施行。此即为1935年《中华民国刑法》，相对于1928年旧刑法，也称新刑法。该法分为两编47章，共计357条。② 1948年1月7日，总统令修正公布第五条条文。③

(2) 刑事法律对国际化的追求。南京国民政府时期的刑法，产生于国际刑法发展变化比较频繁的时期。在国民政府立法院刑法起草委员会关于起草新刑法的报告中，有这样一段文字说明：

"年来刑事学理，阐发益精，国际刑法会议，复年年举行，因之各国人民刑事立法政策，自不能不受其影响。变动较大者，为由客观主义而侧重于主观主义，由报应主义而侧重于防卫社会主义。然各国社会环境不同，修改法典，自按照实际需要，在可能范围内力求推进，绝不能好高骛远，标奇立异。现行法施行数年，既已于一般法官及民众心理之中，自不宜多事变动，故本会一方参酌最近各国立法例，如1932年波兰《刑法》，1931年之日本《刑法修正案》，1930年之意大利《刑法》，1928年之西班牙《刑法》，1927年之德国《刑法草案》，1926年之《苏俄刑法》等，以资借镜。一方复依据考察所得，按照我国现在法官程度、监狱设备、人民教育及社会环境等实在情形，就现行法原有条文，斟酌损益，以期尽善。"④

---

① 谢振民编著：《中华民国立法史》，中国政法大学出版社2000年版，第916页。
② 第一编总则，第一章法例，第二章刑事责任，第三章未遂犯，第四章共犯，第五章刑，第六章累犯，第七章数罪并罚，第八章刑之酌科及加减，第九章缓刑，第十章假释，第十一章时效，第十二章保安处分。第二编分则，第一章内乱罪，第二章外患罪，第三章妨害国交罪，第四章渎职罪，第五章妨害公务罪，第六章妨害投票罪，第七章妨害秩序罪，第八章脱逃罪，第九章藏匿人犯及湮灭证据罪，第十章伪证及诬告罪，第十一章公共危险罪，第十二章伪造货币罪，第十三章伪造有价证券罪，第十四章伪造度量衡罪，第十五章伪造文书印文罪，第十六章妨害风化罪，第十七章妨害婚姻及家庭罪，第十八章亵渎祀典及侵害坟墓尸体罪，第十九章妨害农工商罪，第二十章鸦片罪，第二十一章××罪，第二十二章杀人罪，第二十三章伤害罪，第二十四章堕胎罪，第二十五章遗弃罪，第二十六章妨害自由罪，第二十七章妨害名誉及信用罪，第二十八章妨害秘密罪，第二十九章窃盗罪，第三十章抢夺、强盗及海盗罪，第三十一章侵占罪，第三十二章诈欺背信及重利罪，第三十三章恐吓及掳人勒赎罪，第三十四章赃物罪，第三十五章毁弃损害罪。
③ 韩秀桃、张德美、李靓编著：《中国法制史》(教学参考资料)，法律出版社2001年版，第773页。
④ 谢振民编著：《中华民国立法史》，中国政法大学出版社2000年版，第921—922页。

第四章 中华民国国民政府(1928—1949年):中国近代法律体系的形成

这一段文字说明,对于新刑法国际化一方面,清楚地揭示出来。其中仅提到的当时国际范围内的新刑法或草案,就有六部。中间提到的国际刑法会议(比较准确的说法是国际刑罚会议),中国也曾派代表参加。中国的新刑法受到其影响,就可想而知。①

根据前段文字,新刑法对于当时世界刑法最新之成果——保安处分的理论,有较多的采纳。

所谓"保安处分",既是一种刑法理论,也是一种刑法制度。18世纪末,德国学者克莱因在其著作《保安处分的理论》中,最早对此进行理论说明。后来刑事人类学派、刑事社会学派的实证学派的代表人龙勃罗梭、菲利、李斯特等,运用自然科学和社会科学的综合方法,对犯罪和刑罚问题进行实证研究,提出刑法的目的在于保卫社会安全,犯罪是自然因素和社会因素相互作用的结果,刑罚的本质是对犯罪人进行教育和改善,刑罚不是处罚犯罪的惟一方法。上述理论为保安处分的奠基和发展作出杰出的贡献。作为一种刑事制度,1893年的《瑞士刑法草案》最早运用。20世纪盛行于世界各国。②

在南京国民政府的1935年《刑法》中,特增设"保安处分"专章(第十二章),以加强对于特定犯罪和犯罪人的特别预防。其将保安处分分为七种,包括感化教育处分、监护处分、禁戒处分、强制工作处分、强制治疗处分、保护管束处分、驱逐出境处分等。新刑法为保安处分设立共计14个条文(从第86条至第99条),可见其对于该问题,是相当重视的。

新刑法对于男女平等的法律原则,贯彻相对比较彻底。在1928年的刑法中,通奸罪仅适用于有妇之夫,而对于有夫之妇则不予处罚。新刑法将这两种情况都加以制裁,体现出了男女平等的精神。1935年《刑法》第239条规定:"有配偶而与人通奸者,处一年以下有期徒刑。其相奸者,亦同。"

此外,对于当时国际刑法学界的一般进步成果,新刑法也都予以吸收。

---

① 国际刑罚会议起源于1872年美国政府发起的万国监狱会议,1930年于捷克的布拉格举行第十届会议更名为国际刑法及监狱会议。简称为国际刑罚会议。此次会议对于保安处分之方法及其体系,均完全确立。中国派代表刘克俊出席会议。参见何勤华:《法的移植与民国时期中国刑法的变迁》,载何勤华、李秀清著:《外国法与中国法——20世纪中国移植外国法反思》,中国政法大学出版社2003年版,第420页,注释43。刘克俊为1931年国民政府成立刑法起草委员会的五个委员之一。另四人为:史尚宽、郗朝俊、蔡瑄、罗鼎。参见谢振民编著:《中华民国立法史》,中国政法大学出版社2000年版,第920页。

② 参见王启富、陶髦主编:《法律辞海》,吉林人民出版社1998年版,第1270—1271页。

如罪刑法定的原则,从旧兼从轻的原则。① 新刑法对于使人为奴隶者,亦列为犯罪予以处罚(第 5 条)。

(3) 刑事法律对本土化的追求。1935 年的《中华民国刑法》在追求法律的国际化的同时,对于本土化方面也注意较多。

1931 年刑法起草委员会成立之初,该组织就提出起草刑法在依据最新学说,并采择世界各国最新立法例的同时,尤其应对于我国刑法实施上出现的实际问题,"周咨博访,以期斟酌妥善,特呈请立法院咨司法院转饬司法行政部、最高法院及各级法院、各省律师公会拟具改订刑法意见,以备采择。"② 不仅如此,刑法起草委员会为使新刑法修正案切合实际,易于施行,各起草委员会先后赴天津、济南、北平、洛阳、西安、苏州、无锡、上海、杭州等地进行司法状况和监狱情形的实地考察,并征询各界对于现行刑法的意见,以供刑法修正时采用。③ 在 1934 年立法院审查刑法修正案之前,刑法起草委员会又将《刑法修正案》初稿刊印分发至各报馆、法学杂志社、大学、各地律师公会,并咨送司法行政部发交各级法院,征集对于该稿的批评或意见。④ 由此可见该委员会对于刑法起草的本土化,是作了大量工作的。

在本土化方面,新《刑法》最突出的表现为,对于侵犯直系血亲尊亲属的犯罪行为,处罚较一般行为要重。刑法对于直系血亲尊亲属实施诬告、伤害、遗弃、妨害自由等犯罪行为,要比侵犯一般人加重刑罚二分之一。对于普通人施用暴力未致伤者,一般不视为犯罪,但对于直系血亲尊亲属则以犯罪论处。普通杀人罪法定最低刑为十年以上有期徒刑,对于直系血亲尊亲属者,则最低处罚为无期徒刑。对于直系血亲尊亲属犯有侵害尸体、发掘坟墓等罪,加重其刑罚二分之一。⑤

对于年龄比较小或者比较大的人犯罪,采用矜宥,而不适用尤其是不适用重刑(死刑或无期徒刑),是中国古代刑法人道主义思想的体现。新《刑法》第六十三条对于未满 18 岁或已满 80 岁者,规定不得适用死刑或无期徒刑。但是对于未满 18 岁而杀害直系血亲尊亲属的除外。

新《刑法》第 41 条至第 44 条规定了三种替代刑罚,即易科罚金、易服劳

---

① 第一条规定:行为之处罚,以行为时之法律有明文规定者为限。第二条规定:行为后法律有变更者,适用裁判时之法律。但裁判前之法律有利于行为人者,适用最有利于行为人之法律。
② 谢振民编著:《中华民国立法史》,中国政法大学出版社 2000 年版,第 920 页。
③ 同上。
④ 同上书,第 921 页。
⑤ 关于上述内容,可见《中华民国刑法》(1935 年)第 250、271、272、280、281、294 诸条。

第四章　中华民国国民政府(1928—1949年):中国近代法律体系的形成

役、易以训诫。并规定了具体的适用条件。中国古代刑法中,有"赎刑"一种。新《刑法》的上述规定,实际有采择之意。对此,《中国近代立法史》一书中曾说,由于"各地监狱轻犯拥塞,其有关监狱生活与清洁,至巨且大",单纯依靠"大赦"这种特殊情形,不足以解决问题。因此,修改刑法必须考虑监狱建设的实际情况。① 由此可见,新《刑法》关于替代刑罚的规定,是基于实际情况的一种衡量。

3. 民事诉讼法

1922年以后,中国实际通行两部民事诉讼法律。南京国民政府统一中国以后,决定尽速起草统一的诉讼法。

1928年南京国民政府立法院拟定《民事诉讼法草案》5编。1930年9月,《民事诉讼法》第一编至第五编第三章全部通过。并于12月26日公布。受到民法中亲属与继承法编的影响,《民事诉讼法》第五编第四章到1930年底才制定出来,并于1931年2月13日公布。至此,《民事诉讼法》全部完成。1932年5月20日起施行。②

1931年的《中华民国民事诉讼法》施行后,到1934年4月,司法行政部向行政院提出修改意见。立法院对修改草案审议通过。1935年2月1日公布,是年7月1日起实施。此为《新民事诉讼法》。③ 1945年12月26日国民政府修正公布,同日施行。④ 该法分为九编,共计636条。⑤ 此外,1930年1月20日,国民政府公布《民事调解法》,并于次年1月1日起实施。⑥

1935年的《民事诉讼法》是对1930年《民事诉讼法》的修改。而1930年的"《民事诉讼法》系以《民事诉讼条例》(由北京政府1922年制定生效)为蓝本,加以删改而成"。⑦

《民事诉讼法》所采用的诉讼原则,除了言辞审理与书状审理相结合、自由心证与法定程序证据相结合、公开审理与秘密审理相结合原则外,还有在

---

① 杨幼炯著:《近代中国立法史》,商务印书馆发行1936年版,第383页。
② 谢振民编著:《中华民国立法史》,中国政法大学出版社2000年版,第1003页。
③ 同上书,第1012页。
④ 韩秀桃、张德美、李靓编著:《中国法制史》(教学参考资料),法律出版社2001年版,第785页。
⑤ 第一编总则,第一章法院,第二章当事人,第三章诉讼费用,第四章诉讼程序。第二编第一审程序,第一章通常诉讼程序,第二章简易诉讼程序。第三编上诉审程序,第一章第二审程序,第二章第三审程序。第四编抗告程序。第五编再审程序。第六编督促程序。第七编保全程序。第八编公示催告程序。第九编人事诉讼程序,第一章婚姻事件程序,第二章亲子关系事件程序,第三章禁治产事件程序,第四章宣告死亡事件程序。
⑥ 谢振民编著:《中华民国立法史》,中国政法大学出版社2000年版,第1034页。
⑦ 同上书,第999页。

诉讼程序上,以不干涉主义为主,干涉主义为辅助。判决基础以两造审理为主,一造审理为辅助。证据的取得以直接审理为主,间接审理为辅助。诉讼的参与以本人诉讼为原则,代理诉讼为例外。诉讼行为以自由顺序主义为主,以法定顺序主义为例外。①

4. 刑事诉讼法

1928年7月公布的《刑事诉讼法》分为9编513条,同年9月起施行。该法以北京政府的《刑事诉讼条例》为基础修改而成。后经过修改,于1935年1月公布了第二部《刑事诉讼法》,共有9编25章,共计516条。② 同年7月起施行。1945年12月26日,国民政府修正公布,同日施行。③

根据学者研究,1935年《刑事诉讼法》约有60余条是前法没有的。④ 而这些条款主要是追随20世纪20—30年代世界刑事诉讼法的成果。

这部《刑事诉讼法》所包括的诉讼法律原则主要有:

在起诉上兼采法定主义与任意主义。在审判进程上以职权主义为原则,以处分主义为例外。在证据上采用实体真实发现主义,即法院对于案情,虽得原被告人之陈诉及其所提出的证据,仍需自探事实之真相,务必不为当事人意思所左右。法庭不采取形式真实发现主义,一面对于事实及证据为当事人意思所拘束。在诉讼资格的取得上,兼采直接审理主义与间接审理主义。直接审理主义即诉讼资料由审理法院直接调查与审理,其证据及对当事人的调查或讯问均以其他机关的报告作为诉讼裁判的资料。但是,如果完全遵循直接审理主义,对确定事实也不免有所困难,所以兼采间接审理主义。在对当时人的审讯方面,以言辞审理主义为主,兼采书面审理主义。言辞审理易于法官察言观色,获得事实真相,而免于书面记载的谬误。但是,第三审的判决不经言辞辩论,即采取书面审理主义。在证据的效力方面,兼采自由心证主义和法定主义。自由心证主义就是审判官自由判

---

① 程维荣著:《中国审判制度史》,上海教育出版社2001年版,第222页。
② 第一编总则,第一章法例,第二章法院之管辖,第三章法院职员之回避,第四章辩护人辅佐人及代理人,第五章文书,第六章送达,第七章期日及期间,第八章被告之传唤及拘提,第九章被告之讯问,第十章被告之羁押,第十一章搜索及扣押,第十二章勘验,第十三章人证,第十四章鉴定及通译,第十五章裁判。第二编第一审,第一章公诉,第二章自诉。第三编上诉,第一章通则,第二章第二审,第三章第三审。第四编抗告。第五编再审。第六编非常上诉。第七编简易程序。第八编执行。第九编附带民事诉讼。
③ 韩秀桃、张德美、李靓编著:《中国法制史》(教学参考资料),法律出版社2001年版,第796页。
④ 何勤华:《西方模式的选择与中国司法的现代化》,载《外国法与中国法——20世纪中国移植外国法反思》,中国政法大学出版社2003年版,第504页。

第四章　中华民国国民政府(1928—1949年):中国近代法律体系的形成

断证据的效力与取舍,而不受法律规定的约束。这虽然没有固定依据,仍然可以得到事实真相。至于法定主义虽然可以避免法官的专横滥证,但缺少伸缩余地。在审理方式上,以公开审理主义为主,而辅之以秘密审理。最后,在原被告两造的诉讼地位上,采取当事人同等主义。双方权利义务对等。①

此外,比较重要的刑事诉讼法,还有1929年8月公布的《最高法院组织法》②,1932年10月28日,国民政府公布《法院组织法》,改四级三审制为三级三审制,废除初级管辖与地方管辖的区分,使审级趋于简单。③ 这一时期国民政府还颁布一些刑事诉讼法类单行法规,包括1928年10月公布之《共产党人自首法》、1929年12月公布之《反革命案件陪审暂行法》。④ 此外还有《戡乱时期危害国家紧急治罪条例》、《惩治走私条例》、《羁押法》、《监狱行刑法》等。⑤

5. 行政法

南京国民政府时期,行政法的发展又出现一个活跃期。这一时期出现的行政法分为三种:即内政、财政和经济类。

内政方面的有:《著作权法》,1928年公布;《国籍法》,1929年2月公布;《工会法》,1929年10月公布;《渔会法》,1929年10月公布;《工厂法》1929年12月公布;《劳资争议处理法》,1930年3月公布施行;《诉愿法》,1930年3月公布施行;《土地法》,1930年6月公布;《团体协会法》,1930年10月公布;《出版法》,1930年12月公布施行;《农会法》,1930年12月公布施行;《工厂检查法》,1931年2月公布;《户籍法》,1931年12月公布施行。

财政方面的主要有:《银行法》,1931年3月公布;《营业税法》,1931年6月公布施行。

经济方面的主要有:《渔业法》,1929年11月公布;《商标法》,1930年5月公布施行;《矿业法》,1930年5月公布施行。⑥

此外还有《货物税条例》、《标准法》、《国家标准制定办法》、《电业法》、

---

① 程维荣著:《中国审判制度史》,上海教育出版社2001年版,第221—222页。
② 谢振民编著:《中华民国立法史》,中国政法大学出版社2000年版,第1038页。
③ 张晋藩主编:《中国百年法制大事纵览》,法律出版社2001年版,第106页。
④ 朱勇主编:《中国法制史》,法律出版社1999年版,第565页。
⑤ 同上书,第570页。
⑥ 同上书,第566页。

《专科学校法》、《戡乱时期邮政抽查条例》、《维持社会秩序暂行办法》等。①

南京国民政府时期，大量行政法的制定，为新政府的各种行政行为规范化提供了法律保障，同时也有助于加强政府对社会的控制和国家权力的集中。

(二) 一个体系，两种制度

1. 两种法律制度的并存

在南京国民政府时期，国民党主导的中央政府积极进行六法体系的建设。几乎与此同时，在这个法律体系内部还存在另外一种法律制度。这就是中国共产党的实际控制区域所实施的法律制度。② 这样看来，在国民政府时期内，曾经一度存在"一个体系，两种制度"。③

2. 六法全书的废除

1949年2月，中共中央发布《关于废除国民党的〈六法全书〉与确定解放区的司法原则的指示》废除了国民政府的整个法律体系，重新建设新民主主义的法律体系。④——历时近半个世纪建立起来的"六法全书"就这样轻而易举地被废除了。

南京国民政府时期的法律近代化运动，是中国法律近代化的第三个发展阶段。回顾此前法律近代化事业的发展，可谓波澜壮阔，跌宕起伏，成绩卓著，但也来之不易。回首历史，清朝末年，中国政府在新政过程中，全面启动修改法律的事业，中国传统法律体系——中华法系趋于瓦解，中国法律近代化开始，中国近代法律体系进入探索、形成时期。经过短暂的中华民国临时政府，北洋军阀控制中国中央政府，继续了对法律近代化的追求，近代法律体系继续发展。但是由于政权频繁更迭，局势不稳定，法律近代化运动十分不顺利，其中取得的一些重要成果没能够保持。南京国民政府成立以后，立足本国国情，在吸收西方先进法律成果，并保留中国固有法律传统的

---

① 朱勇主编：《中国法制史》，法律出版社1999年版，第570页。
② 需要说明的是，自中国共产党成立以后，到1949年中华人民共和国的成立，共产党建立的政权，比较早的是1931年在江西瑞金成立的中华苏维埃共和国中央工农民主政府。这一政权是不隶属于国民政府的。1937年卢沟桥事变发生以后，中国社会进入全面抗战时期。1939年，以国共合作作为基础的抗日民族统一战线形成。中华苏维埃共和国陕甘宁革命根据地政府正式改名为：中华民国特区政府陕甘宁边区政府，隶属于国民政府。
③ 关于中国共产党政权所施行的法律制度，可以参考朱勇主编：《中国法制史》，法律出版社1999年版，第十九章"南京国民政府时期的法律"第五节"人民民主革命政权的法律"。
④ 张晋藩主编：《中国百年法制大事纵览》，法律出版社2001年版，第158页。

第四章　中华民国国民政府(1928—1949年)：中国近代法律体系的形成

基础上,加快了法律近代化的历程,中国法律近代化事业进入一个新的时期。从1902年清政府下诏变法,次年成立修订法律馆,到1947年《中华民国宪法》生效,经过近代半个世纪的艰辛努力,一个由宪法、民法、刑法、民事诉讼法、刑事诉讼法和行政法等六个部门法组成的,具有近代特征的比较完整的法律体系——六法体系基本上建立起来。1949年,六法体系的废除,中国法律近代化暂告一段落,中国法律的发展进入一个新的历史时期。

下 卷

中国近代法律体系的成就

第五章　中国近代法律体系的国际化

> 我真诚地希望,在将来的某一天,这个世界上的各国政府和人民能够就最符合人类需要和愿望的社会和经济制度的问题取得了比今天更为一致的意见。如果能够实现这一点,那么现在烦扰国家间关系的两极分化问题就会给人类采取这样一种政策让路,即努力协调个人的目的与社会的目的并全力促进经济繁荣、文化发展和世界和平。
>
> ——埃德加·博登海默[①]

一、国际化与法律体系的世界主义

(一) 法律体系国际化的意义

从某种意义上看,任何一种法律都是世界性的。因为任何一种法律,作为一种文化现象,自其产生以后,都可能向外传播。这种传播如果超出本民族的范围,便成为世界性的法律文化。即使向外传播,或者其传播的范围没有达到超越本民族的程度,也同样具有相对的世界性意义。这是因为,当外来法律文化向本民族传播时,可能会遇到这种本土法律文化的自然抵触。这时候,两种法律文化的较量,便不可避免。这种较量,不是普通意义上的法律竞争,而是法律文化在国际范围内的竞争,从而是具有世界意义的。在这种情况下,便会发生法律的国际化问题。[②]

所谓法律的国际化,"是指在法律文化的传播与交流的历史进程中,各个主权国家的法律制度蕴涵着世界法律文明进步大道上共同的基本法律准则,使各国法律制度在某些方面彼此接近乃至融合,进而形成一个相互依

[①] 埃德加·博登海默,美国现代法学家,"综合法学"的代表人。此处引文出自他的《法理学:法律哲学与法律方法》一书,中国政法大学出版社1999年版,"作者致中文版前言"。

[②] 法的国际化与法的世界化或者全球化,有一定的联系,但是不完全相同。国际化不同于全球化,二者在程度、范围上可能都存在差别。如果国际化的范围比较大,则可以认为与世界化或是全球化等同。全球化或世界化都不是绝对的。但是国际化则普遍存在。本文如果没有特别说明,可以认为这三个概念含义一致。

存、相互联结的国际性的法律发展趋势。"① 简单地说,法律国际化,就是法律在国际范围内的交流和传播,从而使法律具有世界性的特征的过程和现象。法律的国际化,也可以泛指一切本土的法律文化,超越本民族,而向其他民族传播,或者不同民族之间的法律文化相互交流与融合的过程或现象。法律的国际化,是一种重要的法律文化现象,具有重要的文化价值和学术意义。

法律的国际化,是一种古老的文化现象,是一个古老的法律问题。在古罗马,当其版图不断扩大,逐渐发展成为一个帝国时,法律的国际化问题就随即产生。古罗马本土施行的是市民法,这种法律是属人主义的,无法适用于非罗马人。但是在罗马帝国的范围内,有许许多多的非罗马民族和非罗马人,后来这些居民都取得了罗马公民权,亦即成为罗马人。这时候,原来仅适用于罗马原始居民的市民法就不能够解决原始的罗马人与后来取得公民权的罗马人,以及各种非原始的罗马人之间的法律纠纷。于是,一种新的法律——万民法就产生了。②

在这个过程中,古老的罗马市民法,就具有一种特殊的世界意义。它成了整个罗马法——一种世界性的法律体系内部具有特殊地位的法律组成部分。它的发展,也受到万民法的影响,与万民法一起调整罗马帝国的法律事务。同样,万民法更具有世界性的意义。它的产生是借鉴不同民族的法律——那些法律原本只是在本民族内部适用的,现在用于处理罗马帝国范围内不同民族之间的事务。这样一来,古罗马的这两种法律——市民法与万民法都发生了国际化的问题。

类似情况在古代中国同样发生过。在唐朝时期,中国的法律文化较之周围的地区更为发达。在这种情况下,唐朝的法律便向四周传播。同时期的日本、高丽、越南等民族和地区,都受到中国法律文化的影响。③ 其结果,一个以中国为中心,包括周边若干个受中国法律文化影响的民族(国家),就形成一个法律的文化群落——中华法系。

如果说在古代法律文化的发生发展过程中,法律的国际化仍不是一个普遍的现象,那么,到了近代民族国家——主权国家出现以后,这种法律文

---

① 钱弘道著:《中国法学向何处去》,法律出版社 2003 年版,第 403 页。
② 〔意〕彼德罗·彭梵得著:《罗马法教科书》,中国政法大学出版社 1992 年版,第 13 页。
③ 关于中国法律在这一时期对周边国家的影响,可参见杨鸿烈著:《中国法律对东亚诸国之影响》一书,中国政法大学出版社 1999 年版。

化现象就特别突出。这是因为,东西方各民族之间的文化交流日趋频繁,法律文化也随之在不同民族之间传播。其中,英国的法律和法国的法律向外传播最为突出,最终形成西方两大法系——海洋法系与大陆法系。①

法律的国际化与法律的文化属性有内在联系。法律作为一种文化现象,是人类文明共同的选择和创造,是人类社会的生息繁衍必不可少的事物。追求法律的典型价值,导致人类对法治的共同理想。从某种意义上说,正是这一共同理想,决定法律国际化的必然性。"法顺应国际社会的法律合作、交流、融合乃至局部统一的趋势,这是人类共同活动和共同理性对法的要求。任何历史类型的法律,都有其产生的必然性,因而也都程度不同地凝结着人类的智慧和创造,具有全人类的价值。从文化角度讲,法律文化显然是民族的,但文化却是没有国界的。各民族就是在广泛的文化交流中通过各种文化的冲突、竞争和筛选,寻找适合于本民族发展的文化形态。法律全球化、国际化或者共同法的最根本最深厚的价值底蕴就是对法治理想的追求"。②

任何民族的法律都具有一定的体系性。③ 在这个意义上说,任何法律体系都具有国际化的属性,只是其程度不同而已。在近代,由于世界范围内政治、经济诸方面的联系加强,法律体系的世界性与国际化的程度都在相应增长。这些法律近代化的背景因素,决定了法律近代化往往与法律体系的国际化与世界性密切相关。从一定意义上看,法律近代化的过程,就是一个法律体系的国际化不断增长的过程。

(二) 法律移植与法律体系的国际化

在法律近代化的过程中,一个导致法律体系国际化增长的基本途径是

---

① 关于英国法的对外传播,可以参考何勤华主编:《英国法律发达史》,法律出版社1999年版,第42—47页。关于法国法的对外传播,可以参考何勤华主编:《法国法律发达史》,法律出版社1999年版,第39—44页。
② 钱弘道著:《中国法学向何处去》,法律出版社2003年版,第403页。
③ 关于法律体系的概念与标准的争论,几乎是必然的。目前人们可能还难以确定惟一的答案。本文认为,一个比较成熟的民族,一般地说是有一个相对完整的法律体系的。法律体系反映一个社会的组织化程度。在一个社会化与组织化程度比较高的民族或地方,法律往往都是必需的。相关的讨论可以参考〔英〕约瑟夫·拉兹著:《法律体系的概念》,中国法制出版社2003年版。

法律移植。①

所谓法律移植,通俗地说,就是法律从一个国家或地方移植到另外一个国家或地方。"法律移植,通常被认为是特定国家(或地区)的某种法律规则或制度移植到其他国家(或地区)。"② "法律移植,是指一个国家或地区,将其他国家或地区的法律(体系或内容或形式或理论)吸纳到自己的法律体系之中,并予以贯彻实施的活动。"③

法律移植这一法律现象存在的根源在于以下两种事实:第一,任何一种法律制度,就其产生发展的历史来看,总是在某一方面特定地方展开的。可能是在一个民族,也可能是在一个地方。总之,一项法律制度必然具有一定的民族性与地方性。"人类早期文明的相对独立性,为文化发展的多元性打下了基础,而中古以后文明发展的交流、沟通,又为文化发展的一体化创造了条件。当然,这种多元性、一体化,均是一段时间文化发展的整体态势。在具体的民族、国度、社会里,其文明发展的路径又展现出多样性。文明发展的一体化特色和趋势,为法律移植提供了可能。"④

法律移植的第二个原因,在于不同国家或地方的法律制度之间总是存在发展程度的差异或是高低。一般地说,法律移植总是由法律文化发展程度相对较高的地方流向发展程度较低的地方。如果这两个地方的法律制度发展程度差别不大,除非受到强制性因素的影响,一般不会发生移植问题。意大利比较法学家 R.萨科提出,法律增长的一个最重要方面是"模仿",模仿的原因有两种,一是强加,一是声望。前者是指一国在征服别国后在别国强行实行本国的法律,后者是指其所移植的法律显然具有较高质量而被其他国家或地区自愿接受。⑤ 其实,在前者被强制施行的情况下,负责实行移植的一方所推行的法律制度,也往往具有某种相对的优越性,或者说至少在推行者看来是这样的。

---

① 目前中国学术界关于法律移植问题的研究已经取得相当重要的成绩。这方面的著作与论文集有:《外国法与中国法——20世纪中国移植外国法反思》(何勤华、李修清著,中国政法大学出版社2003年版);《法的移植与法的本土化》(全国外国法制史研究会学术丛书,何勤华主编,法律出版社2001年版);《探索与抉择——晚清法律移植研究》(张德美著,清华大学出版社2003年版);《比较法学文萃》(米键主编,法律出版社2002年版)一书中亦有部分论文涉及此问题。论文从略。

② 沈宗灵:《论法律移植与比较法学》,载《外国法译评》1995年第1期。

③ 何勤华:《关于法律移植的几个基本问题》,载《法的移植与法的本土化》(全国外国法制史研究会学术丛书,何勤华主编,法律出版社2001年版),第537页。

④ 张德美著:《探索与抉择——晚清法律移植研究》,清华大学出版社2003年版,第7页,朱勇"序"。

⑤ 张德美著:《探索与抉择——晚清法律移植研究》,清华大学出版社2003年版,第4页。

总之，随着人类历史的共同发展，一个以法律移植为主要途径的法律增长的地图已基本呈现在我们的面前。"法律移植是不同文明之间的法律制度互相借鉴与取舍的过程，只要此国家与民族和彼国家与民族发生了关系（这种关系无论是表现为友好还是武力征服），都将会造成文化上的冲突与融合的过程。自有国家以来，几乎任何形式的法律文化都避免不了法律之间的移植问题，因为其大前提是国家民族的文化有互动的关系。历史发展到今天（除极个别与世隔绝的部落之外），几乎无法想像存在有不受他国影响或世界文化大潮影响的国家，所以说法律移植是国际文化交流背景下所产生的一种必然现象。"[①]

二、中国法律近代化与法律国际化

（一）法律移植是中国法律近代化的一个基本途径

中国传统法律，基本是在一个相对封闭的文化与地理环境中存在与发展的。中国儒家、法家、道家、墨家等的传统学术思想，为中华法系的形成提供了相对丰赡的知识资源。中国广袤的地理面积与宜人的气候，形成相对封闭而自足的自然地理条件。中国法律史上虽然受到佛教的影响[②]，但是，其影响仅限于狱讼观念、刑忌等，对于法律制度本身，则影响不大。

近代西方国家的入侵，一方面使中国处于西方殖民主义的政治、经济与文化的笼罩之下，中国自身的发展受到极大的限制。但是，另一方面，客观地说，西方文化——包括法律文化的东来，东西方法律文化的近距离接触，同样提供一个中西法律文化交流、融合的历史契机。这一契机对于相对落后的中国方面来说，更为重要和难得。"从历史中可以清楚看到，中国法制现代化的历程与外来的影响是密不可分的。19 世纪以来，中华文明与西方文明的接触和碰撞，使国人逐渐了解到如要挽救中华民族亡国的厄运，就必须让中华文明脱胎换骨地重生。中华文明要向西方学习，不只是因为西方的船坚炮利，也是因为与西方的政治、经济和法律体制相比较，中国传统的体制相形见绌。在法制的范畴，中国法制现代化注定被西化，大幅度'移植'

[①] 肖光辉：《法律移植及其本土化现象的关联考察》，载《法的移植与法的本土化》（全国外国法制史研究会学术丛书，何勤华主编，法律出版社 2001 年版），第 111 页。

[②] 有关佛教对我国传统法律的影响，可参阅瞿同祖著：《中国法律与中国社会》第五章《巫术与宗教》，中华书局 1981 年版。

西方的法律概念、原则和规范,不只是因国人渴望丧权辱国的领事裁判权得以早日废除,更是因为西方现代法制的相对优越性和进步性。"①

从近代以来中国自身的情况来看,法律的变革势所难免。不管西方国家是否因为中国修改法律而放弃其治外法权这一殖民主义特权,至少修律对于中国来说是十分必要的。"清朝末年,社会转型,新的社会关系逐渐形成,对以调整社会关系为己任的社会规范也提出新的要求。……而正是在这一时刻,清政府决定全面变法修律,吸收西方法律理论,引进西方法律原则,通过移植,重新构建中国法律体系。由此可见,晚清法律变革,或者说,晚清政府通过法律移植构建新型法律体系,实现法律变革,其中起主导作用的动因,不是来自法律自身,而是来自当时社会内在的法律危机。"② 从本质上说,近代中西法律文化的接触,中国政府为收回治外法权,最终实现司法主权的独立,而试图构造一个全新的法律体系,实际上是一次法律近代化的国际契机。

(二) 法律国际化是中国法律近代化的一个基本目标

"中国法律近代化,就其内容而言,是通过法律移植,摒弃传统的法律理论和法律体系,而吸收西方法律原则,仿效西方法律制度,进而建立一个以西方近代法律学说为内核,以西方近代法律制度为框架的法律体系。"③ 这个论断明确地指出,中国法律近代化是以西方法为近代化的参照标准的,通过移植和引进西方先进法律制度,建立自己的法律体系,努力实现中国法与西方法的国际接轨,实现法律国际化,是中国法律近代化的一个基本任务和目标。

纵观中国法律近代化的整个过程,法律的国际化是一个贯穿始终的核心线索。

晚清法制改革是在遵循"中体西用"的指导思想下展开的,这就决定了修律必须朝国际化目标迈进。这一点,可以说是晚清法制改革的重中之重。修律的国际化,就意味着中国要最大限度地吸收、引进西方国家先进的法律成果,并以此为参照,改良旧律,促进人权,促进自由、民主与文明。因此,国

---

① 陈弘毅:《中国法制现代化的历史哲学反思》,载张晋藩主编:《20世纪中国法制的回顾与前瞻》,中国政法大学出版社2002年版,第16页。
② 张德美著:《探索与抉择——晚清法律移植研究》,清华大学出版社2003年版,第8页,朱勇"序"。
③ 同上书,第7页,朱勇"序"。

第五章 中国近代法律体系的国际化

际化也意味着如何使新律与国际通行的法制文明水准相适应、相接近的问题。这样看来，晚清修律的国际化有两层意思：一是如何吸收与引进西方法律的问题，二是如何以国际通行法律为标准，改良旧律的问题。在这两方面，清政府都做了大量的工作。

清末修律，是在新政的大背景下展开的。修律的一个最基本成果是近代西方宪法原则的引进。宪法是中国固有法律体系中没有的法律部门。近代宪法，完全是西方资本主义发展和启蒙思想的产物。清末在考察英、美、法、德、日、俄等国实行宪法推行宪政的情况下，引进了西方宪法。1908 年中国政府制定的《钦定宪法大纲》就是这一历史性事件的一个成果。其中采纳的宪法原则有三权分立的政府体制、人民享有法定权利的原则、法在君上的法治原则等。这些宪法原则在清末没有确立下来，但是这些原则所代表的新思想，就像吹拂大地的春风，撬开了中国封建社会专制主义的大门，实际上也敲响了顽固腐化的清政府的丧钟。清末部门法的建设，主要也是以引进西方法律为主要方式。其中，民法和民事诉讼法以德国和日本法律为蓝本，刑法和刑事诉讼法着重参考了日本的法律，行政法尤其是《行政纲目》也是参考西方法律制定出来的。清政府通过仿照大陆法系国家的法律制度，"以六个主要部门法组成的中国近代法系开始建立。"①

北京政府时期，中国的法律近代化事业继续向前推进，法律的国际化取得进一步成就。其中，以美国三权分立为基本框架的宪法得到一定的实践，关于人民自由和权利的规定成为各部宪法中不可缺少的条文。总统制和责任内阁制的争执虽然没有取得实效，但是都对中国社会的法治化和民主化进程产生一定的影响。复辟帝制在中国受到普遍的抵制，就是这种宪法观念的重要结果。在部门法方面，北京政府沿着前清政府修律的道路，继续推进以大陆法系六法体系为蓝本的法律建设。民法的《债编》与《物权编》以瑞士的民法为底稿，刑法的发展沿用了前清的大多数规定，民事诉讼法采用奥地利、匈牙利与德国和日本修正后的民事诉讼的一些成果，大量的行政法也是在借鉴西方相应法律部门的基础上产生的。

中华民国南京国民政府建立以后，法律近代化事业取得了较为突出的成绩。从 1928 年到 1937 年短短的十年时间，基本建立起包括宪法、民法、刑法、民事诉讼法、刑事诉讼法和行政法在内的全新的六法体系。清末修律和北京政府法制建设的成绩不仅在相当程度上得以保存和巩固，而且在此

---

① 张晋藩著：《中国法律的传统与近代转型》，法律出版社 1997 年版，第 449 页。

基础上向前推进了一大步。六法体系的形成说明，中国人民有能力依靠自己的力量建设成一个具有国际水准的独立、完整的法律体系。南京政府时期的宪法，以孙中山的三民主义和五权宪法的思想为理论基础。这一时期的部门法尤其得到重视和发展。其民法按照国际流行的社会本位的思想，确立新的民法原则和制度。对于旧的封建传统法律制度，也按照国际化的民法精神予以改进或者废除。关于这一点，近代的学者们都有明确的看法："我国民法虽以三民主义为最高立法原则，但其内容，大多继受自外国，仅有小部分是保留固有法。当时的立法委员吴经熊说：就新民法第一条到第一二二五条仔细研究一遍，再和德意志民法、瑞士民法、瑞士债法对照一下，倒有百分之九十五是有来历的，不是照账誊录，便是改头换面。梅仲协亦说：现行民法采德国立法例者，十之六七，瑞士立法例者，十之三四，而法、日、苏联成规，亦尝撷取一二。王伯琦更明白指出：我们立法上所采纳的，全套是西洋最新的法律制度。"[①] 其刑法更是借鉴日、意、西、德、俄等国的最新刑法思想和制度产生，采用保安处分、男女平等、替代刑罚等刑法原则。其民事诉讼法、刑事诉讼法和行政法等，均在一定程度上采纳了西方法律成果。

综上所述，自清末开始变法修律，到南京国民政府完成六法体系的构建，近半个世纪的法律近代化历程，基本上体现了法律国际化的目标追求。尽管其中挫折和教训很多，但足以磨炼民族志气，砥砺民族精神。中国法律近代化的伟大事业，就是法律体系不断顺应历史的潮流，不断走向政治民主化和经济市场化的历史，就是从封闭走向开放，从立足于国内走向立足于国际的历史。清朝末年的法律改革打破了中国古代"诸法合体"的传统法律体系，中国法律在苦痛和磨难中开始获得新生，展示了一种新的法律文明的发展方向，成为中国法律近代化进程的开端。辛亥革命推翻了统治中国两千多年的封建帝制，创建了资产阶级共和国，宣告了封建专制统治法律秩序的崩溃。此后，中华民国北京政府在清末修律取得成果的基础上，继续推进法律近代化的事业。南京国民政府建立以后，国民党移植西方法律制度特别是大陆法系的法律传统，最终形成了"六法全书"这一近代型的法律体系。至此，历时近半个世纪的法律近代化运动取得历史性的成就。

---

① 陈添辉：《一九一二——一九四九年 民初至一九四九年之法制变化——以民法之制度及施行为例》，载中国法律史学会编：《中国法制现代化之回顾与展望——海峡两岸纪念沈家本诞辰 152 周年国际学术研讨会》（论文集），台湾大学法学院 1993 年出版。

三、中国近代法律体系的国际化成就

自清末开始的法律近代化运动,使中国面临一个伟大的国际契机。以移植西方国家先进法律制度为基本途径的法律近代化事业,在建立起中国自己的近代法律体系——六法体系的同时,其国际化也取得显著成绩。

(一) 中国法律近代化的国际契机

1. 中国法律近代化,提供一个保留中国传统法律,并使之走向世界的历史契机

近代之前,英国一本法学论著曾这样评价中国清政府的法律(《大清律例》),"这部法典最引我们注意的事便是其规定的极近情理,明白而一致——条款简洁,意义显豁,文字平易,全不像别的使人嫌怨的东方好自炫的专制君主那样文饰夸张,但每一条规定都极冷静、简洁、清晰、层次分明,故浸贯充满极能实用判断并饶有西欧法律的精神"[①],这种评价也许多少有一些夸张不实与过誉的成分。但是一位东方人,日本学者仁井田陞曾说:"耶凌[②]谓罗马曾三次征服世界,中国于东方古代之亚细亚,亦曾一度以武力支配之,一度以儒教支配之,一度以法律支配之。"[③] 应该说,这个说法是符合历史的。

然而,到了近代,中国传统法律却遭到西方人的嘲讽,中国人自己也感觉自己的法律不尽如人意,批评的声音一直不曾中断。那么,中国传统法律是否没有一点继续保留的价值呢?——换句话说,中国法律是否应在修律的过程中全盘废弃呢? 对于这一问题,应该肯定地说,全盘废弃是不现实的。而且从清末修律到中华民国国民政府的法律,中国传统的法律因素一直是存在的。这也就是说,中国传统法律,作为中国传统文化的一部分,是有其一定的价值而应予以尊重的。

另一方面,从世界法律文化的并存与发展的角度来看,或者说,从西方

---

① 罗志渊编著:《近代中国法律演变研究》,正中书局印行 1966 年版,第 192 页。
② 即德国法学家耶林(1818—1892 年),民法学家、法律思想家。著有《罗马法精神》(1852 年)、《为权利而斗争》(1872 年)。
③ 参考周世泰著:《中国司法》(1955 年台北司法行政部印行),第 1—2 页。转引自杨与龄:《民法之制定与民法之评价》,载潘维和主编:《法学论集》(《中华学术与现代化》丛书第九),华岗出版有限公司 1977 年版,第 279—230 页。

国家的态度来看,它们固然希望中国最大限度地采用西方化的法律。但是,无论从它们对于自己维持在中国利益的实际需要,还是从这些西方国家在中国的实力,及由此而产生的实际影响来看,中国都不可能完全采用西方化的法律。中国的社会与历史的实际情况是决定中国所能采用西方化法律的限度的惟一尺度。西方国家没有实现在华的完全殖民地化,因此它们不可能像在印度、埃及等完全殖民地国那样,把自己的法律强加于这些国家。实际上,中国是一个巨型的国家,完全采用西方化的法律,着实有许多困难。除非中国愿意,以时间为凭借,经历相当长时期的逐步适应,否则,中国的法律是不可能完全西方化的。

这就是说,在未来世界法律的发展图景中,中国传统法律应当占据一席之地。这里的两个决定性因素——中国自身对于法律变革的态度,与以实力为基础的西方国家对中国传统法律的方式——共同决定了中国传统法律的命运及中国未来法律发展的道路。这条道路,只能是在保留中国传统法律的同时,尽可能地接受西方国家先进的法律制度,至于二者结合的限度是什么,则取决于一系列相关因素,包括法律改革的国际国内境遇、变革与保守的力量对比,等等。

2. 中国法律近代化提供一个中西法律交流与融合的历史契机

中国法律近代化或以清末修律开始的法律变革事业,其基本方式是将中国固有法律与西方近代法律相结合。事实上,这一法律发展的趋势,从近代中西法律的接触之初,就被决定了。

"为治之道,尤贵因时制宜,今昔情势不同,非参酌适中,不能推行尽善"。应当说,清政府的上谕,清楚地表明了中国政府对变革法律的世界形势是看得很清楚的。"地利日兴,商务日广",就是这一新的历史背景中最为重要的因素。为此,"查取各国通行律例","慎选熟悉中西律例者","听候简派,开馆编纂",进行法律变革,就是必然的、必要的,也是积极的应对措施。其目标只能是"切实平允,中外通行","通变宜民"。清政府对沈家本、伍廷芳的任命中,明确规定"将一切现行律例,按照交涉情形,参酌各国法律,悉心考订,妥为拟议,务期中外通行,有裨治理"。这则任命状,实际上清楚地规定了法律变革的最终目的、途径与方法。

这里,法律变革的目标既然是"切实平允,中外通行",其手段必然是中西法律的有机结合。清末修律这一事业,必将是以收回治外法权为主观鹄的而始,而其结果,则必然是以中西法律交流与融合为客观后果而终。因此,清末修律,至少对中国法律的发展而言,实际上提供了一个正当、必要而难得的中西法律交流与融合的历史契机。

在当时的历史条件下,中国可以选择的法律变革资源——变革的背景与参照因素,除了中国固有法律,就是英美法系与大陆法系的法律制度。但是由于英美法系与中国的传统差异较大,这样一来,可供选择的变革资源,就只有大陆法系。另外,一个不可忽视的因素是,中国的法律变革引起一些外国人的兴趣,其中特别是日本。他们不仅对清政府的新政考察团特别用心,而且直接派员参加中国的法律变革。当然,法国、美国的法律专家,在近代中国的法律变革中,都有他们的影子。不管其最初的目的何在,他们都为以中国为中心的中西法律文化的交流与融合做出了一定的贡献。中西法律的交流与融合,不光是中国人的事情,也是西方人的事情。

3. 中国法律近代化,提供一个使中国回归世界的历史契机

在近代,编纂法典本身就是一项"国际竞争事业"。对于中国来说,而加入这项事业,又是"时局"——中国面临的被淘汰出世界历史格局的危险局面——之所需。

1907年(光绪三十三年八月),沈家本在奏折中说:"考泰西十九世纪,学者称为法典革新时代,创之者为法兰西,继之者为希腊、奥地利,近如比利时、德意志、意大利、荷兰、瑞士尤声价之卓著者。君相协谋于上,国民讨论于下,学列专科,人躬撰述。统计法系约分为法德英三派,若日本则又折衷法国与唐明律暨我朝刑律,一进而为模范德意志者也。风气所趋,几视为国际之竞争事业,而中国介于列强之间,迫于交通之势,盖有万难守旧者。国家既有独立体统,既有独立法权,向随领地以为范围。各国通例,惟君主大统领公使之家属从官,及经承认之军队军舰有治外法权,其余侨居本国之人民,悉遵本国法律之管辖,所谓属地主义是也。独对于我国藉口司法制度未能完善,予领事裁判之权。英规于前,德踵于后,主权日削,后患方长。此揆于时局不能不改者也。"

这里,沈家本提出的法典编纂事业,包括"泰西"各国与日本。其中泰西各国的法典编纂事业,可以说树立了近代世界法律发展的典范,代表了近代化的法律发展的大势所趋。而日本的法典编纂事业,则树立了另一种典范——被西方入侵的国家成功摆脱西方国家的殖民主义影响,其中包括司法主权的丧失及国际上的歧视待遇——这正是清政府的法律变革所追求的最直接目标。这一点对于中国来说,具有特别重要的意义。日本过去是受中国法律影响的,属于中华法系的组成部分。在近代日本也曾受到西方国家的入侵,遭受到被殖民地化的危险。但是日本国争取了同西方国家立于平

等地位的斗争。1871年公布了刑法,它虽然是仿照中国的体例,但已纳入欧洲的司法原则。日本的法律变革同样有外国专家的参与,有几位欧洲法学家应邀来到日本,其中有一位旅居日本达八年之久。1879年,日本公布废止体刑,翌年,日本证据法与律师法的规定都有了改进,1882年日本公布了以法国法为蓝本的刑法与诉讼法。在商法方面,日本以德国商法为蓝本而制定出自己的法典。在民法方面,西方式的诉讼程序已普遍建立,并兼顾日本的地方情况。1892年日本公布宪法。在这种情况下,从1872年开始,日本就展开了与西方列强的修改条约运动。1871年日本正式将修约意见通知列国并派使团游说。从1873年到1899年,日本相继收回了西方各国的领事裁判权,废除了不平等条约,并于1911年7月实现了关税自主。① 日本的成功经历,深深地鼓舞了中国政府与中国人民。中国政府与中国人民回归世界舞台的愿望,寄托于清末修律者,不可谓不多。1907年法部尚书戴鸿慈在奏折中说:"臣等考之东西各国,所以能臻于强盛者,莫不经历法典编纂时期,而其政策则各有不同。"②

(二) 六法体系的历史成就

1. 六法体系的创立,为中国收回治外法权提供了一定的条件

中国的法律近代化运动,最初的目的,实际上就是为了收回治外法权。但是,由于种种原因,这一目的直到第二次世界大战中的1943年,中国取得一个大国的地位,在国际反法西斯统一战线中发挥重要作用,才使得治外法权的问题得以最终解决。这里,不可否认的一点是,中国之所以能够收回这一被西方列强攫取长达整整一个世纪之久的特权,与中国国力的增强和国际地位的提高有直接的关系。但是,同样不能否认的是,中国近代法律体系的形成,为中国收回治外法权提供了最起码的法律制度条件。如果中国的法律还停留在近代之前传统封建专制法制的水平面上,很难想像1943年就是中国收回治外法权的历史性时间。应该说,这是中国法律体系的国际化方面一个伟大的历史性成就。

---

① 〔美〕马士、宓亨利著:《远东国际关系史》,上海书店出版社1998年版,第355—364页。
② 《法部尚书戴鸿慈等奏拟修订法律办法折》,载故宫博物院明清档案部编:《清末筹备立宪档案史料》(下册),中华书局1979年版,第836页。

第五章　中国近代法律体系的国际化

2. 中国近代法律体系的国际化,为中国近代新"法治主义"的诞生提供了条件

中国法律近代化,其一个实质问题,是中国对法治精神的追求。而法治这一事物,并非如中国古代的法家主张的"以法为教"、"以吏为师"的那种"法治",而必然是"法在权上"、民主共和的法治。这种法治精神,在近代中国的展开,非由本土文化演进而来,而是由西方国家介绍进来的。在制度层面,应视为是法律国际化的一个成果。

清末的新政,在法律层面,便是法治精神推动展开的。封建专制的本质,就是君主的权力高于一切。法治正好是与对国家权力的限制息息相关的。这种限制不是通过道德或传统的力量,而是通过明确宣示的法律,尤其是宪法。清末产生的《钦定宪法大纲》、《宪法重大信条十九条》等,都具有这种法治精神。辛亥革命推翻清政府,建立了中华民国,以法治国,依法行事,将中国建设成为一个自由、民主与法治的共和国,是资产阶级革命党人及一些立宪派人士的强烈主张。在这个问题上,他们大都注意到宪法与法律的制定与认真施行,是达到法治目标的基本途径。1913年的《东方杂志》曾刊登《法治国论》一文,作者引用法国启蒙思想家卢梭的话说,"有法律为共和,无法律者为专制",中国现已为共和国,"乌得而无法律!"作者还认为,制定宪法和法律,"日趋于法治",这是"人类理性之向导"而共同要走的一条路,是"人类进化之倾向",中国不能独悖于这一人类发展的"公理"。①

"百年来中国法制的改革总是和救亡图存、民族复兴联系在一起的,反映了人们对于法制和富国强兵之间关系的认识。如果说为救亡图存而改革法制是中华民族处于侵略威胁下的被动行为,那么今天中国所处的历史环境已经完全不同于往昔,改善法制是自上而下自主的主动行为。尽管依法治国是一场深刻的观念更新和制度变革,还会遇到各种困难。但是百年沧桑的历史已经雄辩地证明了,中国法治之路的必然性。历史给予我们以信心。"②

3. 六法体系的建立,对于提高近代中国人民的民族自信心和民族自豪感有极大的帮助

近代中国,由于受到西方资本主义国家的入侵,民族危机一步一步深

---

① 《东方杂志》第九卷第12号,1913年6月1日。
② 张晋藩:《世纪沧桑话法治》,载张晋藩主编:《20世纪中国法制的回顾与前瞻》,中国政法大学出版社2002年版,第10页。

入，民族自信心和民族自豪感也逐步丧失。梁启超曾经指出，近代中国经历了一个从器物不如人，到制度不如人，再到文化不如人的认识过程。这一过程实际也就是民族自信心逐步丧失的过程。从某种意义上说，改变中国固有法律制度的面貌，使之与国际接轨，使中国重返国际舞台，对于提高近代中国人民的民族自信心和民族自豪感，可以提供一种制度依托，进而有极大的帮助。这一点，我们可以从中华民国时期一位重要的法学家吴经熊的一段话中看出。在南京国民政府制定民法典的过程中，作为立法院的委员，他参与了该法典的起草工作。对于即将颁布实施的民法法典，他曾作出如下评述：

"全部民法已由立法院于最近二年中陆续通过，并已正式公布了！此后中国为一个有民法典的国家了，这是在法制史上何等重要，何等光荣的一页！但是我们试就新民法从第一条到第一二二五条仔细研究一遍，再和德意志民法、瑞士民法和债编逐条对照一下，倒有百分之九十五是有来历的，不是照账誊录，便是改头换面！这样讲来，立法院的工作好像全无价值了，好像把民族的个性全然埋没了！殊不知内中有一段很长的历史待我分解一下罢。第一，我们先要明白，世界法制，浩如烟海，即就其荦荦大者，已有大陆和英美两派，大陆系复分法、意、德、瑞四个支派。我们于许多派别当中，当然要费一番选择工夫，方始达到具体结果。选择得当就是创作，一切创作也无非是选择。因此，我们民法虽然大部分以德、瑞民法做借镜，要不能不问底细地就认为盲从。……俗言说得好：无巧不成事，刚好泰西最新法律思想和立法趋势和中国原有的民族心理适相吻合，简直是天衣无缝！……"①

这段言语，对于未来的民法典未免寄望太高，但确是那个特定时代里，中国人民追求法典化、追求民族自尊与自信的心路历程的真实写照！

四、对中国近代法律体系国际化的一些反思

中国法律近代化事业，由于其主要途径是法律移植，所以法律体系的国际化表现十分明显。法律体系的国际化，推动了中国传统法律体系的近代转型，推动了中国政府收回治外法权的事业，推动了中国法治的进程。但

---

① 杨鸿烈著：《中国法律思想史》（下册），商务印书馆1998年版，第369—370页。

第五章　中国近代法律体系的国际化

是,这些历史性的成就,却不能掩盖由于盲目引进外国法律而造成的新法律与中国社会的脱节,及由此而带来的一些弊端。整个近代中国法律近代化,都存在以建立近代法律体系为目标的迫切要求。这种追求有时显得盲目急躁,而在一定程度上忽视了中国社会特有的国情。

清末修律的过程中,为了尽快实现收回治外法权的美好愿望,就存在盲目引进的问题。对此,张晋藩先生曾经评论到:"晚清修律的成果最突出的方法主要是移植西方的法律。在某些人的观念中以为移植了西方的法律,就可以收回领事裁判权,因而新律的某些方面脱离了中国当时的社会实际,譬如破产法的制定,就因为不具备必要的经济运行机制,而受到开明企业家的批评。晚清所立之法,固然由于清朝的迅速覆亡而大部分没有实施,但从立法者的着眼点来看,他们只重视立法活动,以便用新法来装潢宪政的门面,而轻视实施。这是清朝统治集团的基本态度,在这一点上是和开明的立法者不同的。"①

再以南京国民政府时期的民法为例。这一时期的民法采用社会本位的立法思想,实际上不完全符合中国社会的发展阶段,有超越性。笔者以为,从整体上看,南京国民政府的民法,比较适合于高度发达的垄断资本主义阶段。而当时中国社会尚处于资本主义发展的较低阶段。个人主义、个人权利的成长尚不完全,个人自由有待于培育,采用社会本位思想,反而有掩盖个人成长的法律空间的危险性。正如一位学者所说,"注重社会公益、立足社会本位,这种立法原则被贯彻到民法典中,具体体现就是所有权、契约、侵权等领域发生了上述变化以及法人、消灭时效等具体制度上所出现的新的规定。而就 20 世纪 20、30 年代的中国经济及其他方面的发展水平来看,实际上远远落后于西方资本主义国家,对法律的社会化其实并没有如此迫切的需求。《中华民国民法》贯彻社会本位的立法思想既是为了趋附当时西方国家民法潮流、落实孙中山三民主义理论,同时,更深层次的原因还在于,贯彻这种立法思想正好符合稳固和加强这一时期国民党集权统治的需要,这一点不能被忽视。"②

---

① 张晋藩著:《中国法律的传统与近代转型》,法律出版社 1997 年版,第 473 页。
② 何勤华:《20 世纪前期民法新潮流与〈中华民国民法〉》,载《外国法与中国法——20 世纪中国移植外国法反思》,中国政法大学出版社 2003 年版,第 254 页。

第六章　中国近代法律体系的本土化

> 当古老的生活见解和规则被取消时，那种损失是无法加以估计的。从那个时刻起，我们就没有指南来驾驭我们了，我们也不可能明确知道我们在驶向哪一个港口。
>
> ——柏克①

一、本土化与法律体系的民族主义②

从人类法律的生成方式来看，主要为两种形式：一是在本民族、本地方产生并完全依靠本民族人民的力量培育、发展起来的完全本土性的法律。这种法律可以表现为习惯法，也可以表现为成文法。另一种生成方式是法律移植，即将在其他地方或民族生成的法律，引进到本地区、本民族，从而逐渐成为本民族、本地区的法律。无论哪一种生成方式，都存在法律的民族主义问题。对于前者，是法律的本土性的问题，这种本土性，往往与法律的传统性相联系，可以视为通常所说的法律保守主义思想的根源。对于后者，则是法律的本土化的问题，即移植法律的本土转化的问题，亦即如何将外来的法律与固有的法律实现有机结合、融为一体，最终为本民族、本地方人民认

---

① 柏克(1727—1797年)，英国近代著名思想家、文论家。著有《法国革命论》、《自由与传统》、《美洲三书》等。此处引文出自其《法国革命论》一书，商务印书馆1998年版，第104页。
② 目前，中国的法学界对于法的(移植与)本土化问题的研究，已取得重要的成果。1995年，苏力发表《变法、法治及本土资源》一文，提出，"中国的法治之路必须注重利用中国本土的资源，注重中国法律文化的传统和实际"，同时还提出，"我们必须论证利用本土资源可以超越传统，而不是恢复中国的法律传统，可以建立与中国现代化相适应的法治"的观点，学术界有较大的反响。1996年，苏力发表《法治及其本土资源》一书(中国政法大学出版社1996年版，其中收录前文)，法律的本土化问题，基本上作为一个基本范畴被引入中国法学(特别是比较法学)研究。2000年4月，中国全国外国法制史研究会以"法的移植与法的本土化"为题目召开了学术研讨会，会后编成《法的移植与法的本土化》论文集(何勤华主编，法律出版社2001年版)，其中不少文章对法的本土化问题进行深入系统的研究。此外，《20世纪中国法制的回顾与前瞻》(张晋藩主编，中国政法大学出版社2002年版)、《外国法与中国法——20世纪中国移植外国法反思》(何勤华、李秀清著，中国政法大学出版社2003年版)、《全球化与中国法制的回应》(冯玉军著，四川人民出版社2002年版)等论著，对法的本土化问题都有论述。论文从略。

同和接纳的问题。

(一) 传统法律的本土性

任何一种法律,都是在一定的时空中生成的。法律对其生成的时空的依赖性形成法律的本土化特性。① "法的本土化,则指任何国家的法律要发挥其内在的价值、功能和社会作用,必须与其本国(本地区、本民族)的政治、经济、文化、历史传统以及风俗习惯等密切结合,成为该国文化的一个组成部分,为人们所接受并自觉遵守。"②

首先对法律的本土性进行理论总结并形成一个学派的是诞生于德国的历史法学派。这个学派以罗马法学家萨维尼为代表,认为法律与其生长于其中的民族内在地联系在一起。法律是民族精神的体现,他们重视法律的传统性,重视习惯法的研究,反对学者用自己的所谓理性盲目构筑法律体系,打破法律自身的自发成长。

在近代西方启蒙思想的潮流中,历史法学派是一个相对保守的思想代表。他们对法律的解释,是一种带有神秘色彩的经验主义的模式。"在保守主义者看来,……国家不是人为的,而是一种民族道德、民族宗教和历史经验的体现。合法而健全的宪法并不是由一些人聚到一起为了某个目的开个会就能起草出来的,几张附有法律术语和哲学幻想的文件无法创造一个有效率的政府。相反,一个健全的政治制度是逐步形成的,它对环境作出的反应是无法解释的。"③ 这种思想,甚至被视为非理性的体现。

在现代,基于这种认识,一些学者进而提出,法律实质上是一种"地方性知识"的观点。④ 他们反对西方法治的普适性话语,反对脱离"本土"实际奢谈法律移植,强调对法律规范作用的实用化理解,而不是简单地照搬西方法治的经验。其实西方法治传统也不是"万灵药"或"百宝箱",更不是超越国家、民族和地区语境的"世界法"(自然法)本身,它也有所不能。著名法学家波斯纳就此指出,法律并非一个自给自足的演绎体系,而是一种实践理性活

---

① 法的本土化与本土性不是一个概念。本土性侧重点在于说明法的静态属性,任何法律都有本土性。而法的本土化,则重说明法律在移植的过程中,如何与继受地的民众与社会相结合从而更好地发挥法的作用的问题。如果没有法律移植的现象发生,就没有法律的本土化问题。
② 何勤华:《法的国际化和本土化》,载《长白论丛》1996年第5期。
③ 〔美〕马文·佩里主编:《西方文明史》(下卷),商务印书馆1993年版,第98页。
④ 这方面有代表性的人物是美国人类学家克利福德·吉尔兹。参见其《地方性知识:事实与法律的比较透视》,载《法律的文化解释》(增订本,梁治平主编,生活·读书·新知三联书店1994年版,第73—171页)。

动,是在现有知识基础上对尽可能多的因素的综合性思考基础上的判断。实践中并不具有统一的法理学,法理学可以是具有民族文化特色的,因为不同的民族会有不同的法律概念、法律制度和实践。① "'法律是一种地方性知识'论点的理论支撑是知识的地方性与有限性。即具体的、适合一个国家的法制并不是一套抽象的无背景的原则和规则,而是涉及一个知识体系。一个活生生的有效运作的法律制度需要大量不断变化的具体的知识。但是正如计划不能穷尽关于一个社会中经济活动的一切信息,不能获得关于人们偏好的一切知识一样,任何法制建设的规划也不可能穷尽关于一个社会中法律活动的全部信息,无法对社会中变动不拘的现象作出有效的反应。由此决定了我们不可能仅仅依据我们心目中的理想模式或现有的理论来规划出一个能有效运作的现代法治。惟一的出路,则在于特定语境中的人们(如中国人)在其社会生活中,运用他们的理性,寻求能实现其利益最大化的办法,并在此基础上逐步形成一套与其发展变化的社会生活相适应的规则体系。"②

关于法律生成的本土性,在今天得到更多的人们,尤其是后发性近(现)代化国家学者的认同。一方面,这种解释法律的立场,支持了他们对传统意义上的法律民族性的强调。另一方面,这种立场对于他们推动近代法律体系建立过程中的社会适应性问题的理性思考有较大的帮助。正如中国学者所说:"法律不仅仅是一门技术。近代意义上的法律,主要体现的不是与自然的关系,而是人与人之间、人与社会、人与国家的关系。因此,法律的价值之一在于它必须与特定的国情、民情相适应。一个成功的法律体系,既要具有推动制度、经济、文化进步和发展的导向性作用,更应与具体的国情、民情相适应,具有付诸实施的现实基础。"③

(二) 移植法律的本土化

法律民族主义的另一种理解是法律移植过程中的本土化问题。

与前面所说传统法律的生成方式不同,法律移植可以看成是一种"次生"的法律制度。在前一章,笔者曾提出,法律移植在古代法律文化中已经出现。但是,这一法律生成的方式,在近代法律生成过程中,随着殖民主义

---

① 冯玉军著:《全球化与中国法制的回应》,四川人民出版社2002年版,第138页。
② 同上书,第139页。
③ 朱勇:《理性的目标与不理智的过程——论〈大清刑律〉的社会适应性》,载张生主编:《中国法律近代化论集》,中国政法大学出版社2002年版,第295页。

第六章　中国近代法律体系的本土化

的扩张,更加具有普遍性和影响力。

在法律移植的过程中,为了实现移植的目的——将一种在其他地方生成的法律,转而引入本民族、本地方,并产生与其原生地相似的社会作用,也就是说,为了尽可能使移植成功,对于即将被移植的法律与本土法律资源之间的比较、筛选的问题,就是一个不可回避的复杂课题——这就是外来法律的本土化问题。"法律移植与法的本土资源,说的是外国法与本国法如何相处、结合的关系问题。从古至今,凡是法律移植都不可避免地要遇上这个问题。换言之,移植进来的法律,假如未能处理好与本国国情的关系,未能处理好与本国法的关系,未能与本国法融为一体,这种法律移植就不能认为是成功的。而要说明这个问题,非常重要的就是要认识清楚法的本土资源。"[①]

法律移植中的本土化问题,是一个极为复杂的学术与实践问题。它不仅是一个基于实用主义理解的法理学上的问题,更重要的是,这一问题几乎必然与那些试图通过移植外国法律实现本民族法律近代化的民族人民的"本土情感"和"民族情结"直接相关。这种"民族情结",除与传统民族文化的保存有关,往往还涉及到法律建设的政治环境问题。因此,比起前面提到的纯粹本土法律生成中的民族性问题要复杂得多。

(三) 法律近代化与法律体系的民族主义

法律近代化与法律体系的民族主义之间存在着内在联系。

法律近代化,往往以建立一个符合"近代"标准的新型法律体系为目标追求。而这种近代法律体系的构筑,主要有两种方式:一种是将本民族生成的固有法律,进行创造性转化,通过对传统法律文化的重新认识,以近代社会的需要为标准,将旧的法律制度体系予以重新构造。那些原生型的西方国家的法律近代化就属于这种方式。第二种方式是主要依靠对外国法律制度的移植,即通过引进那些原生型西方国家先进的法律制度,实现本民族的法律近代化任务。显然,这是那些典型的后发、外源型的法律近代化国家所走的道路。除此以外,可能还有一些介于这两者之间的混合型模式。

首先,就第一种方式来看。由于这种国家是法律近代化的原生地,所以,新的法律体系的建设一般比较顺利,成本比较低,社会阻力比较小,新法律体系与旧法律体系之间的连续性也比较紧密。这些国家在法律民族主义

[①] 何勤华、李秀清著:《外国法与中国法——20世纪中国移植外国法反思》,中国政法大学出版社2003年版,第641页。

问题上,也就无须对抗外来法律文化的渗透,从而比较轻松地保持法律体系的本土特性。

其次,就第二种法律近代化的模式来看,法律民族主义问题比较突出。因为在追求法律近代化的过程中,一方面必须接受外来法律文化,进而吸收其先进法律制度,朝国际化方向努力。另一方面,本土法律文化必然会对外来法律产生自然的抗拒。其影响于法律近代化,就是力图保持传统法律问题的延续性,表现出一种法律改革中的"民粹主义"。在这些国家,由于法律近代化必须同时追求国际化与本土化的双重目标,有时难免产生互相抵制、相互矛盾的情况,给新法律体系的社会调适造成严重阻力。产生这一问题的原因,从学理的层面上看,与法律的本土化和国际化之间的价值差异有关。一般地说,法的本土化或狭义上的民族化是法律朝个性方面发展,它重视内向的、纵向的衡量和继承。法的国际化是法律朝共性方面发展,它强调外向的、横向的比较与移植。① 但是两者之间也具有一定程度的一致性,否则那些后发的法律近代化国家就永远不可能取得法律近代化的成功。本土化不是搞闭关自守,不是恋旧怀古,而是在积极适应国际化潮流的前提下,尊重自己的历史传统与现实条件,建设自己的法制体系。如果能够将这两个目标协调发展,基本上就可以取得法律近代化的成效。从事实上看,无论哪种法律近代化的国家,其近代法律体系的形成与发展,都需要在诸多方面做出创造性的变革。但是,与此同时,在一定程度上对传统法律文化的认同与继承,也是近代法律发展的一个重要方面。保守一定的传统是人类法律的共同特色。"法律发展的本土化有其内在深厚的根基。它绝不因法律发展的国际化趋势而丧失自己存在的历史地位。相反,随着社会的发展,法律本土化趋势愈演愈强劲……法律发展的特殊性,恰恰显示了法制现代化的世界性意义。最具有民族性和本土化特质的法律,也最具有全球性和国际化。"②

二、中国法律近代化与法律体系的本土化

(一) 中国近代法律体系本土化的目标定位

国际化与本土化是中国法律近代化的两个基本目标。其中,为了实现

---

① 董茂云:《法典法、判例与中国的法典化道路》,载《比较法研究》1997 年第 4 期。
② 钱弘道著:《中国法学向何处去》,法律出版社 2003 年版,第 404 页。

第六章 中国近代法律体系的本土化

本土化,在法律近代化的目标定位中,优先选择了国家的"富强",而对其他价值目标,如人权、自由等置于次要的位置。

近代中国的特殊国情,决定中国近代的法制建设不可能像西方原生型法律近代化国家那样,以个人自由的增长和权利的扩充为目标。近代中国是在内政外交陷入困境的情况下展开法律近代化的。近代中国的这种现实,决定了必须把摆脱外敌侵略和压迫,维持国家的独立、统一作为基本任务。为此,国家的富强就成为各项事业的首选目标,法律近代化也不例外。

"在东方国家法律近代化的历史中,个人权利的保障与国家迅速强盛之间的矛盾是一个引人注目的矛盾。这是个人主义与国家主义的矛盾,实质上也是法律的民主与效率两个价值之间的冲突。东方国家的人民需要人权、平等和自由,但东方国家的人民更需要民族的独立、国家的强盛。因此,东方国家法律近代化同时负有的这两个重要任务,就使得这些国家直接面临着世界各国历代法学家们一直在思考但一直得不到满意答案的亘古谜题:如何既保障个人权利的全部实现,又使政府能够有效地将个人组织成一个团结的社会,从而通过全社会的力量来为个人争得更多的权利。"① 既然如此,那么中国法律近代化过程中,哪一个目标是优先选择的呢?答案是:中国国家的独立、统一与富强。也就是说,在中国法律近代化的目标定位中,国家主义,或者说在法律制度的价值选择中,效率是必须予以优先的。

回顾近代中国展开法律近代化的过程,无论是其启动程序,还是发展程序,一个基本任务,就是要赢得国家的独立、统一与富强,最终实现国家的自尊和民族的复兴。

在清末修律中,推动这一复杂的工程启动的不是别的原因,而是为了收回治外法权。尽管当时有的人认识到单靠法律体系的建立与收回治外法权的目标是没有直接关系的,但是修律的主要承担者的的确确是靠着对收回治外法权这一美好愿望开展法律近代化的。

在以后的法律近代化过程中,实现国家的富强,依然是坚定不移的目标。在北京政府时期,宪法的发展,是一个引人瞩目的现象。而在宪法变换的过程中,最为敏感,也是争论最多的问题,不是人民的权利与自由,而是中央政府的体制,是地方与中央的关系问题——这些问题的本质,就是法律对于国家权力的设计。在当时的中国,国家权力不是一个单纯个人地位的问

---

① 王涛:《中国法律早期现代化保守性价值评析》,载张晋藩主编:《20世纪中国法制的回顾与前瞻》,中国政法大学出版社2002年版,第35—36页。

题,而是关系到国家强盛与民族社会经济发展壮大的全局性问题,因此,也就成为斗争最厉害的宪法性问题。其他关于个人权利和自由的宪法条文,基本上没有什么大的变化,只是后法照搬前法而已。

国民政府时期的法律近代化事业,同样是以国家整体经济实力的增长为首要目标。南京国民政府时期,中央集权的现象比较突出。在宪法的层面上看,当时并非中央与地方的关系问题已经解决,关于个人权利与自由的宪法地位,已经得到保证,而是国家综合实力增长的迫切需要,完全掩盖了对上述问题的论争。这并不是说中央与地方的关系问题不重要,或者说个人权利与自由的宪法地位不值得关注,而是说,这些问题在当时法律近代化的特定历史条件下,只能有所区别、有所选择、有所取舍。如果不理解这一点,对国民政府时期的法律发展就难以作出客观全面的评价。

中国法律近代化事业的目标定位,根源于中国近代社会的特殊发展规律。"与西方不同,中国资本主义的发展是一开始就走上国家资本主义的道路的,然而,西方社会化阶段的法律价值与中国晚清时期对经济的国家干预又是貌合神离的。西方法律社会价值本位以个人权利与自由的实现为基础和目的,以个人主义法律价值为前提,是国家为了杜绝极度个人主义法律的弊端而采取的国家补救措施。但在中国,从经济实践上国家所需要的并非西方意义上的社会化法律价值,中国经济的发展还停留在从中世纪形态向近代形态转换的阶段上,中国社会并没有形成一种如同西方工业化时期出现的那种必须依靠国家法律才能解决的重大社会问题。与西方不同,中国近代法律所面临的急迫问题是国家经济实力的增长问题,是国家如何利用国家权力的作用来调动全国的自然资源和社会资源来进行一场富国强兵的建设运动的问题。因此,法律所关心的并非个人的福利,而是国家整体经济实力的增长(归根结底是统治者统治地位的巩固)。"[①]

(二) 中国近代法律体系本土化之手段选择

1. 传统法律文化的创造性转化

中国法律近代化,是在继承传统法律文化的基础上展开的。从清末到民国,对中国传统法律文化的结晶和象征——《大清律例》的修改与适用,可以看出传统法律文化在近代的特殊价值。

---

① 王涛:《中国法律早期现代化保守性价值评析》,载张晋藩主编:《20世纪中国法制的回顾与前瞻》,中国政法大学出版社2002年版,第39页。

第六章 中国近代法律体系的本土化

《大清律例》是清政府在继承明朝立法成果的基础上发展而来的。同治九年(1870年)《大清律例》修订以后,共计律文436条,例文1892条。这么繁杂的法典,直到1904年修订法律馆对其进行修改,基本上没有大的变化。

1904年,沈家本开始着手对《大清律例》进行修订。其采用的办法包括:删除、修改、修并、续纂四项。1905年,删除一项完成。1908年,虽然制定出《大清新刑律》,当时该法为适应宪政而定,且对该法的争论十分激烈,当时并没有适用的条件。在这种情况下,继续了对《大清律例》的修订工作。1909年8月,修改后的刑法编成《大清现行刑律》,最后定稿时共有律文389条,例文1327条,附《禁烟条例》12条,《秋审条例》165条。与原来的《大清律例》相比,共删除345条。① 宣统二年四月,"著即刊刻成书,颁行京外,一体遵守。"

这部法律虽然颁布,但是一年以后,清政府即被推翻。民国成立,"以法制未定,暂行援用前清施行之法律",参议院于1912年4月3日开会议决:"嗣后凡关于民事案件,应仍照前清现行律中规定各条办理。"② 民国三年大理院上字第304号判例规定:"民国民法法典尚未颁布前清之现行律除制裁部分及与国体有抵触者外,当然继续有效。至前清现行律虽名为现行刑律,除刑事部分外,关于民商事之规定,仍属不少,自不能以名称为刑律故,即误会其已废。"吾国旧律民事与刑事不分,此律关于刑事部分,几全未施行,而关于民事部分,至民国仍继续有效,此有效部分,可谓吾国之民事实体法。③

从表面上看,一部沿用了几百年甚至于上千年的封建专制法典,经过改头换面,居然被一个号称"民主共和国"的政府采用,似乎是一件不可思议的事情。不仅如此,这部法律中的民事有效部分,实际施行到民国十八年十月以后,南京国民政府之《中华民国民法》公布施行,才予以废止,因此,这部分法律规定,"实民国以来之实质民法"。④ 对此,有学者评价到:"过渡期内令人惊讶的是民法的延续,新的国民政府没有采用晚清政府依1900年德国民法典为范本草拟的新法典,而是继续使用清末修订过的旧法典。结果是一部自称为刑法典的《大清刑律》中的民事部分被出乎意料地当作民国民法典

---

① 谢振民编著:《中华民国立法史》(下册),中国政法大学出版社2000年版,第742页。
② 同上。
③ 同上。
④ 同上书,第743页。

使用了将近二十年"。①以后,国民政府的民事立法,也不是简单照搬德国民法典——当时世界上最为先进的民法典,而是以晚清民法草案为蓝本的、经过两次修订后的产物。究其根源;"这些修订在某些重要方面使法律更切合中国的既存习俗与现实"。②

由此可见,法律改革并不必然要推翻所有现存法律制度,可以在保留原来的法律成果的基础上,逐步推进。这种看似"复古"、"守旧"的做法,不仅仅是一种立法的技术,也是一种法律变革的策略。"变法派沈家本等时而以'托古拟西'的方式,解析其法理概念,我们固可指为不是创造性的思想,然无可否认者,就革新旧律体制以迎合近代化新法律而言,此种比附是将传统的事物或思想重塑成近代的事物或思想,亦即从传统中寻求近代的因子,再加以改造,对于传统文化,非徒保存'国粹',而系以科学方法揭开'国粹'之真相,自有利于新法律文化的继受。本土的思想家必须演义外来的文化于传统间架之上,而演义外来法律文化与传统的间架,尚有另一效用,即可减少外来法律文化的抗拒。……可以说,中国法律近代化之所以困难重重,主要在于谋求近代化的过程中,一直未能与传统取得协调,从而,也就未能获得传统的协助,甚至相互干扰,而牵制了近代化的脚步。"③

2. 法律近代化中的立法调查

在中国法律近代化中,另一项具有重要意义的立法技术和立法程序是立法调查。

从清末到民国,为了使新的法律能够适应社会的现实需要,曾经进行两次比较有规模的立法调查。

第一次是清末。1907年沈家本拟定的《修订法律馆办事章程》中就明确规定:"馆中修订各律,凡各省习惯有应实地调查者,得随时派员前往详查。"④ 清末的民商事习惯调查约始于1910年。⑤ 这次调查,"组织严密、规

---

① 黄宗智著:《法典、习俗与司法实践:清代与民国的比较》,上海书店出版社2003年版,第2页。
② 同上书,第3页。
③ 黄源盛著:《大清新刑律礼法之争的历史及时代意义》,载张晋藩主编:《中国法制现代化之回顾与前瞻》,中国政法大学出版社2002年版。
④ 张德美著:《探索与抉择——晚清法律移植研究》,清华大学出版社2003年版,第410页。
⑤ 前南京国民政府司法行政部编:《民事习惯调查报告录》(上),中国政法大学出版社2000年版,胡旭晟序。

第六章 中国近代法律体系的本土化

模巨大、收获颇丰"① 这一工作,为亲属与继承两编乃至整个民法的本土化,都有重要的作用。第二次调查是民国时期。这次调查始于1918年,1921年以后,归于沉寂。②

民事和商事习惯,大多数是在民间力量的推动下自发形成的。这些习俗,对于调整民事和商事活动具有十分重要的意义。对于这样的法律习惯,实际上没有完全废除的必要。反过来,如果不顾社会的反映,强行禁止,或者仅仅未能予以充分的尊重,都可能造成新法的规定与社会脱节。从法律发展的角度来看,对传统社会中形成的本土法律资源挖掘整理不够,实际上是一种立法资源的浪费。

通过对传统法律文化的创造性转化,从而产生一个新的法律体系的思想,在民国时期,曾引起人们的注意和思考。1936年《中华法学杂志》发表了一篇题目为《建立中国本位新法系的两个根本问题》(作者刘陆民)的文章,其中写到:"所谓中国本位新法系者,当系依现代中国国家理念,用科学的方法,对中国固有及现有法律,施新的选择,产生新的生命,俾在世界法律文化领域,重占一种新的位置之意。简言之,在新理念,新技术之下,发扬旧的民族精神,形成新的法律体系而已。虽然,此非易事也。此亦非至难而不可祈求事也。"③

在同一期的《中华法学杂志》上,还发表了题目为《今后我国法学之新动向》(作者杨幼炯)的文章。作者指出:"本来立法为一民族社会文化之活动,立法事业至繁,欲以一朝夕之时间,网罗社会万种之情状,详瞻靡贻,绝不可望。故当立法之际,需参考外国立法之经验,采集其法律,以补自国法律之不备,或创设其所未有,实为事之不容已者,但绝不能全采外国法律。盖法律之制定,应以本国固有之人情、风俗、地势、气候、习惯为根据,外国法律之纵如何完备,终不适于本国之国情。我国过去立法之失败,全由于此。立法者往往视法制为一种文明的装饰品,不以法制与国民生活之关系为前提,但知模仿、盲从,结果在公法方面,三十余年以来,虽制定不少之宪法草案,但缺乏一贯的立法主张,无一合于国民之需要,不崇朝而等于'一撮之废纸'。在私法方面,大部分亦系直接采用外国法律,不合于本国民情,层层相因,此

---

① 前南京国民政府司法行政部编:《民事习惯调查报告录》(上),中国政法大学出版社2000年版,胡旭晟序,第2页。
② 同上书,第5页。
③ 参见《民国法学论文精萃》(第一卷),法律出版社2003年版,第307页。

弊历久不改,可胜浩叹"。①

(三) 传统性:中国近代法律体系的历史根基

从清末到民国时期六法体系的最终形成,中国法律在近代化的过程中,除了国际化的追求,便是本土化的目标。

在清末修律中,后来六法体系的几个组成部分几乎都已初具规模。但是这些法律部门,基本上都是在移植外国法律现有成果的基础上发展起来的,但是这些法律部门也都考虑到了本土化的问题。

宪法基本采用君主立宪的模式。这在当时的中国是比较符合国情的。后来只是由于清政府上层统治者的颠顸,错失良机,政权失柄。民法的发展是比较慎重的。大规模的民商事习惯调查,树立了法律近代化本土化的典范。可惜后来的中国政局动荡不安,大规模的立法调查几乎不可能。民法的四个原则,有两个都是对本土化的明确要求。刑法更是注重对传统法律文化的挖掘,其中的民事部分,一直使用到南京国民政府时期。民事诉讼法和刑事诉讼法在某些方面,也都尊重中国的实际情况。在行政法制定中,还提出"融会列国成规,按切我国情事"的立法原则,将国家行政机关分为直接官治、间接官治、地方官治和地方自治四级隶属建制。此外,《钦定行政纲目》虽为"钦定",但也基本符合近代立宪政体的法治精神。

中华民国初期,北京政府的法律近代化,较之前清,要进步得多。但是由于此一时期社会形势的不稳定,立法工作并不深入,法律近代化成果的取得,惟有依赖上层法律精英。

这一时期,宪法的发展是一个重点。围绕当时困扰中国的中央政府的体制、中央与地方的关系以及总统制与责任内阁制等宪法问题,争论异常激烈。1923年的宪法,是中国近代开展宪政运动以来第一部生效的宪法。客观地说,这部宪法比较符合中国的历史传统和政治力量的对比。但是,由于一些几乎是技术上的问题,这部宪法最终失去效力。宪法的权威没有树立起来,尊重宪法,在宪法的框架内解决问题的机制与习惯,还有待于进一步培养。这一时期的民法在前清民法草案的基础上得到发展,在本土化方面,着意保留了中国固有的佃等民事习惯。亲等的计算与传统的服制图比较接近,法律努力迎合社会习俗。刑法和其他部门法的本土化,也都取得一定的效果。

---

① 参见《民国法学论文精萃》(第一卷),法律出版社2003年版,第383页。

第六章 中国近代法律体系的本土化

南京国民政府时期,政权的相对稳定,使新政府得以集中精力发展和完善六法体系。宪法的发展,在某种意义上适应了建设民族国家、加强中央集权的趋势。民法更加注重本土化。对于典权的规定,可以反映这一点。这一时期,虽然移植外国法律仍是一个基本方法,但立法人员基本上是中国人自己。一些民族传统,特别是家庭的价值得到重视。法律中虽然有男女平等的先进原则,但是家长权也有所体现。"(民国时期的法律制定)不过,即使那些面向西方的法律现代化者们也开始注意到简单全盘移植现代西方法律的不足。他们意识到,一部民法典不可能无视它将在其中起作用的文化和社会环境。于是他们开始让法律适合中国的习俗(尽管他们接着在亲属和继承编采纳更多的德国模式)。结果,他们对新法律系统定出了一个综合性的理想——要把他们认为的西方的个人主义重点与中国传统的家庭主义重点综合成新的以'社会'为重点的法律制度。"[①] 刑事方面,为了本土化,还进行了司法调查,广泛听取多方面的意见。对于中央政府来说,各种刑事特别法的出现,有利于加强对社会的控制。

但是,纵观从清末到民国近半个世纪的法律近代化运动,在以追求与世界先进法典水平接近的价值目标,以移植外国先进法律制度为手段的潮流主宰与推动下,近代法律体系的本土化工作,总的来说,不如国际化做得好。中国近代法律体系构筑过程说明,对于缔造一个新的法律体系而言,单纯有一个伟大的设想是远远不够的。必须假以时日,把各种法律资源都调动起来,才有可能最终建成一个既具有国际先进水平、为国际所承认,又符合中国的国情、民情,真正为中国需要的法律体系。正如有的学者所说:"中国法制的近代化乃至现代化,追求的是中国与列强先进的独立、平等与合理的法制,在这些追求中,势必对传统加以整理、评鉴、批判乃至大部分的扬弃,但绝不是,也不必对传统的全面否定。再明白地说,中国的法制近代化,是传统与近代挂钩的历史运动,不只是消极地对传统巨大的摧毁,也不是简单地剪裁与拼凑,而是要在学习西方与日本立法模式的同时,也能多加省视我们本身的文化感情与社会的客观现实,唤起民族自尊与理性开拓的精神,进而一步步地转化传统,使新生的法律可以运作,可以展现出活性化的一面。"[②]

[①] 黄宗智著:《法典、习俗与司法实践:清代与民国的比较》,上海书店出版社2003年版,第197页。

[②] 黄源盛著:《大清新刑律礼法之争的历史及时代意义》,载张晋藩主编:《中国法制现代化之回顾与前瞻》,中国政法大学出版社2002年版。

三、对中国近代法律体系本土化的一些反思

(一) 困扰与脱节:本土化的难题

法律体系的本土化建设,虽然在中国法律近代化得到一定的关注,但是,由于种种原因,这方面的工作仍然有缺憾。其最显著的,就是新法律体系与中国社会之间的不能有机衔接。这种法律与社会之间的"落差",在清末至民国时期的几乎每一部法律中,都可以找到例证。

试以民商法为例。清末的民法和民国时期的民法和商法,都是在从事一定的社会调查的基础上制定出来的。应该说,当时的立法者已经在刻意缩小新法律与社会民众生活之间的距离。即使如此,民法与社会的脱节问题仍十分严重。

关于清末的一些民商事法,中国学者评价到:"沈家本等不懈努力,几乎搬来了全套大陆法系的新法律,但不论通过与否,可以说,都没有实行,清朝就灭亡了。清朝的灭亡并没有中断法律近代化的进程,清末的许多新法律及其草案成为民国政府法制改革的基础。法律近代化的进程,沈家本等开其滥觞,功不可没。但既是一种进程,就不可一蹴而就,在全国市场经济远没有建立起来的情况下,公司法、破产法是很难真正得以实行的。"①

同样,对于后来产生的南京国民政府的民法,当时曾参与立法的董康在其《中国历届修订法律之大略》一文中曾经评论新民法说:

> "婚姻编采用最新之制,不合固有风俗,《白虎通》言:'夫者,扶也。妇者,服也'。为维护家庭,防闲内外,自有一种精义,存乎其中,初非视妻如婢媪也。本法将夫妻财产制,程序之繁重,契约之缚束,试问妇女之知识及能力如何? 为保护妻之法益,势必延聘法律家为之顾问。论夫妻之恩义,本居一体,如顾问而为正士也,房第之间,容外人参加,其动作已生一层之隔阂。设为野心家也,或以财,或以色,在在处处,均可达其双方联离之目的,譬之金质至坚,一经强度之硫酸,未有不溶解者,此制度之应从根本上研究之也。……"②

新法律与社会的脱节,作为一个中国近代的法律现实,可以多方面评

---

① 郑秦著:《中国法制史纲要》,法律出版社 2001 年版,第 242 页。
② 杨鸿烈著:《中国法律思想史》(下册),商务印书馆 1998 年版,第 371 页。

第六章 中国近代法律体系的本土化

说。我们可以认为,法律高高在上,脱离实际,为一纸空文。然而,反过来,如果仔细分析,当时的社会现实也在一定程度上限制、制约了法律的发展,成为新的法律体系建立过程中的一种困扰。清末修律中发生的"礼法之争"就是这方面的典型事例。

"礼法之争"发生的起因在于大清《刑事民事诉讼法》的制定。这是我国法律史上第一部单行的诉讼法草案。其中法律的起草者拟采用西方的陪审制和律师制度。此外,该法中的一些规定,暗示了个人财产制度、男女平等的法律原则。其中第一百三十条和第二百四十二条作了这样的规定:

第一百三十条规定:凡左列各项不在查封备抵之列:一、本人妻所有之物,二、本人父母兄弟姐妹及各戚属家人之物,三、本人子孙所自得之物。

第二百四十二条规定:反职官命妇均可由公堂知会到堂供证。

这些新的规定无疑与旧的封建礼教观念关于家庭集体财产所有权和夫为妻纲等儒家思想指导下的法律制度之间发生严重的对立。于是,以张之洞为首的官僚对此予以严厉批评。对于第一百三十条规定,张认为,若实行此法律,"强为分析财产,则必父子异财,兄弟分炊,骨肉乖离,悖理甚矣。"①对于第二百四十二条规定,张认为,"然则妇女到堂供证为万不可行之事,初不必问其为命妇与否,如实系案内紧要人证,尽可令其子侄兄弟到堂。此为名教所关,断不宜藉口于男女平权之说。中西风俗各殊,此亦其一端也。"②

张之洞为晚清法律改革的发起人之一,但是在具体法律的制定方面,他却时时提防传统的伦理道德不被新的法律所冲垮。如果仅仅给张等人贴上一个"保守派"的标签,则对于问题不能有丝毫的解释。张的观点应当说代表了中国传统社会中大多数人的生活习惯及其所信奉的道德观念。如果强令改变以至于废弃,必然引起社会的普遍不安。因此,保守这些数千年遗留下来的道德风尚,并非没有道理。另外,就争论的问题来说,并不是该法律文本的核心问题。正如当代学者指出的那样:"多少有点令人惊奇的是,当草案发给高级官员们听取意见时,沈家本的三个主要'程序性'观点未遇任何直接阻力。实际上,将民事案件从刑事案件中分离出来及职业律师的体制并无多少鼓吹与反对就被接受并执行,只有陪审制度的提议胎死腹中。……相反,引发官方反对的是两个未予明言的观念,它们在沈家本的考虑中处于相对边缘的位置。……对一部侧重诉讼程序而非实体法的草案文本来

---

① 李贵连著:《沈家本传》,法律出版社 2000 年版,第 303 页。
② 同上。

说,这些反对是相当令人惊讶的。"①这说明,如果当时的立法者能够有意躲开这些不必要的阻挠,也许对于新法律的颁布实施更加有利,反正这些引发争议的条款,本不是不可缺少的。在这种技术性问题上的纠缠,往往造成巨大的牺牲和浪费。这种事例,在清末以至于民国时期的立法中,却颇有代表性。

1933年发表于《东方杂志》的一篇名为《中国法治前途的几个问题》(作者阮毅成)的文章这样写到:

> "中国法治的基础未能确立,一般人都只归责于外国领事裁判权的未能撤废,军人不遵守法律,法院办案的迟缓与畏缩,人民法律的知识不普及。其实,原因还不只是如此简单。即以这些原因而论,一般人所论述的也都是表面之词,非精到之论。我以为中国法治的前途,有无确立的希望,是凭着下面几个问题有无解决的办法:一、法律与国民感情的调节,二、司法与行政的调整,三、政府及舆论对于法院的尊重与信任,四、法治人才的训练。……考我国现行法律,多半继受他国,其得之于本国固有民情风俗者,数量甚少。然法律不外乎人情,法律与人情不符自难得人民的信仰。而一国的法治精神,便在人民能信仰,并能遵守法律。我国法律与国民感情不相调节的地方,……通常法律中与诉讼中,实在可见。"②

(二) 中国法律近代化的功利性

中国法律近代化,是在近代中国民族国家形成的过程中展开的。受到中国传统民族意识与帝国主义在华的影响,中国法律近代化与近代法律体系的形成,表现出极大的功利性。从整体上看,中国法律近代化与近代法律体系的形成,是为适应近代中国民族国家形成的需要而展开的。中国法律近代化,就是在上述民族主义思想蓬勃发展的历史背景下展开的。由于中国长期以来一直处于"合法性危机"之中,受其影响,法律近代化也表现出极为明显的功利性格。

1. 中国法律近代化的功利性之根源

法律近代化,本来就是社会近代化或现代化的一部分。法律是社会的

---

① 黄宗智著:《法典、习俗与司法实践:清代与民国的比较》,上海书店出版社2003年版,第32页。
② 阮毅成:《中国法治前途的几个问题》,载《东方杂志》1933年第三十卷,第十三号,第78页。

一个有机组成部分。社会的变化,最终必然反映到法律的变化上来。而法律对社会来讲,可以有一定的超前性,但是,更重要的是,法律必须与社会保持大致的同步性。这一点说明,法律的变革不是一下子可以完成的,必然要经历一个"社会变革——法律变革——社会变革"的长期的调适过程。中国的法律近代化,还有其特殊的一面。对于"作为一个'巨型社会'的中国,要使一套人为建构起来的制度真正成为一种行之有效的制度秩序,没有时间是绝不可能的。"① 也就是说,法律近代化的时间跨度,比一般国家而言,特别是与日本这样的小国相比,必然更为漫长。

另外,法律近代化的开展,还有一个历史机遇,或者说客观条件的问题。"任何改革,至少受到三个条件的制约:一是选择的处境或问题;二是选择的立场或态度;三是选择的切入口或入手之处。"② 中国法律近代化,作为一次重大法律改革来说,同样受制于上述条件。从中国近代民族国家形成的历史来看,法律近代化基本上是政治变革的一个附带产物。

首先,从中国法律近代化的处境来看,中国是一个"被迫近代化"或者"外发性的现代化"(金耀基)的国家。从起源上说,中国法律近代化是以近代中西关系为基础展开的。而近代的中西关系,基本上是不对等的。在这种关系基础上,近代中国时刻面临着三大危机——民族危机、政治危机与法律危机的困扰。另外,中国近代法律变革意识的兴起,一方面基于对传统法律的批判,但更重要的是西学东渐的结果。近代中国的种种变革,总是在一种"不得已"的情况下展开的。法律近代化,同样带有无奈的情节,尽管这种变革从根本上看也是必需的。

其次,中国法律近代化的选择立场是基于近代中国民族国家的形成。传统中国,主要是以文化认同为基础得以维持的。但是到了近代,这种认同发生严重的危机——民族国家认同危机。长期的危机,形成一种危机意识。这种被动的心理,带给中国人民的只能是阴暗、消极、急躁甚至狂乱的情绪。革命事件的接连不断,激烈的全盘性的反传统主义运动,都是这种民族心理的反映。以这种心理与态度从事改革,往往破坏多而建设少,似乎快意恩仇,但耗费极大。其结果,必然造成改革可资利用的资源越来越少。

最后,就中国法律近代化的切入口而言,基本上是以宪法的变革为中心

---

① 徐忠明:《晚清法制改革的逻辑与意义》,载《法律史论集》(第二卷),法律出版社1999年版,第390页。

② 同上书,第391页。

的。从西方历史来看,宪法是一种政治力量斗争与妥协的产物。但在近代中国,政治派别繁多,且似乎水火不相容。这种情况,必然影响到宪法的命运——宪法的合法性与权威性。在帝制时期的中国,根本没有近代意义上的宪法。然而到了近代,宪法在中国突然之间似乎"流行"起来——究其根源,宪法这一法律形式,只不过是各种政治派别进行争权夺利、钩心斗角的工具,只不过是当权者标榜自己政权的"合法性"的法律外衣而已。然而,不幸的是,玩弄宪法的人,最终也为宪法所玩弄——他们希望借宪法以度过"合法性"危机,而他们无不陷入"合法性"危机而不能自拔。近代中国的宪法史说明,中国人自始至终没有打算从民族心理上接受宪法的治理——以宪法为基础,构筑中国的民族国家。宪法的命运尚且如此,其他法律就更不用说了。

2. 中国法律近代化功利性之表现

基于上述原因,中国法律近代化的功利性表现极为突出。主要集中在以下几个方面:

第一,中国法律近代化的发生,以收回"治外法权"为直接目的,以外国人的"满意"为价值标准,法律的"先进性"受到渲染,而法律自身的社会适应性注重不够。

中国法律近代化始于 1902 年中国与英国订立通商航海条约。其中之一规定:"中国深欲整顿本国律例,以期与各国律例相同,英国允尽力协助此举。一俟查中国律例情形、审断办法,及其他相关事宜,足使英国满意,英国即允弃其治外法权。"①这件事实为清末修律的契机。当时清政府深受鼓舞,立意整顿中国旧律,希望通过修律收回治外法权。此后便开始了紧锣密鼓的修律工作。十年之间,清政府就制定出一套近代化的法律体系。1919 年巴黎和会中国代表为收回治外法权提出在五年内制定民刑法典,并建立新式法院。1923 年华盛顿会议议决中国代表提议。1926 年派出到中国调查司法的调查团,因故并未放弃其治外法权,中国收回此项权力的希望落空。尽管后来中国还是逐步实现此愿望,但也由此造成法律制定中的盲目性与草率性。盖中国为了使外国满意,不得不一意引进当时所谓最先进的法律制度,而对于该法律本身是否适合于中国的社会情况,几乎予以忽略。"先进未必合适"(朱勇)。许多法律的制定体现出"理性的目标",却是"不理性的过程"(朱勇)。此项特征不仅体现在清末修律之中,即便民国时期的立

---

① 展恒举著:《中国近代法制史》,台湾商务印书馆 1973 年版,第 100 页。

第六章 中国近代法律体系的本土化

法工作,也深受其害。

第二,中国法律近代化的发展,深受政治变动与人事变革的影响,法律体系的连续性与稳定性较差。

理性地考虑,一个国家的法律体系的形成,必须在认真调查研究实际问题,根据本国社会与民情,全盘考虑,综合衡量,循序渐进,逐步形成,方为上策。如果因时因事甚至因人制法,往往事倍而功半,甚至于功败垂成。中国法律近代化,不幸入了这个法律"陷阱"。辛亥革命成功以后,在《临时政府组织大纲》中规定的是总统制的政府体制。应当说比较符合中国在皇帝制度失去以后权力向中央政府集中的历史要求。但是由于革命党为了尽快结束清朝统治,实现国家的统一,在全国范围内确立共和政体,便让权于袁世凯。同时为了防止袁专权跋扈,便制定《中华民国临时约法》,希图保持共和政体。然而,一纸约法岂能使袁就范。最终,袁为了实现当皇帝的梦想,使约法毁于一旦。这种"因人立法"的做法,实际上是自欺欺人,于法制建设十分不利。以后屡屡发生所谓"法统"与"政统"的争执,可谓对革命党人开了一连串的历史玩笑。1914年袁制定自己需要的"约法",1923年曹锟也制定了自己的"宪法",然而,于中国的法制建设,究竟又增加多少有用的东西呢?!国民革命以后,国民党干脆实行"训政",连宪法也不要了。结果这一"训"就是二十年——直到1947年国民政府才正式颁布宪法,实行宪政,但是为时已晚。宪法以下的部门法,虽然不像宪法这样变化如此频繁,但是无不受到宪法变化的影响。法学家们即便有使法律体系保持连续与稳定的努力,怎奈政局不稳,结果总是于事无补。政治变动与人事变革成为影响近代中国法律发展的一个重要因素。

第三,中国法律近代化的展开,时间紧迫而环境复杂,制度化建设成效显著,而大众启蒙极为薄弱,政治上的公民自由与法律上的责任观念都极为缺乏。

近代中国的社会转型,急需从制度上进行规范——社会动荡不安,必然反映到民众中去,冲击民众的心理,造成民众心理的不稳和社会的浮动,从而急需制度的制约。但是,近代中国却呈现一种相反的情形:一方面社会局势变动不居,法律制度自然不宜确定,法律权威不易树立。而另一方面,法律权威性的丧失,又使社会的裂痕得不到及时地修补,反而助长了局势的动荡——"社会转型"与"法律转型"成了一对难兄难弟。这种情况,如果时间允许,或许可以熨平法律的皱折。然而不幸得很,中国近代风云变幻的政局,并未为中国提供这种历史机遇。究其根源,不外乎两个根本方面:一方面是外敌的入侵和帝国主义在华势力的影响过于强大,中国法律近代化缺乏培植法律权威所必需的外部环境。另一个重要方面,就是民族启蒙的缺位。由于民众的法治启蒙极为薄弱,法律意识淡漠,不能为近代法律体系的建立提供一定的民族心理和社会心理的基础。民族心理,是一个民族生存与发展的最深层、同时也是最具有决定性的因素。对于中国这样一个老大民族而言,民族心理的转换——民族启蒙,绝不是一朝一夕就可以见效、可以完成的事情。客观而论,近代以来的中国历史并非没有给国人提供这样的时间,实在是种种机缘将这种时间给挤占、给无畏地牺牲了! 从某种意义上说,民族启蒙与近代中国政局互为因果,共同最终造成了"社会转型"与"法律转型"的双重艰难——近代中国,政局变动频繁,当局根本无暇顾及公民自由——而公民自由正是进行民族启蒙的政治、社会与心理的基本条件。"中国的政治运动,似乎对公民自由都不感兴趣,甚至于不了解它们是什么。就像传统的中国一样,群体的利益所意味的只是领导者而已。在20世纪20年代,尤其是在知识分子之间,曾有过一阵讨论公民自由的风气,但随即消失了。20世纪30年代及40年代,由于内部争执与外力入侵的双重压迫,只有一个强有力的中央政府,才能使中国人享受一个美好的将来。在这一情况下,公民自由的需要往往被视为有意的权力放纵便不足为奇了。没有人想到不管公共利益有多大,每一个中国人,总该被允许保有最低限度的个人不受干涉的范围。"① 传统中国社会中,民众是以臣民的身份出现在法律中。民族国家之中,民众只能以公民的身份与法律发生关系。而公民自由则是培育健全的公民意识的温床。在没有公民自由的社会环境中,公民的主体意识、权利意识、责任意识都无从谈起。公民意识的淡漠,最终必然影响到宪政与法律体系的稳固——没有坚实的公民意识,一个健全的法律制度体系是不可能建立起来的。这种先进行制度建设,进而开展大众启蒙的法治进程,与西方国家先进行大众启蒙,再进行制度建设的顺序正好相反。近代中国急迫的环境、压缩的时空,决定了中国近代法律体系的先天不足。这种情况,正如一位近代学者指出的那样:

> "重难轻女,女子不得享有财产继承权者,习惯也。婚姻取买卖式者,习惯也。童养媳等,亦习惯也。总之,重父统轻母系,亦莫非习惯也。习惯有善恶之分,……兹篇所述,类多不良习惯,故新法典之从事

---

① 莱特(Mary C. Wright):《蜕变中的现代中国(1900—1950)》,载张玉法主编:《中国现代化论集》第一辑,联经出版事业公司1980年版,第320页。

第六章　中国近代法律体系的本土化

革除,虽小节上不无商榷余地,而大体不差。惟吾人所欲说明者,改除习惯,非法律单方面之力量所可奏效耳。何则?法律之力只能于受屈者请求保障时,加以保障,若受屈者安于旧习,自甘放弃,……则法律之力穷矣!……彼习惯之来非一朝一夕,积重难返而其原因则极为复杂:……有因政治不良,有因经济压迫,有因交通闭塞,教育不普及,而民智不开,纷繁错综,难以缕述……"①

---

① 王自新:《从新法之施行难说到旧习之革不易》,转引自杨鸿烈著:《中国法律思想史》(下册),商务印书馆1998年版,第371—372页。

第七章　中国近代法家与近代法律体系的形成

> 人类的正当研究是人。
>
> ——蒲伯：《人论》①

　　世界各国近代化与现代化的历史表明，一国近代化与现代化的展开，离不开一批近代化与现代化的先驱者、推动者(modernizer)——那些眼光敏锐、忧患意识发达、社会担当与社会责任感强烈、思想开明进步的观察家、探路者与实践家。在荷兰，如果没有斯宾诺莎与格老秀斯的思想启蒙，就不会有尼德兰革命；在英国，如果没有霍布斯、洛克与克伦威尔的思想宣传与政治活动，就不会有议会民主制度的建立；在美国，如果没有潘恩、华盛顿、杰斐逊、汉密尔顿的社会活动与法律智慧，美国独立战争后就不可能建立起合众国政府；同样，如果不是孟德斯鸠、卢梭和百科全书派的光辉著作，没有罗伯斯庇尔和拿破仑的革命意志，法国的大革命怎能进行得如此轰轰烈烈！即使在日本，如果不是出现了像西乡隆盛、木户孝允、大久保利通，以及伊藤博文和福泽谕吉这样一批极力推动近代化与现代化的政治家、思想家，日本怎么可能"脱亚入欧"，进入明治时代，日本怎么有机会称雄于亚洲呢！

　　同样，法律近代化也需要这样的"发动机"。法律是一个社会中相对保守的事物。特别是像中国这样文化传统比较悠久的民族，进行法律近代化的工作，就更加需要有法律智慧、有民族道义、有历史责任感的近代化先驱者和法律思想家。从单纯法律近代化的角度来看，法律思想家是法律变革过程中与传统法律文化相对应的另一个因素。在法律发展史上，法律思想家往往是活的因素。如果说传统法律文化代表了法律变革中的保守方面，而法律思想家则代表了法律变革中的进步方面。从法理层面上看，一个成熟完备的法律体系的构筑，离不开同样系统发达的思想体系；法律思想的发展高度与深度，往往决定了法律制度发展的高度与深度。因此，欲对法律近代化与近代法律体系进行分析与评价，就必须对近代法律思想的发生与发

---

① 蒲伯(1688—1744年)，英国著名诗人。此处引文出其《人论》(Essay on Man)，转引自吴宓著：《文学与人生》，清华大学出版社1993年版，第93页。

第七章 中国近代法家与近代法律体系的形成

展进行研究。

在近代中国,同样兴起了一批法家人物——法律近代化的先驱者与推动者。近代中国的遭遇,首先在他们身上体现出来。由于这些特殊人物的敏锐而强烈的感受性,使他们奋起抗争,敢于突破,从而开启近代化的进程。没有这些先驱者的推动,所谓中国法律近代化是无从想像的。中国近代法家对法律变革的作用,同样地表现在他们的法律思想上。因此,中国法律近代化的研究,不能不关注中国近代法家法律思想的变化发展。

对于近代中国法家的研究,从世界范围来看,目前已经取得可观的成绩。[①]

根据现有资料可以看出,学者对中国近代法律思想家的分散研究比较多。这种研究是把对人物理解推向深入的必经过程,但是规律性不强。事实上,"中国近代法家"目前还不是一个严格的学术概念——就像对先秦时期法家认识的那样。[②]笔者认为,中国近代法家的崛起和近代法律思想的发展是近代中国历史上的重要现象,近代中国客观上存在一个以推动法律发展与法治主义的社会群体——中国近代法家,因此在学术上应当把他们作为一个整体来对待,进行规律性的研究。

在这方面,应当关注的问题,首先是近代法家崛起的历史背景及其社会来源。其次是近代法家的法律思想及其派别与作用问题。值得注意的是,中国近代法家是在近代中国出现种种危机的情况下产生的,特别是他们对近代中国政治与法律的实际推动作用,由于没有充分的思想准备,思想本身的局限性比较明显。在行动方面,往往急功近利,表现出盲目性。近代法家

[①] 有关这一主题的论著主要有:《张之洞与清末新政研究》(李细珠著,上海书店出版社 2003 年版);《梁启超与中国思想的过渡(1890—1907)》(张灏著,江苏人民出版社 1993 年版);《沈家本传》(李贵连著,法律出版社 2000 年版);《从西方到东方——伍廷芳与中国近代社会的演进》(张礼恒著,商务印书馆 2002 年版);《走向世界的挫折——郭嵩焘与道咸同光时代》(汪荣祖著,岳麓书社 2000 年版);《在传统与现代性之间——王韬与晚清革命》(柯文著,江苏人民出版社 1998 年版)。此外,《近代中国法制与法学》(李贵连著,北京大学出版社 2002 年版)专章论述孙中山、张之洞、杨度与劳乃宣;《从传统中求变——晚清思想史研究》(汪荣祖著,百花洲文艺出版社 2002 年版)专章论述康有为和章太炎,并涉及到郭嵩焘、严复、胡礼垣等人;《知识分子与近代中国的现代化》(张朋园著,百花洲文艺出版社 2002 年版)是关于近代思想家群像的著述;《中国近代思想史论》(王尔敏著,社会科学文献出版社 2003 年版)中同样涉及到近代法律思想家。《清末法政人的世界》(程燎原著,法律出版社 2003 年版)为最近出版的书籍。论文从略。值得注意的是,关于中华民国时期的人物,论著十分稀少。

[②] 笔者看到关于日本近代法家的专著:《日本近世新法家研究》(韩东育著,中华书局 2003 年版)。

这种思想的局限性与行动的盲目性,对近代中国的法律改革产生了极为深刻的消极影响。

一、中国近代法家的崛起

(一) 中国近代法家崛起的背景及其来源

1. 中国近代法家崛起的背景

中国近代法家崛起,有一个特殊的背景,这就是近代中国"合法性危机"的困局。

近代中国,由于种种危机的缠绕,呼唤一个极具有社会责任意识和担当精神的社会群体的出现,这个社会群体必须是思想性与行动性的统一体——他们对于近代中国的处境,必须能够有一个清醒地认识。不仅如此,他们还必须具有行动的精神,能够带领一大批中国民众采取实际行动,来拯救危难中的中国。这就是近代中国法家的特殊历史机遇和使命。

近代中国法家的崛起,一个重要原因是传统儒家的没落。对于儒家思想与传统在近代中国的没落这一点,许多学者已经注意到。① 其里程碑性的事件,就是1905年科举制的废除。其实,儒家传统在中国的衰落,从洋务运动就开始了。洋务运动提出的"求富"、"求强"的口号,更接近中国古代法家提出的"以力服人"和重视耕战的思想。虽然洋务派没有提出明确的"法治"主张,但是他们是最早提出"中体西用"变革模式的,其中包涵学习西方资本主义国家先进的法律制度。1898年失败的戊戌变法,其所变之"法"是一个统治国家的方法,其中主要是法律制度。1911年清政府的垮台,宣告了儒家思想及其统治模式终结。此后建立的中华民国,尽管其中有两次短暂的"复辟"事件,但其主流不是儒家思想指导下的政治与法律模式的重建,而是有意识地将西方近代政治法律模式在中国加以运用——尽管在实际上由于种种原因,这些实践活动基本上都失败了。

对于儒家思想在近代中国的历史作用,现代学术界有一定的发觉。② 这

---

① 关于这个问题,可以参考〔美〕列文森著:《儒教中国及其现代命运》,郑大华、任菁译,中国社会科学出版社2000年版。在学理层面,德国思想家马克斯·韦伯的《儒教与道教》一书则是比较理想的参考书。

② 例如,《近代经学与政治》(汤志钧著,中华书局2000年版)等。事实上,近代以来中国与东南亚曾经掀起过一个所谓"儒家"第三期的文化热潮,其余波至今未泯。笔者十分担忧其历史命运!

第七章　中国近代法家与近代法律体系的形成

种学术研究对于整理传统国学的作用有其意义,另一方面,儒家思想对于近代中国的社会变革,也绝非没有积极意义。但是,过高估计儒家思想在推动近代中国的社会变革方面所发挥的积极作用,则是不适当的。笔者以为,如果说儒家思想起到什么作用的话,这种作用主要是一种消极的、反面的作用。即使儒家思想对于近代中国有一些积极影响,则这种影响也只不过是传统儒家思想的回光返照而已。从近代历史来看,1898年维新运动的失败,基本上可以确定儒家思想对于指导一场历史性变革的限度。从以后发生在中华民国期间的复辟等历史事件不难看出,儒家思想的消极作用是不可轻视的。

与儒家相对照,在近代中国民族国家的兴起过程中,法家则起到更为重要的作用。前述近代中国对于"富强"的追求,是民族主义思想的重要方面,这一思想与法家的旨趣更为接近。民族国家建立的基本方面是国家主权的产生,而维持这一政治模式的,不是过去儒家思想宣扬的"忠君爱国",而是民主与自由基础上的宪政与法治。这一点,至少就形式上看来,也与法家联系更为紧密一些。

具体到近代中国的法律变革来说,法律科学化是一个核心任务。这一方面,儒家思想基本上隐退到知识层面的背后,担任主角的只能是法家思想与法家行动。如果说法治主义是近代中国一股思想潮流的话,则现代法治主义的基本成分——政治上的民族主义、经济上的资本主义与法律上的理性主义,基本上就是法家思想的主要方面。

2. 中国近代法家的来源

从比较广泛的意义来看,中国近代法家,主要包括这样一些人物:首先是直接参与法律变革的法律改革家,沈家本与伍廷芳是两个著名的人物,还有民国时期立法机关的主要人员。其次,那些主张通过法律变革中国社会,特别是主张学习西方国家先进的法律制度,实现国家富强的人物,如冯桂芬、郑观应、薛福成、梁启超等改良主义法律思想家。这些人物的一个基本思想特征,就是主张"中体西用"。再次,是那些具有一定政治背景而又有一定程度的法治理想的人物,如张之洞、孙中山等人。最后,是那些实际法律工作部门中的人。如北京政府时期与南京国民政府统治时期司法部门中具有法律知识背景的人物,执业律师、法学教师等。总的来说,这些人物大都有一定的法律知识,甚至拥有法律院校的文凭,有的人可能有一些法律著述,至少是具有实际法律工作经验的人。这些人或多或少对于中国近代的法律发展与法治建设发挥一定的推动作用。

中国近代法家的社会来源，则是一个比较复杂的问题。

早期的法家如改良主义者，既有来自通过科举考试取得功名的人物，如冯桂芬就取得进士，以后的法律思想家与活动家，如梁启超、张謇、蔡元培等，也都曾取得清政府的功名。有的人可能有科举功名，但是更重要的是，他们源于从事洋务运动的经历，也就是经历过所谓"洋场"，而主张学习西方的法治，如郑观应、薛福成、王韬等。这些人曾有一个不雅的称呼，即"买办"。有的法家是清政府内部比较开明的官僚，如沈家本、张之洞等，他们往往有一定的政治影响，凭借其中西法律知识，主张中国实行法治主义。清末立宪中，有一部分立宪派属于这样的人物。他们在清末新政中推动过立宪运动的发展，以后与革命派结合，推动了中华民国的成立，此后又作为议员或者其他实际法律工作。还有一些法家人物是从海外留学归来的，或者有海外知识背景，如伍廷芳、孙中山等人。中华民国建立以后，有不少留学日本的学生进入立法机关或是司法机关，从事实际的法律工作。当然，还有一些人物是清政府举办的法律学堂中毕业的学生。

从一个微观的视角来看，学者曾对民初大理院的人员构成进行考察统计①，从中可以看出，"以大理院言，民元以来，所有推事的进用，侧重拔擢留学东西洋法学毕业，并在社会素有声望，精力健全之人"。② 根据台湾学者黄源盛的研究，在民国大理院历任院长及推事列表的60人中，取得外国学历或有外国学习背景的人有38人，有中国学历的30人，有著述或是参与法律制定的有42人。他们中取得耶鲁大学学历的有1人，取得东京帝国大学学历的有10人，取得北洋大学学历的有3人，取得日本早稻田大学学历的有8人，取得日本东京中央法政大学学历的有3人，日本法政大学的学历的有3人，伦敦大学的有3人，芝加哥大学的有1人，日本中央大学的有3人，京都大学的有1人，美国印第安纳大学的有1人，哥伦比亚大学的有1人，牛津大学的有1人。取得中国清政府授予的(法科)举人或进士头衔的有15人，取得北洋大学学历的有2人，北京大学的有1人，北京法政专门学校的有2人，上海南洋大学的有1人，直隶法律专门学校的有1人，朝阳大学的有1人。取得外国律师资格的有2人。由此可见，民国初期的大理院，其人员的素质普遍来说是比较高的。另有资料显示，1948年，全国共有正式任命的推事2389人，检察官1774人，审判官2074人，监所长官1893人，共计8130

---

① 黄源盛：《民初大理院》，载《政大法律评论》第61期，第85—140页。
② 同上书，第110页。

第七章　中国近代法家与近代法律体系的形成

人,其辅助人员如法院书记官与监所职员等,共计不下九万余人,这些人员中约十分之七是考试出身。①

上述资料说明,近代中国在建设民族国家的过程中,的确出现一批具有较高素质的法律专业人员。近代中国法律的变迁,从沿海到内陆,从保守到进步,从个人到群体,从观念到行为,法律近代化的进程在这些人物的身上,无不得到淋漓尽致的反映。

(二) 中国近代法家思想的派别

法律思想方面的贡献,是中国近代法家对法律近代化的推动作用之一。

近代中国,虽然没有出现像英国的洛克(1632—1704年)、美国的潘恩(1737—1809年)、法国的孟德斯鸠(1689—1755年)、卢梭(1712—1778年)等那样著名的法律思想家,也没有像日本启蒙时代(亦即江户时代,1600—1868年)出现的著名的法家,如狄生徂徕(1666—1728年)、太宰春台(1680—1747年)、海保青陵(1755—1817年)及福泽谕吉(1834—1901年)等法律思想家,但是,近代中国也孕育了自己的具有一定影响的法家人物。他们的法律思想虽然不像上述这些人物的思想那样光辉灿烂,震古烁今,但对近代中国的法律建设与社会进步起到了推动与指引的作用。特别是他们对于近代中国法律体系的形成,产生了直接而深远的影响。其中如前述冯桂芬、梁启超(1873—1929年)、张之洞、沈家本、孙中山等人,对于探索中西法律文化的结合,促使中国传统法律文化走向世界,构造适合于中国国情的近代法律体系等,都作出了积极的、不可磨灭的历史性贡献。"越是民族的,越是世界的"(高尔基)。在这个意义上,他们在世界法律发展史上也应占有一席之地。

在这期间,产生了四个比较有影响的法律思想派别。一个是主张积极法律变革、向西方学习,建立君主立宪政体的"法理派";一个是固守传统法律文化,反对根本改变法律传统的"礼教派"或"国情派";一个是主张彻底废除封建君主制度,建立资产阶级民主共和国的革命派——国民党(后期放弃革命理想,实行"一党专政");最后一个是以马克思列宁主义为指导的,主张

---

① 谢冠生:《战后司法概述》,载《篑笙堂文集》,第84页。转引自陈添辉:《一九一二—一九四九年 民初至一九四九年之法制变化——以民法之制度及施行为例》,载中国法律史学会编:《中国法制现代化之回顾与展望——海峡两岸纪念沈家本诞辰152周年国际学术研讨会》(论文集),台湾大学法学院1993年出版。

建立以工农联盟为基础的人民民主专政的社会主义国家的中国共产党。需要说明的是,中国共产党在建立政权之前,主要是一个政治力量,对于法律,没有明确的思想体系。当然,更重要的是,在国民党统治期间,没有大规模法律实践的机会。另外,在北洋军阀统治期间,出现许多大大小小的政治派别,他们虽或有自己的法律主张,但基本影响不大。因此,影响比较大的就是前三个法律派别。就推动法律近代化事业的进步方面来看,影响最大的,一个是以沈家本为代表的君主立宪派、改革派或改良派。另一个法律派别,就是以孙中山(1866—1925年)为代表的革命派。

中国近代法律思想的发生与发展,与近代中国社会的变迁是相始终的。近代中国发生的几乎所有重大事件,都可以看到法律思想的或隐或现的影响。同时,这些事件也在影响着法律思想的发生与发展。其中,特别值得注意的是,自戊戌变法到新中国的成立50年间,法律思想的发展变化,对于近代中国法律体系的形成产生了直接的影响。

二、中国近代法家对法律近代化的推动作用

在春秋战国时期,中国的大地上曾经活跃着一批主张以法治国,以法救世的法家人物。除了帮助国君制定法典,实施法律外,他们积极参与各国政治,尤其是通过发动变法,力求实现富国强兵。中国古典法文化时期的法家,为推进我国法律文明乃至整个华夏文明都作出了不可磨灭的贡献,也为世界法律文化的发展,留下了宝贵的精神遗产。在中国近代法家,虽然不像早期法家那样功勋卓著,但是也都努力经世济民,建功立业,弘扬法治,振兴国家。在内忧外患日益加重的近代中国,正是依靠这样一批具有社会责任感、历史使命感和民族正义感的法家,才使得中华民族虽历经磨难而不泯,饱经风霜而愈坚。尤其是,他们通过自身的努力,使中国传统法律文化得以最大限度地继承和保留,使近代法律最大限度地与世界保持同步与协调,实实在在地推进了中国法律近代化事业。概括起来,中国近代法家的贡献,主要表现在以下四个方面。

(一) 译书著述,启蒙民众

"译书"是中国近代法家在西学东渐过程中自觉担当的开创性事业。不译书不足以开启民智,唤起沉睡的民族,不译书不足以改进传统,改良法制。最早从事法律书籍翻译的是一批传教士,如丁韪良、李提摩太等。他们甚至

第七章　中国近代法家与近代法律体系的形成

开设译书院,有组织地从事翻译工作。在他们的影响下,中国自己的翻译家也逐渐产生。洋务运动中的总理各国事务衙门、江南制造局以及后来新政中设立的宪政编查馆、修订法律馆,民国时期的司法部等,都设有译书机构。其中对中国近代影响比较大的翻译家有梁启超、严复、沈家本、董康、王宠惠、史尚宽等人。他们自己翻译或组织翻译的法律书籍,如《德国民法典》、《法国民法典》、《瑞士民法典》、《法意》等,传播了西方近代法治理念,引进了西方先进的法律制度。

除了翻译法律书籍外,近代法家还著书立说。冯桂芬著《校邠庐抗议》、梁启超著《变法通议》、沈家本著《历代刑法考》、孙中山著《三民主义》、《建国大纲》,等等。他们通过自己创办刊物或在流行的报刊上发表文章,宣传法律思想,启发民众。比较早的刊物有《清议报》、《国民报》、《新民丛报》、《游学译编》、《东方杂志》、《民报》等。这些报刊在辛亥革命前十年间,对传播新思想、新知识发挥了重要作用。在清末民初及新文化运动前后,一批法律刊物如雨后春笋般诞生,如《法学会杂志》(1911年创刊)、《法政周刊》(1914年创刊)、《法政杂志》(1916年创刊)、《法政学报》(1918年创刊)、《法政丛刊》(1928年创刊)、《法学杂志》(1935年创刊)等。在民国建立以后,这些舆论工具与思想阵地是与旧传统、旧秩序进行斗争的重要方面。中国近代法家借助于这些工具,也极大地传播了新的法律思想,并为法律变革与法制建设摇旗呐喊,对于民族启蒙意义深远。

(二) 立法建制,轨物纳民

除了在思想领域、知识领域的开创性工作外,中国近代法家还承担了法制建设的具体而核心的工作——立法建制。他们这种工作,对于促使封建法制退出历史舞台、催生资本主义新法制起到直接的作用,对于创立和维持新旧交替时期,特别是民国时期的社会秩序更是意义重大。

清末,为了收回治外法权,中国政府开始了法律近代化的工作。其中一个重要方面,就是建立一个与西方新近法律制度比较接近的全新的法律体系。在这个过程中,涌现出了中国第一批优秀的法家人物。他们中最杰出的有沈家本、伍廷芳、杨度、董康等。他们参与了全部新法律的制定。其中,为了引进西方进步的法律制度和法律原则等,他们的工作遇到保守势力的攻击和阻挠。"礼法之争"就是一次著名的事件。这些新法家为了及早收回国家权力,为了早日实现国家的富强,与保守人物进行斗争。最后,经过折衷妥协,最终使中国近代化的法律体系初具规模。

中华民国时期的法制建设,同样是中国近代法家努力的结果。一些重要的法家人物,在当时身居要职;直接或者间接地推动了当时法律的制定。如伍廷芳曾任司法总长、宋教仁曾任法制局长、梁启超曾任司法总长、王世杰曾任法制局长、胡汉民曾任立法院长、王宠惠曾任外交部长与司法总长、董康曾任司法总长等职。他们是中国近代法家的优秀代表,为中国近代法律体系的建立、完善和成熟贡献了重要的智慧和力量。①

(三) 参与国事,推进宪政

近代中国不管是清末的君主立宪,还是中华民国时期的民主共和,一个一以贯之的民族理想就是宪政。清末新政要为中国政治增加的惟一一个新因素就是宪法。尽管清朝政府意识到这一问题为时已晚,但毕竟为中国法律史谱写了新的一页。清朝遗留的两个重要宪法性文件——《钦定宪法大纲》和《重大信条十九条》,最早为中国人民勾画了三权分立和法在权上的美好蓝图。在中华民国时期,民主共和的观念深入人心,由此也推动了宪政的发展。

在上述近代宪政的发展过程中,中国近代法家同样承担了重要的历史角色。实际上,在中国近代的政治舞台上,自从戊戌变法到中华人民共和国的成立,每一个重大的政治事件,都可以发现法家的身影。梁启超与其导师康有为一起发动了公车上书,并推动了戊戌变法运动。在清末新政中,应运而生的立宪团体,掀起了三次轰轰烈烈的国会请愿活动。他们通过国会这一新的历史舞台,为民权申辩,为国运抗争,开辟了中国民主政治和近代法治传统的先河。

以孙中山为核心的革命党人,基本以法家的献身精神从事革命活动。他们在伟大的民主革命的先行者孙中山先生的带领下,推翻了封建帝制,缔造了中华民国这一亚洲第一个民主共和国。但是,在此后的一系列历史事件中,则显示了中国近代法家的某种先天不足。在南北和谈中,他们既没有通过军事斗争,彻底摧毁旧势力,也未能够像美国的联邦党人那样,借助于民众的力量,促成宪法的通过。在以后的国会竞争中,国民党与进步党无谓斗争,最终使渔翁得利。国民党不得不发动一而再、再而三的武装斗争,夺取政权。这一连串的事件说明,中国近代法家身上具有某种软弱性和幼稚

---

① 这一时期的法家对法制建设的贡献,可参考韩秀桃:《民国时期法律家群体的历史影响》一文,载《榆林学院学报》2004年第2期,第19—25页。

性。他们对重大历史机遇的把握不够准确,对政治局面的敏感性不够强烈,他们担当历史责任的肩膀还不够硬朗。

(四) 培养人才,弘扬法理

从清末到民国,中国近代法家也为我国法学教育与法律人才的培养,作出了重要贡献。他们培养出中国第一批经过专门训练的法律专业人员,充实了当时的司法队伍、行政机关、法律教育机构和法律服务行业等。

1906 年清政府设立中国第一个法律人才的专门培养机构——京师法律学堂。① 次年设立京师法政学堂。② 在地方也设立了至少二十四所法律学堂。③ 在大学里,开设的也有法律院系和法律专业。民国初期曾经对法律学堂进行整顿,到 1926 年全国公立与私立的法政专门学校有 25 所。④ 据统计,民国时期各类法政专门学校和大学法科毕业的法律专业学生总计约 4 万人。⑤ 这些法律人才受到了比较系统的专门教育与培训,是近代法制建设的基本力量。

中国近代培养的法律专业人员,基本的作用是通过法律实施,服务民众。在从事法律教育的中国近代法家中,也曾涌现出杰出的法律专家,对维护国家利益和民族尊严作出了重要贡献。例如朝阳大学教授倪征燠,曾经参加国际法庭对日本战犯的审理。新中国成立后,他曾担任外交部法律顾问,并担任联合国国际法院法官等。

三、中国近代法家思想的限度

应当肯定,中国近代法家是法律近代化事业的主要推动者。但是由于种种原因,中国近代法家身上却存在某种缺陷与不足,使他们在近代法律发展过程中陷入不能克服的困境。这主要有两个方面的原因:一是法家自身的幼稚性,或者说是他们的先天不足。另一方面,则是近代中国的特殊处境,这一点造成法家局限性的外在原因与客观原因,使他们的思想具有局

---

① 王健:《中国近代的法律教育》,中国政法大学出版社 2001 年版,第 190 页。
② 同上书,第 202 页。
③ 同上书,第 211—215 页。
④ 同上书,第 222 页。
⑤ 韩秀桃:《民国时期法律家群体的历史影响》一文,载《榆林学院学报》2004 年第 2 期,第 23 页。

限性。

(一) 法家的幼稚性

中国近代法家具有某种先天的不足。

首先,从近代法家的来源可以看出,他们基本上都是在传统儒家思想的熏陶下成长起来的。这个背景因素绝不能忽视。这一点从知识源泉上,决定了中国近代法家不可能完全摆脱儒家思想的控制,而发展出独树一帜的法家理论体系,支持近代中国法律事业。

中国传统的儒家与法家,在思想上基本是对立的两个学派。它们有各自不同的学术立场与不同的主张。尽管传统中国由于"儒家化运动"而使两者融合在一起,出现所谓"儒外而法内"的统治模式,但是,当历史发展到需要将它们比较与对立的时候,这两个学术流派的区别便明显地表现出来。但是,如果主张法治的法家不能对儒家思想形成有效地批判,则法家的立场便不稳定,其主张往往也不能明确。中国近代法家正好处于这样一个困境之中。

中国近代法家中的大多数人是具有传统儒学背景的人物。清政府覆灭之前的改良派、立宪派不用说,就连革命派中的法家人物,也有不少是传统儒家出身的。从来源的类别上看,前述四种法家来源,有两种是与儒家直接有关的。清政府举办的法律学校,往往在法律课程之外,开设国文、历史、甚至于经名之学、掌故、《圣谕广训》之类训导儒家思想的课程。[①]

其次,中国近代法家对于西方传来的法律知识,往往借助于传统法家来认识。这使他们不能对传统法家的法治经验与近代西方的法治观念进行有效地区分,从而很难形成真正的完全意义上的"近代化"的法家。以沈家本为例,他是一个"西法与古法相同"思想的典型。他说:"放今世之崇尚西法者,未必能深明其法之原,本不过籍以为炫世之具,几欲步亦步,趋亦趋。而墨守先型者,又鄙薄西人,以为事事不足取。抑知西法之中,固有与古法相同者乎。如刑之宣告,即周之读书用法,汉之读鞫及论,唐之宣告犯状也。狱之调查,即周之岁终计狱,弊讼登中于天府,宋之类次大辟,奏上朝廷也。至若大司徒所属之乡、遂大夫诸官,各掌乡、遂之政教禁令,而大司寇所属之乡士、遂士、县士分主国中、遂、县之狱,与乡、遂诸大夫分职而理,此为行政官与司法官各有攸司,不若今日州县官行政、司法混合为一,尤西法与古法

---

① 王健著:《中国近代的法律教育》,中国政法大学出版社 2001 年版,第 155、165 页。

相同之大者。"① 对于司法独立,公开审判制度这些西方国家近代意义上的法治理论,他们往往拿中国古代的某些法律观念来比附。"西学中源"之说,往往成为近代法家的护身符、通行证。

中国是一个传统极为浓厚的国家。为了使西方法律能够通行于中国,从而借助于西法与中国古代法律"相沟通",可以赢得一些思想保守者的同情与拥护,减少采用西方法律的阻力。但是,这样一来,对于深入探讨西方先进的法律思想与法律制度,则无形中设置了一道不可逾越的障碍。尤其是西方近代法律思想的精华,中国近代法家往往不能得其精髓与本质。

(二) 法律思想的局限性

一种有影响的新思想的形成,往往需要两个基本条件:酝酿时间和传播空间。没有一定的时间,旧的思想不能廓清,新的思想无法发育成熟。没有一定的空间,一种新思想不能得到有效地、广泛地传播,其影响不会太大。中国近代法家恰恰是在这样两个条件的限制中成长起来的。加之前述中国近代法家的幼稚性,近代法律思想难免其局限性。

中国近代法律思想的发育,基本上是在第二次鸦片战争之后。由于国势日蹙,危机渐深,一些有见识的知识分子才意识到传统儒家思想不足以维持,必须向西方学习,"中学为体,西学为用",借助于西学以资补救。戊戌变法时期,由于西学书籍的大量传播,法律思想也得传播。但是,由于时间短促,国人对西方的法律思想始终没有彻底研究,对于中国固有之学术,也未进行彻底批判。这样一来,在清末修律的过程中,乃至在以后中华民国北京政府和南京国民政府的法律建设中,都没有出现一个先进、系统、科学的法律理论。这一点与日本相比,则是一个极大的悬殊。日本在江户时代(1600—1868 年),即有所谓"兰学",以后出现几个以批判中国传统儒家思想的集大成者——朱熹的思想为使命的近代法家。其代表人物有狄生徂徕(1666—1728 年)、太宰春台(1680—1747 年)、海保青陵(1755—1817 年)等人。经过他们的思想启蒙与新旧激荡,到日本的明治维新时期,基本上形成了比较彻底的接受西方法律文化的社会氛围。因此,日本的启蒙思想成为推动其近代化的基本动力,而中国则主要是由于国家局面难以为继,不得已,才想到法律变革的。这其中,时间是一个决定性因素。

其次,中国近代的法律思想,在其产生以后,传播范围很小。近代法律

---

① 《寄簃文存·裁判访问录序》。

思想,是在以开放口岸为中心的沿海地带产生的。那些开放口岸往往得风气之先,西方法律思想在这些地方首先传播。早期的思想家如冯桂芬、郑观应等人,都是在沿海地带成长起来的。他们逐渐将自己的思想向内地中心地带传播,影响到上层社会的一部分知识分子,并进一步影响到政府的政策趋向。但是,由于前述时间紧促等原因,新思想的传播范围总的来说是比较有限的。大体上,在城市中,新思想容易得到传播,而在广大的农村,人口众多,但新思想却不易传播。即使在城市中,知识分子接受能力比较强,而一般没有阅读能力的人,则接受新思想比较慢。进一步说,在知识分子中间,只有一部分比较开明的人士,对新思想有兴趣,大多数人对于新的事物,尤其是关系到他们切身利益的思想与制度方面,他们是不愿接受的。张之洞被时人称为"中国惟一之希望"、"今日中国一个最伟大的人"、"杰出的真正爱国者与有才能的政治家",但他的"中体西用"思想,局限性是十分明显的。

中国法律的近代化进程是一个艰苦的历程,一方面是封闭的中华法系有着本身长久的历史传统,顽强地维护着泱泱大国几千年以来的封建社会。另一方面在鸦片战争以后,建立在自给自足的小农经济上的封建社会的基础已经动摇,门户开放及一系列不平等条约的签订与国内民族工商业的发展,使原有调整封建社会阶级矛盾的法制也受到冲击和破坏。因此,无论"中学为体,西学为用"的洋务运动,还是"变法图新"的改良主义运动,都不能改变大清帝国必然灭亡的命运。日趋没落的封建社会与资本主义在政治上的接触,传统的封闭的中华法系与大陆法系、英美法系的接触,就在本质上决定了封建王朝的失败。尽管出现过一批像林则徐、严复、沈家本这样的敢于面向世界的人,由于他们所处的历史条件及其本人的因素,他们都没有,也不可能找到一条在他们看来既不推翻落后的封建王朝,又可以"图强"的出路。

中国近代法家与法律思想的局限性,对中国法律近代化事业产生了极为深刻而复杂的影响。他们的双重性格——进步与保守共存,思想与利益俱在,一方面促进法律朝着进步的方面发展,但另一方面,这种改变往往是细枝末节的,不彻底的。最后,往往由于整体的失败,自己也一事无成。自古强梁多悲剧,近代法家亦不免。从某种意义上说,近代法家的悲剧性格,决定了中国法律近代化事业过程的艰巨复杂与其成果的不充分性。

四、中国近代法家的个案观察

(一) 梁启超

梁启超在中国近代法律发展史中的地位,已经逐渐被人认识。有人把他称为"一代法学大家"、"杰出的法学家"①,这个评价不算过分。梁启超是1898年戊戌变法的主角之一,也是1901年开始的清末新政的实际指导者。梁启超文采极高,"笔端常带感情",堪称著作等身。其法学著述,"至少在300万言以上"。② 代表性的篇目有《中国宜讲求法律之学》(1896年)、《各国宪法异同论》(1899年)、《立宪法议》(1900年)、《法理学大家孟德斯鸠》(1902年)、《论立法权》(1902年)、《论中国成文法编制之沿革得失》(1904年)、《中国法理学发达史论》(1904年)、《中国国会制度私议》(1910年)、《宪政浅说》(1910年)、《责任内阁释义》(1911年)、《宪法之三大精神》(1912年)、《国际联盟评论》(1918年)、《先秦政治思想史》(1922年)等。

梁启超的法律思想,深受其政治思想的影响。而梁的政治思想有一个发展变化的过程。大体上说,早期他受到康有为君主立宪思想的深刻影响,主张君主立宪,实行开明专制,反对民主共和。但是,中华民国成立以后,他的思想发生较大变化,不仅参与了北京政府的工作,曾一度出任司法总长(1913年)与财政总长(1917年),还组织政党③,而且在理论上支持民主共和。在袁世凯欲称帝之前,他著《异哉所谓国体问题》一文,反对复辟帝制。梁启超的一生,"一,任公虽受康南海的影响,但他的思想并不为南海所范围;二,在清亡以前,任公虽致力于君宪运动,他不能忘情于民权革命;三,他与革命运动虽暂合而终离,但他的言论直接或间接有助于革命思想的发展;四,他在新民丛报中攻击民报的文字有助于革命主张之更趋于明晰与缜密;五,他与辛亥革命没有直接的关系,但他对革命不乏助成的影响,也可以说

---

① 范忠信:《认识法学家梁启超》,载《梁启超法学文集》,中国政法大学出版社2000年版,第1页。
② 同上书,第2页。
③ 1912年,梁从日本回国,于次年加入共和党,后来,在袁世凯的授意下,共和党、民主党与统一党三党合一,组成进步党,梁为实际的党魁。见郭廷以著:《近代中国史纲》(下),中国社会科学出版社1999年版,第415页。

是一个'革命先觉者'"。① 据统计,梁启超的法学论著达 71 篇之多。②

梁启超一生中成事不多,但是适与近代中国的命运相仿佛。梁不仅直接参与中国近代法制变革,而且,他在政治与思想的层面上对清末新政③、辛亥革命产生直接而深刻影响。没有梁启超,中国近代法制很难说有那么些成就。其对于中国法制教育的深远影响更是不可低估的。

(二) 沈家本

沈家本(1840—1913 年),字子惇,别号寄簃,浙江归安(吴兴)人,光绪九年进士。

沈家本在中国法律近代化的历程中,具有十分独特的地位。有人把他称为"媒介东方西方几大法系成为眷属的一个冰人"④,"有清一代最伟大的法律专家不能不推沈家本了! 他是集中国法系大成的一人,且深懂大陆英美法系,能取人之长,补我所短。"⑤ 有人把他叫做"中国法制近代化之父","沈家本理性地打破了'传统'与'近代'的二极观,强调中国传统法律必须接受近代化的批判与改造,中国才有法制近代化的可能,而开拓出'会通改制'的变法修律方向,创造了中国法制一个新的生命,因此,沈家本堪尊为'中国法制近代化之父'"⑥、中国法律改革之父"等。总而言之,不管怎么评价,都不能低估沈家本对中国法律近代化事业作出的历史性贡献。

1902 年,沈家本在袁世凯(时任直隶总督)、刘坤一(时任两江总督)和张之洞(时任湖广总督)的联名保举下,与伍廷芳一起被清政府任命为修律大臣。沈的工作一直持续到 1911 年(宣统三年二月),长达十年之久。清末的修律大臣,实际上一个全面负责法律制定的立法机关。在中国开始法律近代化进程的清末,这个组织的地位和影响,连同其面对的压力和困难就可想而知了。由于这个原因,作为法律改革家的沈家本,其晚年经历并不平

---

① 张朋园著:《梁启超与清季革命·萧公权先生序》,台北"中央"研究院近代史研究所 1982 年版,第 1—2 页。
② 范忠信:《梁启超法学文论总目》,载《梁启超法学文集》"附一",中国政法大学出版社 2000 年版,第 357—361 页。
③ 徐忠明:《晚清法制改革的逻辑与意义》,载《法律史论集》第二卷,法律出版社 1999 年版,第 389 页。
④ 杨鸿烈著:《中国法律发达史》(下),上海书店 1990 年版,第 872 页。
⑤ 同上书,第 1009 页。
⑥ 黄源盛:《大清新刑律礼法争议的历史及时代意义》,载《中国法制现代化之回顾与前瞻》(海峡两岸纪念沈家本诞辰 152 周年文集),中国法律史学会编,台湾大学出版社 1993 年版。

第七章　中国近代法家与近代法律体系的形成

坦。在著名的"礼法之争"事件中,由于受到礼教派的攻击,他不得不辞去法部职务。在辛亥革命发生的第三年,亦即1913,沈家本在其寓所枕碧楼溘然长逝。

沈家本之所以能承担这项历史任务,一方面是由于他对传统中国的律学比较了解,"以律鸣于时",另一方面,他对西学持比较开明的态度,主张"会通中外"的法律变革思想。"当此法治时代,若但征之今而不考之古,但推崇西法而不讨论中法,则法学不全,又安能会而通之,以推行于世?"① 他认为,一方面,"我法之不善者,当去之。当去而不去是为悖。彼法之善者,当取之,当取而不取是之为愚。"② 惟有"体察中国情形,斟酌编辑,方能融会贯通,一无扞格,此为至当不易之法。"③ 这些思想,比较符合当时清政府既定的"从前旧法,自不能不量加变易,东西各国政法,可采者亦多,取其所长,补我所短,揆时度势,诚不可缓"④ 以及"按照交涉情形,参酌各国法律,悉习考订,妥为拟议,务期中外通行,有裨治理"⑤ 的指导方针。他对晚清中外法律格局的务实态度与开通的认识,使他成为清政府最佳的人选,这些思想,也成为他日后主持修改与制定法律的指导思想。

在清末修律所开启的法律近代化过程中,沈家本所从事的工作,主要是西方法律的引进、中国传统法律的修订及法律人才的培养等三个方面。

首先,在西方法律的引进方面,沈家本继承了前人翻译法律书籍的事业,然就其引进的数量与速度而言,沈家本可谓开创了一个新的时代。据学者研究,由沈家本主持并且亲自鉴定的法律典籍的翻译,就有《德意志刑法》、《德意志裁判法》、《俄罗斯刑法》、《日本现行刑法》、《日本改正刑法》、《日本陆军刑法》、《日本海军刑法》、《日本刑事诉讼法》、《日本监狱法》、《日本裁判所构成法》、《日本刑法义解》、《法兰西刑法》、《荷兰刑法》、《意大利刑法》、《法兰西印刷律》(一名《法兰西印件律》)、《德国民事诉讼法》、《日本刑法论》、《普鲁士司法制度》、《日本监狱访问录》、《日本新刑法草案》等。此外还有尚未译完的十种,计为《德意志民法》、《德意志旧民事诉讼法》、《比利时刑法》、《比利时监狱则》、《比利时刑事诉讼法》、《美国刑法》、《美国刑事诉讼法》、《瑞士刑法》、《芬兰刑法》及《刑法之私法观》、《法典论》、《监狱学》、《狱

---

① 《寄簃文存·薛大司寇遗稿序》。
② 《寄簃文存·删除律例内重法折》。
③ 《奏拟修订法律大概办法折》,《光绪朝东华录》光绪三十三年十月。
④ 张之洞:《张文襄公全集》卷三十七。
⑤ 沈家本:《寄簃文存》卷一《删除律例内重法折》。

事谭》、《日本裁判所编制立法记》等① 三十余种。② 沈家本引进的法律书籍，主要是侧重于各国刑法、民法、诉讼法以及监狱、审判等司法行政制度等。而这些法律的来源国，则包括日本、德国、俄国、法国、荷兰、瑞士、意大利、比利时、美国、芬兰等十几个国家。除了对各国法律翻译外，沈家本等还倡导翻译了外国法学理论和政治学说方面的法学著作。他曾组织董康、唐宝锷等人先后从日本翻译了《日本裁判所编制法》、青蒲子爵、斋藤十一郎《司法访问录》、佐藤信安《日本监狱法》、冈田朝太郎《法学通论讲义》、户水宽人等《法律学纲要》、《行政法》、《国际私法》等。据统计，从1904年5月15日修订法律馆开馆，到1910年1月6日，沈家本主持翻译西方法学书籍共计达69种之多。③ 日本明治维新时曾大量翻译法、德、英、美等国的法律，使日本法制建设得到了迅速发展。这里，特别值得注意的是，由于沈家本认为"日本旧时制度，唐法为多，明治以后，采用西法，不数十年遂为强国"，其原因是"举全国之精神，胥惯注于法律之内，故国势日张"。这促使沈家本注重了从日本直接翻译或从日本转译有关法律和法学著作。大量西方法律与法学书籍的引进，给国人提供了认识中国固有法律制度与法律传统的参照，同时也有助于时人理解他们所进行的法律改革事业。

其次，中国传统法律的修订，也是沈家本为中国法律近代化作出的重要工作。根据学者的研究，他对中国传统法律的改造，主要包括删除《大清律例》的部分条款，废除重法，禁止刑讯，削减死刑条目，改革行刑旧制，删除奴婢律例，统一满汉法律，改革秋审制度等。④ 在新法律制定方面，他主持或参与制定的主要有：商律、《刑事民事诉讼法》草案、《法院编制法》、《违警律》、《大清新刑律》、《国籍法》、《大清刑事诉讼律草案》、《大清民事诉讼律草案》、《大清民律草案》、《大清现行刑律》等。⑤ 可以毫不夸张地说，清末所制定的几乎每一部法律，都有沈家本的功劳。通过沈家本本人的努力，我国传统的以《大清律例》为代表的综合性法律编纂体例被打破，大量的西方国家通行的部门法的编纂体例被引进过来。这一立法技术的改进，为我国此后各种

---

① 《修订法律大臣沈家本奏修订法律情形并请归并法部大理院会同办理折》，载故宫博物院明清档案部编：《清末筹备立宪档案史料》（下册），中华书局1979年版，第838页。
② 田涛：《沈家本在清末外法引进中的地位和贡献》，载田涛著：《第二法门》，法律出版社2004年版，第197页。
③ 尚小明著：《留日学生与清末新政》，江西教育出版社2002年版，第114页。
④ 李贵连著：《沈家本传》，法律出版社2000年版，第212—227页。
⑤ 同上书，第277—300页。

第七章 中国近代法家与近代法律体系的形成

社会生活领域的法律调整,特别是对涉及私人事务的民事法律的调整提供了广阔的空间,从而为实现近代以来所传入的"法治"理想建立一个实实在在的制度的平台。

第三,沈家本也为我国早期的法律教育事业与法学研究作出了开创性的贡献。在沈家本的极力倡导下,中国近代第一所官办法律专门学校——京师法政学堂于1906年正式开学。到1911年清政府倒台,该学堂"毕业者近千人,一时称盛"。① 他还提议设置律学博士。此外,作为一个法律活动家,沈家本还参与创办中国近代第一个全国性法学学术团体——北京法学会,并被推选为首任会长。② 在法学研究领域,沈家本同样取得可观的成绩。他主持和组织翻译的大量外国法律、法学著作,为后人的研究提供了丰富的资料。他本人的著作也十分丰富,代表性的有:《历代刑法考》,《寄簃文存》(以上载《沈寄簃先生遗书》),共计22种86卷,此外还有未刻书11种127卷。1912年,沈家本还编辑刊刻了《枕碧楼丛书》,搜集整理了十二种古籍,其中大部分是法学古籍。③

在沈家本主持清末修律的过程中,发生了著名的"礼法之争"。④ "这次论争,从文化上说,是外来法文化与传统法文化之争(或者说,是商业文化与农业文化之争);从制度上说,是旧法与新法之争;从思想上说,是家族伦理与个人自由权利之争(或者说,是国家主义与家族主义之争)"。⑤ 针对"十恶"、"亲属相为容隐"、"干名犯义"、"犯罪存留养亲"、"亲属相奸"、"亲属相盗"、"子孙违犯教令"等传统法律制度,沈家本主张予以废除,严格区分法律与道德的界限,保护个人权利,限制家长权力,限制家族主义,最大限度地将中国法律与西方法律接近。这些主张因一些保守人物的反对,没有完全实现,但对于促进中国法律的近代化,起到十分重要的作用。

在中国法律近代化事业开始的时候,沈家本是站在时代的前沿的。他主张大胆引进西方先进的法律与法学著作,在法律领域打破了陈规陋习,扫除了中国社会近代化的一些障碍。通过他的努力,中国初步建立了一个比

---

① 《清史稿》卷443《沈家本》。
② 李贵连著:《沈家本传》,法律出版社2000年版,第379—380页。
③ 同上书,第388页。
④ 关于这次争论,可参见《沈家本传》(李贵连著,法律出版社2000年版)第十一章《礼法论争》,黄源盛《大清新刑律礼法争议的历史及时代意义》,载《中国法制现代化之回顾与前瞻》(海峡两岸纪念沈家本诞辰152周年文集),中国法律史学会编,台湾大学出版社1993年版。
⑤ 李贵连著:《沈家本传》,法律出版社2000年版,第297页。

较近代化的法律体系。这个体系,尽管由于历史的原因显得支离破碎——一些法律部门还没有来得及实施,就由于清政府的倒台而成为"废案",但是,其成果却被后来的政权所吸收和继承。由于沈本人的特殊经历与政治立场,清末法律变革中所产生的法律文本在国际化与本土化两方面都做得比较好。然而,同样由于历史的原因,这些法律并没有挽救清政府被推翻的命运,反而在一定程度上加速了它的灭亡。

(三) 孙中山

与沈家本同时,还有一大批人站在力图推翻封建王朝的立场上,也引进与翻译了大量资产阶级的法律思想和政治主张。以孙中山等人所代表的主张推翻封建制度的新的革命家,最终形成了当时社会斗争的主流。并且通过不断的斗争,结束了"朕即国家"、"君权神授"的封建制度及其法律。打破了几千年来帝王威严和封建礼教对人民的精神束缚,从而使中国的法制建设走上了近代化的道路。

孙中山是中国民主革命的先行者,中国近代著名革命家、政治家。孙中山的政治思想包含丰富的法律思想,因此,他也是一个重要的法学家。孙中山先生一生经历坎坷,历经磨难。1894年著《上李鸿章书》,欲以此影响李实行改良而失败[①],1905年创立同盟会,主张"驱除鞑虏,恢复中华,创立民国,平均地权",以《民报》为机关报,提出"民族、民权、民生"的"三民主义"和"五权宪法"的思想。1911年辛亥革命爆发,他被选为临时大总统,1912年中华民国——中国历史上第一个资产阶级共和国宣告成立。中华民国临时政府颁布了一系列有利于资产阶级民主政治、民族资本主义经济和文化教育的新法令。这些法律从制度上根除了封建社会等级专制制度,促进了民主自由观念的传播和民族经济的发展,开创了民主共和的新传统,为中国近代法律的发展开了个好头。从1912年到1918年,孙中山为捍卫民主共和国而与北洋军阀进行斗争。在经历"二次革命"、护国战争、护法运动和第二次护法运动失败以后,1917—1919年他写成《民权初步》、《孙文学说》和《实业计划》三书,合称《建国方略》,系统总结和阐述了他的资产阶级民主共和国的思想。1917年俄国十月革命和1919年五四运动的发生,孙中山的思想发生极大转变。1924年,国民党举行第一次全国代表大会,实行改组,确

---

① 陈少白:《兴中会革命史要》,载《辛亥革命》资料丛刊一,上海人民出版社1957年版,第28页。

立了孙中山提出的"联俄、联共、扶助农工"的政策,通过"一大"《宣言》。孙中山在《宣言》中重新解释"三民主义",提出反对帝国主义,实行普遍平等的民权,平均地权与节制资本的主张,即"新三民主义"。"三民主义"与"五权宪法"是孙中山政治和法律思想的总纲。此外,在政治与法律思想方面,孙中山还提出了建国三时期的理论,把建国分为军政、训政和宪政三个时期。最后召开国民代表大会,制定宪法,按照"五权宪法",实行"宪法之制",建立真正的法治共和国,实现全民政治。孙中山的这些思想,不仅直接指导中华民国临时政府的政策与法律的制定,对于国民党重新掌握政权后的国民政府的法制建设也产生了深远的影响。

(四)董康[①]

董康(1867—1947年),字绶金,江苏武进人。

在中国法律近代化的历史进程中,董康是一个重要的人物。客观地说,他是一位堪与沈家本相提并论的法律改革家。董康不仅与沈家本一起参与了清末的法律改革,翻译了大量的法学著作(主要是日本的法律著作),而且是民国时期法律变革的主角。一人跨越两个法律近代化的历史时期,这一点则是他与沈家本明显不同的地方。

董康的经历比较坎坷。

1900年中英续订商约,英国允诺有条件放弃在华领事裁判权,使清政府决意进行法律改革。为了尽快掌握西方先进的法律制度,以便为中国的法律变革提供指导,清政府选择以日本为入口,大量翻译、移植日本的法律制度。为此,修订法律馆于光绪三十二年(1906年)四月派董康等人专程赴日本进行司法考察。董康东渡日本后先后访问了当时日本著名的法学家小河滋次郎、松冈正义、青浦子爵、斋藤十一郎博士等,并对刑事案件中有关起诉、逮捕、审讯、监狱、死刑执行等内容进行了专门考察。1912年,民国建立,董康避居日本,在东京大学研究法律。1913年,董康回国后即投身政界,并于1914年出任北京大理院院长。1918年,董康出任民国政府修订法律馆总裁。这一职位,在当时的政坛也许并不显赫,但是,对于中国法律近代化事业而言,则是一个十分重要的平台。三年后,即1921年,董康出任司法总长。1924年,董康辞去了司法总长的职务,赴欧洲考察。次年,董康出

[①] 本部分内容,特别参考了田涛《沈家本、董康与法制改良的悲剧》一文,载田涛著:《第二法门》,法律出版社2004年版,第204—211页。

任"收回上海会审公廨中方委员会"会长。北京政府倒台以后,他便离开政界。以后他曾经任上海法科大学院院长、东吴大学法学院教授,并开设律师事务所。令人遗憾的是,1937 年"七七事变"以后,董康居然出任伪"华北临时政府"的"司法委员会委员长"和"最高法院院长",成为出卖国家权益的汉奸。

与沈家本相比,董康对中国传统律学的功底可能较为薄弱。但是他曾经亲自到日本,并在那里研究法学。这一点是沈家本所不能比拟的。也许正是因为他对日本法律先进性的了解,使董康深感中国法律的落后,以至于产生了"外法治国"的观点,并进而鼓吹建立以日本帝国主义法律体系为核心的所谓"东方法系",将中国法视为日本法的附庸。这种丧失民族自信心的错误认识,最终导致了他自己走上背叛国家的人生结局。然而,不可否认的是,董康像沈家本一样,为中国法律近代化事业作出了应有的贡献。

董康考察日本回国以后,形成了《调查日本裁判监狱报告书》、《日本裁判所构成法》、《监狱访问录》、《日本裁判沿革大要》、《狱事谭》等。这批资料对沈家本等人修订大清新刑律及《实行改良监狱注意四折》、推动改良旧式监狱及审讯方法、提倡"司法独立"、建立"法院编制法"等,提供了很大借鉴。[①] 董康还参与并主持翻译了日本法学著作《日本刑法义解》、《死刑宜只一种》等。在沈家本与董康的推动下,掀起了一个从日本翻译与引进法学著作的热潮,主要为《日本现行刑法》、《日本改正刑法》、《日本陆军刑法》、《日本海军刑法》、《日本刑事诉讼法》、《日本司法访问录》、《日本法规大全》、《日本六法》、《日本盐专卖法》、《日本手形法》及《行政法》、《宪法学》、《商法学》、《邮便法规》、《实用法医学》、《警察通规》、《日本明治维新法制史》、《法律辞典》等。北京政府时期,在董康主持下,民国初期的修订法律馆继续有组织地翻译与引进了大量的外国法律及法学著作。其中主要有《日本警察法释义》、《铁路法大意》、《最近各国改正选举法论丛》、美浓部达吉著《比较归化法》、斋藤隆夫著《比较国会论》、日本通口著《国会选举法论纲》及《各国地方制度纲要》、《美国内务行政论》等。晚年,董康收集整理了一批中国古代法学著作,对清代法制史进行了研究,完成了《中国法制史讲演录》《秋审制度》、《前清法制概要》[②]、《集成刑事证据法》等著作。

---

① 田涛:《沈家本、董康与法制改良的悲剧》一文,载田涛著:《第二法门》,法律出版社 2004 年版,第 206 页。

② 董康:《前清法制概要》,载《法学季刊》1924 年 2 卷 2 期。

第七章 中国近代法家与近代法律体系的形成

"沈家本、董康这两位清朝进士出身的司法官吏,分别担任过清末、北京政府的司法大臣并主持过修订法律馆的工作。他们所追求的,是以法律改良为手段,通过引进西方资本主义法律及法学著作,对传统中华法系进行修订,通过颁发修订新法律,改良司法,整顿旧式监狱,废除苛刑,甚至提出'司法独立'以维护封建社会的统治。虽然他们为此目的曾与劳乃宣等所坚持的维护传统礼教的派别进行过斗争,但就其根本意义上讲,并无本质区别。"[①] 但是,笔者以为,对于这两位人物对推动中国法律近代化事业的历史作用,应当根据不同历史时期有区别地看待。从个人处境看,沈家本是清政府内部的一个身居高位的官员,无论从思想经历、学术背景,还是从政治立场上看,他之在维护清政府合法性的前提下开展法律变革的工作都是必然的选择。再从清末修律的实际影响来看,不管沈家本等人的初衷如何,他们应当不会料到正是自己的工作,在法律层面上铺平了通往民主共和国的道路,实际上在一定程度上加速了清政府的倒台。这一点正如孙中山评价张之洞那样,虽然张的洋务运动是为挽救清政府服务的,但是却帮了革命派的大忙。至于董康,在清末修律中,他的情况与沈家本类似,只是没有沈发挥的作用突出。在民国时期,董康积极投身于法律书籍的翻译和新法律制定的工作,既是对沈家本法律改革事业的继承和发扬,也是对新政府法律近代化事业的贡献。退一步说,即使他有忠君的思想,在清政府瓦解以后,皇帝退位,已无君可忠。剩下的路子,要么他隐居不出,要么继续他本人未竟的事业——出任民国司法总长等职务,正好提供这样的机遇。他能够实现从前清士子到民国官员的转变,应当说符合他对法律近代化事业的理解和追求。

[①] 田涛:《沈家本、董康与法制改良的悲剧》一文,载田涛著:《第二法门》,法律出版社2004年版,第209页。

第八章　中国近代法律体系的形成与法律文化的变迁

> 人绝不可能攀登的比他并不知道要去的地方高。
>
> ——克伦威尔①

法律既是一规范、规则与制度的概念，同时也是一理念、思想与文化的范畴。因此，法律近代化，既是一个制度变革的过程，也是一个文化变迁的过程。或者说，对于法律近代化问题，必须从一种法律文化的视角来观察和思考。法律作为一个文化的范畴，必然与文化的主体——人密不可分。文化是人的创造物，文化也在创造着人。因此，法律文化的变迁，既是由于某些人的极力推动，同时，法律文化的发展，又在塑造着人，引导着人，促使人的法律形象的变迁。代表保守因素的传统法律文化与代表变革因素的近代法律思想，相互激荡，共同作用于中国法律近代化运动。

一、法律文化及其形态

法文化或法律文化(英文中的 legal culture)，是近年来法学界日益关注的一个课题。② 目前，尽管学界对于何为"法律文化"尚未形成统一的认识，但是论者一般都从比较法的角度，把法律文化视为对一个国家或民族一定历史时期所形成或存在的法律现象、法律生活及人们对于这种存在的反映的总和。

例如，一位中国学者认为："法律文化是在一定物质生活条件的作用下，

---

① 克伦威尔(1599—1658年)，曾在英国资产阶级革命时任护国主。
② 近年来大陆出版的有关法律文化或法文化的研究专著有：《中国传统法律文化》(武树臣等著，北京大学出版社1994年版)；《法律的文化解释》(梁治平编，生活·读书·新知三联书店1994年版)；《中国法律文化对西方的影响》(史彤彪著，河北人民出版社1999年版)；《比较视野中的法律文化》(张中秋著，法律出版社2003年版)；《法律文化理论》(刘作翔著，商务印书馆1999年版)等。较早的译著有《比较法律文化》([美]H.W.埃尔曼著，生活·读书·新知三联书店1990年版)等。论文从略。

第八章 中国近代法律体系的形成与法律文化的变迁

由掌握国家政权的统治阶级所创制的法律规范、法律制度以及人们关于法律现象的态度、价值、信念、心理、感情、学说理论共同构成的复合有机体。"①"法律文化是一种思想社会关系,是对不依人们的意志和意识为转移的物质的社会关系的反映,也是人们维持自身利益生存和活动的一种特殊方式。"②一般地说,这种观点代表了中国学者对于法律文化的主流认识。一位台湾学者认为:"所谓'法律文化',乃是人类在法律生活方面活动的一切现象的总和,它是由法律规范、法律思想和人民法律意识及法律运作等因素所组成的一种特有的文化机制,包括有形的立法、司法等外在因素,也包含人民对法律的认识及态度等内在因素。"③

美国学者 H.W. 埃尔曼认为,法律文化是"它们文化环境中的次级制度"④。"无论在初民社会还是在发达社会里,法律文化都是传递行为传统的重要工具。"⑤

另一位美国学者格雷·多西则认为,法文化(作者独创 Jurisculture 一词)表明:"社会和法律的哲学将不被看成是纯粹的观念体系,而是组织和维护人类合作诸事例中安排秩序的方面。所有组织和维护人类合作的事例都被包括进来,这样就可以提出一种世界观,以之为基础去确定对于各种社会和法律哲学普适性主张的限制。"⑥ 他还提出:"法文化采取的立场着眼于组织和维护人类合作的所有形式。从这一世界性立场出发,每一种文化都不过是存在着丰富和复杂意义的一个方面而已。"⑦

总之,法文化是在特定环境中存在的规范人的行为的法律制度及以此为中心的文化现象的综合反映,是法律的文化属性的表现,是法律与文化相互作用的体现。

根据上述对法律文化的简单描述,可以看出法律文化具有以下几个特征:

首先,法律文化具有明显的系统性。即一定时空条件下的法律文化是对该环境中存在的一切法律现象的综合描述。该法律文化具有层次性、综

---

① 公丕祥著:《东方法律文化的历史逻辑》,法律出版社 2002 年版,第 4 页。
② 同上书,第 3 页。
③ 《中国传统法制与思想》,台北五南图书出版公司 1998 年版,第 247 页。
④ 〔美〕H.W. 埃尔曼著:《比较法律文化》,生活·读书·新知三联书店 1990 年版,第 22 页。
⑤ 同上书,第 20 页。
⑥ 〔美〕格雷·多西:《法律哲学和社会哲学的世界立场》,载梁治平编:《法律的文化解释》,生活·读书·新知三联书店 1994 年版,第 240 页。
⑦ 同上书,第 263 页。

合性、独立性、自足性等系统特征。所谓层次性,即法律文化有一定的结构,该结构一般包括以下四个互相联系的要素:其一,比较超越、比较抽象、相对稳定的内核——一般地说,就是法律价值。法律价值是该国家或地区在一定时期内主流的文化价值观念的体现,它对于整个法律文化具有灵魂的作用。其二,法律文化的主体因素,则是法律制度。这是法律的基干,是由主要规则与次要规则①组成的规则体系,体现出法律的价值,指导人们的行为,指引法律组织的形成,影响民众的法律意识。其三,处于中间环节的是法律组织及其规则(法律职业与法律技术),最后是处于边缘位置的由法律思想、法律心理(信仰)、法律知识、法律文学等构成的法律观念体系。法律文化就是由上述法律价值体系、法律制度体系、法律组织体系、法律观念体系等共同构成的。综合性则强调法律文化是对特定时空条件下法律现象的整体反映,带有一定的抽象性和宏观性。独立性则是因为某种法律文化的形成受到特定时空条件的影响,必然与其他条件下的法律文化存在着形态的差异。最后,法律文化的自足性表明,一定时期的法律文化总能满足该法律文化中大多数人的需要,因为法律文化总是一定社会群体中主流法律观念或者法律意识的整体反映。法律文化的自足性不仅表明法律是一种相对独立的事物,同时这一属性还表明,法律文化具有强烈的惰性。

其次,法律文化的另一个较为明显的特征,是其变异性。法律是社会存在的需要,它必然随着社会的发展变迁而不断变化。而法律文化与法律发展有着密切的联系。这就使得法律文化不断发生变异。在某种条件下,法律文化的变化可能始终保持在一定的限度内。但是,有时法律文化的发展则可能由于社会的急剧变化,而发生较大的转型或变迁。或许正是由于这个原因,法律文化问题总是引起研究社会与法律发展的学者的极大兴趣。"法律发展具有明显的相对独立性,它与社会发展之间存在着某种不平衡的关系。这就是说,在特定社会条件下,法律并不紧跟社会经济条件的变革而发生相应的变革,它有时会落后于社会生活并与其发展要求相矛盾,因而它的发展绝不是同社会经济条件的一般发展成正比例的。这是一种值得关注和研究的法律文化现象。"② 引起法律文化的发展变化的原因很多,法律移

---

① 主要规则与次要规则的概念,是英国法学家哈特(1907年生,牛津大学法理学讲座教授)提出的。他在《法律的概念》一书中提出:法律是由主要规则与次要规则(汉译本译为第一规则与第二规则)组成的规则结合体。参考见该书第五章。该书中译本由中国大百科全书出版社1996年出版。

② 公丕祥著:《东方法律文化的历史逻辑》,法律出版社2002年版,第5、6页。

第八章 中国近代法律体系的形成与法律文化的变迁

植则是近年来为学者谈论较多的一种。

最后,值得注意的是,法律文化的系统性与变异性,决定了法律文化的不同形态。所谓法律文化的形态,可以认为就是由产生和维持某种法律文化的特定环境(时空因素)及主体(即民族或社会群体)的差异(变化)所形成的法律文化的特殊表现形式。例如,法系是比较法的一个基本范畴,该范畴即为对于法律文化形态的一种基本分类和度量。另外,根据人的主体性的不同,可以把法律文化分为神权法文化、王权法文化及近现代社会的人权法文化等。根据人的附属物的基本差异,则可以把法律文化分为民族法文化、宗教法文化、科技法文化等。

中国法律近代化,从整体上说,就是一场变革传统法律文化形态的文化变革运动。其实质,就是将中国传统法律文化转变为近代法律文化,将神权与王权相结合的法律文化,转变为人权法律文化。

二、中国法律近代化的法律文化意义

清末法律变革,通常被看作中国法律近代化或者现代化的开端。这一过程展开的根源,是由于近代中国社会遭遇了西方外来文化与本土文化的冲突。中国不得不面对这一冲突,并作出相应的回应而进行法律的变革。变革的目标,从整体上说,一方面是最大限度地保留本土法文化,使未来的法文化格局打上民族性或本土化的烙印。另一方面,又不得不最大限度地达到国际化或世界化,使未来中国的法文化能够与世界先进的法律文化保持一致,在同一个平台上与其他国家进行法律的交流与对话。因此,在这种双重压力的挤压下,要准确地理解法律文化的冲突与融合,正确地评价处于不同发展阶段的法文化及变革社会中人们作出反应的不同态度,就意味着必须采用上面所述更加宽容和理性的立场与方法。"百年来中西文化的冲突,或中国的社会文化问题,从根本上说,实是一'社会变迁'的问题。要了解社会变迁的原理,我们就不能不了解人类学者所研究的文化与原始社会,社会学者所研究的社会结构以及心理学者所研究的人格形成。"[①]

根据前述法律文化的认识,对于近代中国的法律变革,应有以下几点基本认识:

(1) 确立文化的冲突与融合对于理解近代法律变革的基本意义。近代

---

① 金耀基著:《从传统到现代》,中国人民大学出版社1999年版,自序。

法律的冲突,起源于东西方文化的对立与冲突。而法律融合的过程,也是文化交流与创新的过程。从纯粹法律史的角度来看,近代中华法系的解体,是在中国传统文化日渐式微的历史背景下发生的。从文化变迁的方面来看,近代的"西学东渐",基本上是一个文化变迁的过程,东西方文化的对比,决定了这一过程是西方文化向中国渗透、扩展的过程。从文化的复杂性与保守性来看,由于中国传统文化的根基比较深厚,且从唐代以来基本上是单一、守旧的文化,对于西方文化有着十分强烈的抗拒性,从而决定了近代中国社会与法律变革的渐进性与长期性。从文化交流与发展的目标来看,不同的文化经过长期的摩擦与融合,最终将形成多元一体的世界性的文化格局。

(2) 中国法律近代化或现代化的本质。"在逻辑与语源学上说,现代化指涉一长期的文化与社会的变迁,而这种变迁为该转变中的社会的成员所接受,而视之为有益的,不可避免的或可欲的。"① 近代化是一个制度与人的互动过程。一方面,人要选择制度,以便最大限度地释放自己的潜能,适应变化社会的需要,保持内心的平衡。另一方面,这种选择又不是毫无根据和任意的。它要受到既存的文化延续性的影响。因此,人既是制度的创造者,制度又是人的创造的制约者。制度与人是相互发明的。从微观角度来看,法律制度的变革,既是一个社会整体目标,更是生活于其中的个人的选择目标。这就意味着,近代化不仅是一个制度变迁的过程,更是一个人的转化过程。个人既是主动的,又是被动的,个人的实际感受,在一定意义上决定着社会与法律的变革方向、方式与速度。

(3) 中国近代社会与法律变革的特质。文化是一个整体性的概念,其中也有层次的分别。近代中国文化的变迁首先是从器物开始的,其次是制度的变革,最后是文化的核心层——思想与意识形态的变革。而与此同时,文化的基础层面——社会经济活动方式也在发生深刻的变化。这两者几乎是同时发生的,互相促进的。近代中国从整体上说,是从传统农业社会向近代工商社会转变,社会组织方式从宗法家族制向个人本位主义转变,个人的行为方式从以身份联结转向契约联结,个人的价值观念从保守、服从、义务观念,逐步转向进步、自主、权利观念,这是现代国民意识的起点,是法律变革的原动力。

(4) 近代中国法律变革的内容。作为文化的有机组成部分的法律,在

---

① 金耀基著:《从传统到现代》,中国人民大学出版社1999年版,第105页。

第八章 中国近代法律体系的形成与法律文化的变迁

近代变革中主要呈现出四个方面的变化趋势：

第一，法律意识转换。这种意识的变化，突出地表现在法律价值观念的变化方面。过去对法律盲目的服从，现在是有批判地接受。过去的家族意识逐渐被个人主义代替。过去被压制的欲望，现在要求释放出来。过去对他人的机械模仿，现在逐步产生了反叛与对抗。其中最为重要的是，关于公共关系的理解远比过去强烈。人们要求从过去公私合一的状态走出来，公共的利益要有人来关心，同样，纯粹属于私人的事情，最好由自己做主。以个人为本位，以权利为本位，以进取为精神，逐渐形成一种新的人文主义。这种新人文主义将决定人们对世界的理解大大不同于旧的观念，人们对于生活的态度不一样了，最后，他们对法律的要求也随之而变。

第二，法律制度转换。法律制度是法律变革的最明显的方面，是推进法律改革的载体。过去民间法律也许扮演极其重要的角色，现在国家法对个人生活的干预越来越强烈。一切都要纳入法律的轨道，法典就是用以"规物纳民"。由于人们对旧的法制持批判态度，已不再接受不够人道的法律，因此，新的法律不得不从西方先进国家引进。这样一来，旧的法律体系被打破了，旧的制度被改造了，有关当事人权利与义务的专业术语充满了新的法律，并约束着法律活动中的每一个人。传统法律中人的图像已面目全非。

第三，法律组织与技术的转换。法律制度的变化要求与之对应的法律组织与新的技术。司法独立越来越受到人们的重视。律师成为新的职业。法官也不同于过去的角色，必须受过专门的训练，法律程序被改造了，人们按照新的诉讼方式参与法律活动。公开审判已经被许可。而刑讯逼供被废止，有关部门证据的审查与利用越来越重要。一些不曾熟悉的组织产生了。人们按照新的方式组织进法律的程序中，人们的相互关系将有质的变化。

第四，法律行为方式的转换。法律中人像的变迁，是法律变革的最终归宿。从国家元首到法律职业者，从普通公民到各种社会团体，从日常生活中的登记结婚，到涉及国家与公共利益的选举、作证、弹劾、上书等等，无不显示人们行为方式的变化。

(5) 法律近代化的模式选择。尽管法律的近代化是不可避免的，其目标也逐渐明朗。但是选择什么样的变革模式仍是成败的关键。首先，从个人的近代化开始，还是从制度变革开始？其次，由社会下层变革带动上层建筑变革，还是由政府领导自上而下的进行？再次，变革朝国际化方向努力的步子大一些，还是更多地保留固有法律的成果？最后，变革以渐进方式还是激进方式进行？从局部开始还是全方位同步进行？而这一切，必须从文化

第四章　中华民国国民政府(1928—1949年)：中国近代法律体系的形成

政时期固只能由各县人民行之于各县,即在宪政时期,人民亦仅能对于本县的政治,行使此种职权,其在全国,则仅能行使选举权,而应以创制、复决、罢免三权,付托于国民代表组成的'国民大会'行使之。"①

2. 五权宪法

与上述孙中山三民主义思想紧密联系的,还有其五权宪法的思想。1906年12月,他在东京举行的《民报》一周年纪念会上发表演讲时说：

> "兄弟历观各国的宪法,有文宪法,是美国最好,无文宪法,是英国最好。英是不能学的,美是不必学的。英的宪法,所谓三权分立,行政权、立法权、裁判权各不相统,这是从六七百年前由渐而生,成了习惯,但界限还没有清楚。后来法国孟德斯鸠将英国制度作为根本,参合自己的理想成为一家之学。美国宪法又将孟氏学说作为根本,把那三权界限更分得清楚,在一百年前,算是最完美的了。一百二十年以来,虽数次修改,那大体仍然未变的。但是这百余年间,美国文明日日进步,土地财产也是增加不已,当时的宪法,现在已经是不适用的了。兄弟的意思,将来中华民国的宪法,是要创一种新的主义,叫做'五权分立'。那五权除刚才所说三权之外,尚有两权,一是考试权。平等自由,原是国民的权利,官吏却是国民公仆。美国官吏,有由选举得来的,有由委任得来的。从前本无考试的制度,所以无论是选举,是委任,皆有很大的流弊。……这考选权如果属于行政部,那权限未免太广,流弊反多,所以必须成立独立机关,才得妥当。一为纠察权,专管监督弹劾的事。这机关是无论何国皆必有的,其理为人所易晓。但是中华民国宪法,这机关定要独立。……现在立宪各国,没有不是立法机关兼有监督的权限,那权限虽然有强有弱,总是不能独立,因此生出无数弊病。……合上四权,共成为五权宪法。……以成将来中华民国的宪法。这便是民族的国家、国民的国家、社会的国家,皆得完全无缺的治理。"②

有了这五权分立的思想框架,就可以产生五院制的宪法和政府体制。

---

① 王世杰、钱端升著：《比较宪法》,中国政法大学出版社1997年版,第392—393页。
② 孙中山：《三民主义与中国民族的前途》,载孙中山著：《三民主义》,岳麓书社2000年版,第256—258页。

的整体变革作出取舍与选择。

(6) 法律近代化的评价。晚清法律变革在中国法律发展史上是一次前所未有的改革。但是,对这次改革应做如何评价呢?大体上说,法律的改革势在必行,是符合历史潮流的。改革虽然突破了固有的中华法系,但法律改革符合世界法律文化发展的一般趋势,符合法律文明的科学化与人道主义要求。从另一方面看来,改革既充满了矛盾与挫折,在某些方面也存在脱离社会实际的地方。比如,法律制度制定相对水平较高,基本上都没有认真贯彻落实,连公布较早的法律也没能实施。法律人才奇缺,跟不上新制度的要求。没有进行广泛的大众启蒙,社会基础十分薄弱,等等。这些脱离实际的地方,固然与清政府被推翻有直接关系,但是,清政府在法律改革之初,就没有完整的变革方案。从某种程度上说,清政府的法律改革是被迫进行的,修律中发生的"礼法之争"说明改革并没有得到社会甚至统治者内部一致的认同。步调的不一致,预示着改革必然是一个长期的渐进过程。从法律文化的角度来看,中国近代的法律变革,恰恰又是对传统法律文化进行根本变革的一场持久的运动。文化的变化必然引起民众社会心理的不安甚至于恐惧。这样一来,就必然有一部分人对于文化的变革说"不"。他们的这种反应乃是一个有生命力的文化一种自然的反映,不值得大惊小怪。只要这种反应没有过激,那么就应当接受与尊重。这并不等于主张法律文化变革的"民粹主义"。相反,坚持传统文化的基本精神,乃是文化创新的必备条件。"文化改革是推陈出新"。费孝通先生的这句话,应当作为衡量近代法律文化变革的一个基本尺度。

三、中国近代法律文化的阶段性变迁

正如法律文化的一般发展规律那样,中华法系在近代发生了剧烈的变迁。由于中国近代历史的阶段性发展,中国法律文化的近代变迁也具有一定的阶段性。依据法律文化变革的速度、广度、深度与社会影响力的不同,笔者以为,自鸦片战争到中华人民共和国的成立,这一变迁过程可以分为以下四个阶段。①

---

① 需要说明的是,对于中国法律的近代变迁,或云法律近代化的起点与终点,学界尚未形成定论。笔者采纳学界通说,即认为该过程起自近代史开端即 1840 年鸦片战争,终于 1949 年中华人民共和国的成立。参见《中国法制通史》第九卷,朱勇主编,法律出版社 1999 年版,绪言。

第八章 中国近代法律体系的形成与法律文化的变迁

(一) 觉醒期(1840—1861)

1840年发生的中英第一次鸦片战争,无论对于中国何种历史,都是一个标志性的历史界碑,对于中国法律与法律文化史来说,同样如此。

中国近代史的特殊性,在于它是在中外关系的特殊背景下发生与展开的。对于鸦片战争之前的中国人,尤其是中国的管理阶层——士大夫们来说,至少在文化层面上,中国不曾遭遇"他者"的威胁。"中国历史上有两种传统,足以影响士大夫对外之基本态度。其一是以中国为中心的优越感,其二是戒勤远略的历史教训。"[1] 但是鸦片战争迫使中国的士大夫们改变了上述基本治国理念。作为对于这一历史事件的基本反应,当时最为敏锐的政治家和学者提出了令他们惊惧的"他者"——"夷人"和对"夷人"的应对策略。其中"师夷"一说的提出,说明时人已在技术层面上感觉"落后"。在法律的层面上,便是产生了对国际法了解与应用的迫切需要。据考,在1839年鸦片战争前夕,林则徐就开始组织收集和翻译西方国际法的工作。[2] 鸦片战争以后一系列不平等条约的相继签订,使得清政府感觉局面艰难,不得不采取积极措施,应付"夷务"。

(二) 探索期(1861—1895)

"到了19世纪,我们只能在国际生活中找出路"[3],但是在近代中外关系的开头,清政府对于当时世界局势的茫然,决定了他们必然处于被动挨打的局面。为了摆脱困境,在后来的近30年中,清政府开始调整策略,寻求国际契机。近代中国的法律文化也由此进入探索期。

在法律史上,1861年有两件事情值得注意:一是总理各国事务衙门的成立,二是冯桂芬著《校邠庐抗议》。[4] 总理各国事务衙门的成立,表明清政府决心拿出姿态对付局面。而冯桂芬著《校邠庐抗议》一书,则显示中国的学者以理性的态度看待时局与中西文化,包括法律文化。

---

[1] 王尔敏著:《中国近代思想史论》,社会科学文献出版社2003年版,第3页。
[2] 参见王维俭:《林则徐翻译西方国际法著作考略》,载《中山大学学报》1985年第1期。又见《〈万国公法〉与清末国际法》,载何勤华、李秀清著:《外国法与中国法——20世纪中国移植外国法反思》,中国政法大学出版社2003年版,第569页;又见田涛著:《国际法输入与晚清中国》,济南出版社2001年版,第23页,"林则徐翻译国际法的尝试"。
[3] 蒋廷黻著:《中国近代史大纲》,东方出版社1996年版,第9页。
[4] 《校邠庐抗议》一书在冯桂芬在世时并未发表,但在士大夫中已经广泛流传。

冯桂芬[①]的《校邠庐抗议》有如下几点足以引导潮流：第一，他以春秋列国比拟列强并列的世界，第一个提出加强外交的建议。[②]（《重专对议》）对此，有学者指出："这种由现时世界情势的认识，回溯上古，而比较公元前8至3世纪的历史，表面似乎浅薄，但在思想的转变言，却有重大意义。其一，将19世纪世界和春秋战国比较，乃反映一种新的国际意识，自然地放下中国中心观念，以古史的镜子，重新思考中国所面对的新世界。"[③] 第二，冯桂芬首次以世界主义的文化标准来衡量中国的文化，并由此提出中国文化四个"不如人"的观点。他认为，要想避免"我中华且将为天下晚国所鱼肉"的悲剧，惟有"鉴诸国"，学习西方的"富强之术"："以中国之伦常名教为原本，辅以诸国富强之术"。这个思想以后被表述为"中学为体，西学为用"。这个带有公式性质的说法，将中学与西学相提并论，突破了观念与学术的禁区，从而大大解放了世人的思想，并成为引进西方法律制度和法律文化的思想纽带。第三，他率先提出改制的主张，初步形成以后变法亦即改良主义纲领，并逐渐成为有识之士的共识。到了戊戌变法时期，光绪帝命令将《校邠庐抗议》印发百官，并询问何者可行，何者不可行。足见《校邠庐抗议》一书影响之深远。

这一阶段，西学作为一种时尚的学问，在士大夫知识分子中间传播。为了实现国家富强，先知先觉之士从对船坚炮利的研究，逐步转向对西方的政治制度、法律制度这两个息息相关的领域的研究。对政治制度的研究，主要集中在对西方议会制度方面。早在鸦片战争期间，议会制度已为魏源、梁廷枏、徐继畬等注意。而冯桂芬则比较早地提出仿效的意见。在政治领域，这一阶段一个更加重要的变化，是通过派遣使节、译书数量的激增、会党的出现，以及学者著书立说等，中国人逐渐树立国家主权的观念，并注意到"治外法权"和"利益均沾"（即最惠国待遇）的危害性。[④] 自1861至1895年，接连不断的战争失败逐步加强了中国的落后意识，中国的民族和民族危机意识日渐强烈。到中日甲午战争之后，这种民族危机意识空前高涨，于是，改良主义从思想探索发展成为行动的纲领。

[①] 冯桂芬（1809—1874年），江苏吴县人，字林一，号景亭。1840年进士，授翰林院编修，1863年参与创办上海广方言馆，林则徐学生。
[②] 冯桂芬著：《校邠庐抗议》，上海书店出版社2002年版，第58页。
[③] 王尔敏著：《中国近代思想史论》，社会科学文献出版社2003年版，第21页。
[④] 同上。

第八章 中国近代法律体系的形成与法律文化的变迁

（三）改良期(1895—1911)

1895年的中日甲午之战，深深地刺激了中国士人拯救国家的决心。以"公车上书"为开端，中国资产阶级的改良主义登上了历史舞台。"公车上书"酝酿了1898年的戊戌变法，并拉开了中国近代改良运动的序幕。戊戌变法虽然以失败告终，但是它却促使中国法律在君主立宪的大背景下向纵深发展。如果说在此前中国法律文化是在观念层面上从西方移植的话，那么，这一阶段则开始了关键性的制度移植。

1901年初，因八国联军入侵而流亡西安的慈禧太后，在万般无奈的情势下，不得不下诏进行变法。她提出"世有万古不易之常经，无一成罔变之治法。穷变通久，见于《大易》。损益可知，著于《论语》。盖不易者三纲五常，昭然如日星之照世；而可变者令甲令乙，不妨如琴瑟之改弦……大抵法久则弊，法弊则更"，"法令不更，锢习不破，欲求振作，须议更新"。① 1902年清廷再次下诏："中国律例，自汉唐以来，代有增改。我朝《大清律例》一书，折衷至当，备极精详。惟是为治之道，尤贵因时制宜，今昔情势不同，非参酌适中，不能推行尽善。况近来地利日兴，商务日广，如矿律、路律、商律等类，皆应妥议专条。著各出使大臣，查取各国通行律例，咨送外务部……总期切实平允，中外通行，用示通变宜民之至意。"② 此后不久，清政府"著派沈家本、伍廷芳，将一切现行律例，按照交涉情形，参酌各国法律，悉心考订，妥为拟议，务期中外通行，有裨治理。"③

在1902—1911年清政府被推翻之前的十年间，中国法律文化得到了突飞猛进的发展。首先，大量的法律典籍与法学著作翻译成中文。其中包括当时世界上最为先进的法典，如《德意志刑法》、《日本刑法》、《日本民事诉讼法注解》、《刑事诉讼法》、《裁判所构成法》、《法国刑法》、《俄罗斯刑法》、《英国国籍法》、《美国国籍法》、《意大利民法》、《奥国法院编制法》等几十种。④ 这些外国法律书籍是传播西方近代法律文化最好的载体。其中一个历史性的成就，就是西方近代法治思想开始在中国传播。其次，清末立宪运动中启动的法律改革进程，推动中华法系进入一个新的历史性阶段。在这场被称

---

① 《光绪朝东华录》，总第4655页。
② 《清德宗实录》，卷495。
③ 《清德宗实录》，卷498。
④ 李贵连著：《沈家本传》，法律出版社2000年版，第209—211页。

为"清末法制改革"的事件中，一方面旧的法律制度被修改。《大清律例》是清政府治国安民的基本法律。在清末修律中首先被触及的就是这部"经典"。另一方面，为适应当时社会发展的需要，又仿效西方资本主义国家的法制制定了一批新法典。《大清民律草案》、《钦定大清商律》、《大清刑事诉讼律草案》、《大清民事诉讼律草案》、《法院编制法》、《行政纲目》、《公司律》、《破产律》等等。上述新法典有的尽管因为清政府的垮台而没有来得及颁布实施，但中国有史以来第一次系统地编纂完全意义上的近代法典，这件事情本身就是一个了不得的成就。这些法律制度的引进，打破了中华法系"诸法合体"的传统，首次出现专门的民事法典、诉讼法及经济法等部门法。与此同时，与西方资本主义国家法治观念相关的制度、原则和法律概念等，也都被逐步植入中国法律的土壤。

这一阶段，中国近代法律文化发展的另一个具有里程碑意义的事件，是中国古老的土地上破天荒地出现了近代宪法。1907年8月27日，中国历史上第一个宪法性文件——《钦定宪法大纲》颁布。该文件由"君上大权"14条和附则"臣民权利义务"9条组成。此宪法大纲虽然采用"钦定"的形式，但是它第一次以根本法的形式规定了国家的立法、行政与司法三权分立的制度框架，第一次明确规定了民众的权利和义务，第一次通过法律的形式确认君主的权力，从而确立了"法在王上"的法治原则。《钦定宪法大纲》是个不成熟的法律文件，但是仅此三点就足以开启中国近代民主宪政法律文化的先河。因此，其意义是不容低估的。武昌起义爆发后，清政府颁布《宪法重大信条十九条》，尽管已于事无补，但其对近代宪政文化的发展仍具有推动的作用。

1895—1911年的法律改革，总体上是服从清政府实行君主立宪的需要。1911年发生的辛亥革命则从根本上割断了这一法律改革与政治变革的联系。但是，这一阶段的改革实际上已经具备近代法律体系的雏形，从而奠定了以后中华民国"六法全书"的框架基础。正如有学者指出："通过不到10年时间的努力，晚清政府已经在法律'文本'上建构起一个现代法律体系。"[①] 因此，清末法律改革的历史功绩是不容抹杀的。

---

① 徐忠明：《晚清法制改革的逻辑与意义》，载《法律史论集》第二卷，法律出版社1999年版，第419页。

第八章　中国近代法律体系的形成与法律文化的变迁

(四) 革命重建期(1911—1949)

由于种种原因,清政府的政治改革与法律改革没有能够挽救其自身倒台的命运,客观上也使中国失去一次利用上层政治资源主导社会改革的历史机遇。1911年,中国发生了以民族、民权、民生即"三民主义"为纲领、以建立资产阶级民主共和国为目标的辛亥革命。这个事件使中国近代法律文化进入一个新的历史阶段,即革命重建期。

1911—1949年间,中国经历了一段奇特的历史:种种政治理想纷纷预演,形形色色的政治派别登台亮相,中国在清政府覆灭以后的几十年间,就像一艘无人操控的航船,仅仅凭由惯性在历史的风浪中冲撞。这一阶段的法律文化,尽管还有民主、共和的理想作航向标,但是政局的动荡不安,使法律文化的近代历程变得坎坷艰难,险些被抛出历史的轨道,淹没在时代的泡沫之中。

首先,宪法的更替成了政局上演的节目单。从中华民国临时政府组织大纲到中华民国临时约法,从天坛宪草到袁记约法,从贿选宪法到训政纲领,从五五宪草到中华民国宪法——神圣的法律既是当政者标榜正统的法宝,又是其争权夺利的工具。好在宪政与法治的法律文化外衣竟然没有被撕破,否则自由与民主的灵魂怎能不灭?!

其次,我中华民族在险恶的国际环境中虽历经磨难,却始终屹立于世界民族之林。中国近代法律文化的发展不仅没有中断,反而在优秀中华儿女之手中,锻造出颠扑不破的筋骨,最终形成了象征中华民族力量与智慧的"六法体系"。"六法体系"的建立,标志着中国近代法律体系的最终形成。"1902年,处于风雨飘摇之中的晚清政府下诏变法,并按照日本的模式,草创了一套法律体系,揭开了中国法制近代化的序幕。1911年孙中山领导的辛亥革命,推翻了两千多年的封建帝制,建立中华民国。中华民国初期,南京临时政府制定和颁布了以《中华民国临时政府组织大纲》为中心的一系列重要的法律法规,对以后北京政府和南京国民政府的法制建设影响很大。其后,经过北京政府和南京国民政府的不断发展,在制度构建的层面基本完成了中国法制近代化的过程。"① 至此,中国法律近代化的任务暂告完成,中国法律文化也随之完成了从传统"纲常名教"为核心的封建专制法律文化到

---

① 汪汉卿:《中国法律史会2000学术年会开幕词》,载汪汉卿、王源扩、王继忠主编:《继承与创新——中国法律史学的世纪回顾与展望》,法律出版社2001年版,第1—2页。

近代以自由民主为核心的资产阶级宪政法律文化的转变。

最后,应当承认,中国近代法律体系的形成和中国近代法律文化的建立,既不是一帆风顺的,又不是完美无缺的。在近代中国,尽管民族的抗争始终昭示黎明的曙光,但是中国近代法律文化却不能不深深烙上历史的印记。政治危机与民族危机,像梦魇一般始终缠绕着近代中国。时局的动荡,使社会改造无法深入进行,民众的启蒙付诸阙如。凡此种种,不能不使中国近代法律文化的发展步履蹒跚,举步维艰。

四、中国近代法律文化变迁的总体趋势

如上所述,中国近代法律文化经历了觉醒、探索、改良和革命重建四个阶段性发展的历史时期。在每一个阶段,法律文化表现出不同的发展重点和特点。但是,从整体上看,中国近代法律文化的发展,显示出以下四个大的趋势。

(一)国际化与本土化是中国近代法律文化的内在动力和总体目标

一位研究中国经济史的学者指出:"在现代(这里的'现代'可以理解为'近代'——笔者注)世界史上,特别是把亚洲和欧美的历史关系纳入视野时,可以发现,一方面存在着追求两者间新的国际联合或者说统合的观念;另一方面,同时存在着追求保持亚洲内部地区传统特性,或者说地区个性的观念。但是众所周知,这两种方向不同的追求不一定能协调地发展,因为一方的验证甚至可以成为另一方的反证。"① 这说明国际化与本土化是中国近代化过程中潜藏的一对深层次内在矛盾。那么以中国近代法律体系的形成为中心的近代法律文化的发展,是不是同样受到这一规律的支配呢?笔者认为,国际化与本土化这一矛盾,同样是中国近代法律文化的基本规律,二者规定了中国近代法律文化的内在动力与总体发展目标。

在1840—1861年觉醒期,中国近代法律文化是在中国进入一个全新的国际环境的历史背景下展开的。过去,史学界往往把西方列强也就是"西力"对中国的冲击,及中国社会对这种冲击的回应,看成是中国近代历史的开端。由此而来,中国的近代化,也被说成是后发型、外源型的模式。这种观点的偏颇之处,首先,就是夸大了西方国家对中国近代化的作用。似乎没

---

① 〔日〕滨下武志著:《近代中国的国际契机》,中国社会科学出版社1999年版,第29页。

第八章 中国近代法律体系的形成与法律文化的变迁

有西方的入侵,就不会有中国社会的近代化一样。其次,这种观点还把中国社会对国际环境的理解及对近代化的追求,看成是被动的和不得已的。

但是,从中国法律文化的自身经历来看,中国是在经历了觉醒期以后——尽管这一阶段有长达20年的时间——进入到积极探索近代化道路的阶段的。之后,中国法律文化又进行了改良和革命重建的伟大尝试,并最终建立了近代化的法律体系,形成了别具特色的近代化的法律文化。其中,为了给中国法律文化安排一个恰当的国际位置,中国政府和中国人民,以及西方各国也都发挥了一定的作用。这种国际化的努力说明,面对世界法律一体化的历史进程,不仅仅是中国这样一个当时相对落后的国家,需要为自己的法律文化的发展寻找出路,同样,西方国家也要以越来越理性的态度来对待中国的法律文化。一位中国学者在谈到中国近代的法律移植时指出:"走出去"、"请进来"和参与"法律全球化"是中国法的"国际化"的三个方面。[1]另一方面,本土化,也就是如前所述之"追求保持亚洲内部地区传统特性,或者说地区个性"的"追求",是中国法律文化的又一重要层面。在近代,不实现国际化的转型,中国法律文化就会被淘汰、被湮灭。同样,离开本土化的发展,法律文化就没有立足点,就成了无源之水,无本之木。因为中国法律文化的近代化,最终还是以满足本民族人民对近代化的法律文化的迫切需要,满足中国社会近代转型的需要。总之,国际化与本土化的交织,是中国法律文化近代发展的内在动力和总体目标。

(二)个人权利、经济发展和法律科学化,是中国近代法律文化发展的三个基本支点

近代中国,可谓一个权利日增的时代。在封建礼教指导下的法律传统中,个人是埋没在家族之中的。个人的法律地位概以"身份"为转移。在这种家族利益高于个人利益的法律文化中,所谓的个人权利完全是被压制的,或者说,根本就不存在近代意义上的"个人权利"。但是,近代西方政治法律思想的广泛传播,逐渐引起个人权利的觉醒。"1895年以前由基督教义引申之'人人皆有自主之权'学说,至此乃与严复介绍之天赋人权说汇合,很快促醒中国人人格意义的自觉。"[2]

个人权利既表现为对个人自由的渴望,又表现为对个人平等的追求。

---

[1] 何勤华、李秀清著:《外国法与中国法——20世纪中国移植外国法反思》,中国政法大学出版社2003年版,第635页。

[2] 王尔敏著:《中国近代思想史论》,社会科学文献出版社2003年版,第34页。

在前一方面，个人自由必然要求对抗压制自由的君主权力、家族权等。而对君权、家族权的解构，必然通过宪法予以确认。因此到近代法律文化发展的第三个时期，实行宪政成为不可抗拒的历史潮流。在中华民国建立以后的几十年中，尽管"你方唱罢我登场，城头变换大王旗"，但每一个政权无不以宪法标榜自己政权的合法性。同时，自由也以明确宣示的方式规定在法律中。如《钦定宪法大纲》"草时酌定"中就规定"臣民于法律范围以内所有言论著作出版及集会结社等事均准其自由"。在第二个方面，从《中华民国临时约法》开始规定"中华民国人民一律平等，无种族阶级宗教之区别"（第五条），人们的平等权成为在以后的宪法中不可易移的条款。在部门法中，人们的诉讼权、财产的继承权、婚姻权、平等订立契约的权利等等，都相继以明文规定。

经济发展在近代法律文化的发展中，也是一个特别值得关注的方面。有学者用"商业革命"一语来表达近代经济的发展。认为："市场结构、商业的金融方面，贸易中心，航运以及经营方式等变化如此广泛、显著和迅速，以至从总的后果来看，似乎是革命性的。这些变革既在结构方面，又在功能方面，它们造成多少世纪以来存在于传统中国的商业活动明显不同的经济形态。"[①] 商业的巨大发展，引起法律文化领域深刻的变革。首先，商业文化是一种新的文化形态，要求的是与之相适应的法律文化形态。自由竞争、等价交换、契约自由、平等保护等等，这些商业的法则，必然打破封建制度之下的人身依附关系，打破社会等级制，打破国家对社会经济事务的不合理制度，等等。同时商业的发展，要求新型的法律制度。公司制度、财产制度、破产制度、法人制度、继承制度等等成为近代法律变革的焦点。经济的发展还造就一个新的社会阶层——市民阶层或"中等社会"[②] 的主要构成部分。他们中有从旧式商业向近代工商业转化来的，有旧式士类渗入工商业的，也有新式知识分子投身于工商业的。"作为一种新的社会力量，工商业资本家在抵制洋货、收回利权、立宪运动等众多社会事务中日益显示出其自身的实力和存在价值。是他们奠定了民主革命的社会经济基础。"[③] 实际上这是近代中国社会转型的内在推动力量。他们对法律文化近代化的影响不可低估。

---

① 徐忠明著：《法律与文学之间》，中国政法大学出版社2000年版，第351—352页。
② "中等社会"一语出自陈旭麓：《近代中国社会的新陈代谢》一书，见上海人民出版社1991年版，第257页。
③ 陈旭麓著：《近代中国社会的新陈代谢》，上海人民出版社1991年版，第264页。

第八章 中国近代法律体系的形成与法律文化的变迁

法律科学化是近代法律文化的第三个支点。清代的法律是在继承明朝法律的基础上发展而来。总的来说,清朝的法律是以维护封建君主专制等级制为历史使命的。其法律的精神与近代自由民主的时代潮流是完全背离的。在法律体系方面,清律仍然保持着"诸法合体"的传统特征。既没有独立的民事法典,也没有独立的诉讼法典。这显然不能适应近代法律发展的需要。立法技术方面,由于立法权掌握在最高统治者皇帝的手中,法律的变革没有科学的程序和民主的基础作保证。这样的法律体系是无法适应近代个人权利和工商业发展的需要的。因此在清末法律变革之中,法律的科学化成为一个重要的工作。清末修律,以及以后北京政府的法律发展和国民政府的法律建设,使中国近代法律体系建立起来。其中不仅制定了独立的刑事法律、民事法律、行政法律、经济法律、诉讼法律等,基本达到当时国际上同类法律发展的相同水平。在这一变革过程中,一方面国际上先进的法律成果被大量吸收,以期被西方国家认可;另一方面,中国传统的法律文化资源也在一定程度上被挖掘利用。清末和民国时期进行了较大规模的民事习惯调查工作,并取得相当的成果。① 国际化与本土化的双重努力,使得中国近代法律体系基本适应近代中国社会发展的需要。

(三) 民主、人权和法治是近代法律文化发展力求贯彻的三个目标与精神

首先,民主,即以民意为基础、以民众的利益为转移来制定和实施法律,由人民当家作主,是近代法律文化的一个主旋律。清朝是一个以君主的权力统治一切的专制国家。清朝末年,统治者认识到依靠旧的统治方式已经无法继续维持其政权,在这种情况下不得不改革自救。清末公布的《钦定宪法大纲》虽然仍以君主权力为中心,但是关于人民的权利,也不得不以"附则"的方式明确规定下来。在以后公布的《九年预备立宪清单》中,详细开列了从第一年到第九年中,设立资议局、资政院,以及实行厅、州、县甚至乡镇自治的时间表。其中特别值得注意的是,这份文件还规定了预备在第九年颁布议院法和上下议院选举法。也就是说赋予人民以选举的权利。1912年中华民国成立后,在所有的宪法性文件中,对人民的民主权利都详细列举,明确宣示。这说明,在近代中国民主已经成为一个不可抗拒的历史潮流,民主的原则也已成为法律文化中不可动摇的基本要求,成为近代法律制

---

① 参见《中国民事习惯大全》,上海书店出版社2002年版,第2页"中国近代的民事习惯调查活动"。又见前南京国民政府司法行政部编:《民事习惯调查报告录》,胡旭晟、夏新华、李交发校,中国政法大学出版社2000年版,第1—6页。

度的"公理"。

其次,对人权的确认和保护,也越来越受到法律的重视。甲午战争以后,天赋人权的学说在中国广泛传播。郑观应、何启、胡礼垣、康有为、严复、梁启超、黄遵宪等都曾经予以论述。① 在清末修律的过程中,沈家本(1840—1913年)指出:"买卖人口久为环球所指摘,而与立宪政体保护人民权利之旨尤相背驰。"因此要求法律内有关买卖人口及奴仆、奴婢的条文一概删除。他还提出刑法应当改重为轻,废除凌迟、刺字等酷刑。到中华民国时期,《大总统令内务部禁止买卖人口文》同样指出:"自法兰西人权宣言书出后,自由博爱平等之义,昭若日星。各国法律,凡属人类一律平等。"由此禁止买卖人口,解除主奴关系。以后相继颁布一系列法律文件,解放"蛋户"、"惰民",禁止买卖"猪仔"。近代司法制度的建立,为保护人权提供了更加可靠的制度保障。

最后,近代法律文化的发展,也是以实现法治为基本宗旨。中国传统上是一个人治的国家。"所谓人治,实质上是君治和君主操作下的吏治,这是专制制度所决定的。"② 随着西方法律文化的传入,法治思想也为中国社会广泛接受。其中梁启超对法治作了精辟的论述。他说:"法治主义,既为今世所莫能易,虽有治人,固不可以忽于治法。即治人未具,而得良法以相维系,则污暴有所闻而不能自恣,贤良有所籍而徐展其长技。"③ 法治原则在近代中国法律体系的形成和法律文化的发展中表现十分明显。三大诉讼法的制定,是从诉讼权利保护方面贯彻法治的精神,要求实行辩护制度、回避制度等,在行政诉讼方面,确认人民对政府侵犯民众权利的可以提起行政诉讼。在刑法中确立了罪行法定的原则,终止了实行上千年的比附。凡此种种,皆为中国近代法治进步的标志。

五、中国近代法律文化的不足及其原因

(一) 中国近代法律文化发展的不足

随着中国近代法律体系的建立,近代法律文化的发展取得长足进展。但是,进一步研究,发现这种进展也存在着明显的不足。

---

① 张晋藩著:《中国法律的传统与近代转型》,法律出版社1997年版,第418页。
② 同上书,第410页。
③ 《宪法之三大精神》,载《饮冰室文集》卷二九,见梁启超著,范忠信选编:《梁启超法学文集》,中国政法大学出版社2000年版,第343页。

第八章　中国近代法律体系的形成与法律文化的变迁

首先,在近代中国法律体系建设的过程中,立法工作得到重视,成就显著,但是法律的贯彻落实没有取得应有的效果。在清末制定的法律文件中,真正公布实施的只是一小部分,大多数法律还处于"草案"的状态中,即由于辛亥革命的发生而被搁浅。在北京政府时期,由于军阀混战,法律即使制定出来,往往流于形式,根本无法推行到社会中去。在国民政府时期,由于时局不稳,这种情况也是不可避免的。1933年,一位中国学者说:"盖我国三十年来,改革法律,只分别抄录他国成文,未遑顾及他国成文的、历史的、社会的因素,即幸而有其学理上的理由,亦未能顾及事实上的成绩。加以掌司法者,每任职过久,头脑凝结,智慧偏倚,罔恤民困,即在法律范围中,可以顾全人民利益之处,亦不设法应用。"①

其次,在政权频繁更替的过程中,法律往往成为各种政治力量争权夺利的工具,法律的权威性并没有真正树立起来。在中华民国建立以后,虽然民主共和成为一种不可抗拒的时代潮流,各个时期的政权都制定宪法,标榜自己政权的"合法性",但是,恰恰是这种对法律肆意变更的行为,使他们的政权始终处于"合法性"危机之中。

最后,近代中国政治、经济发展的不平衡,决定中国近代法律文化发展在地区上存在极大差异,半殖民地化特征十分明显。在清政府统治时期,开放的口岸往往"得风气之先",接受比较多的西方法律文化,而在内陆省份,传统的法律比较稳固。"自1842年以后,沿海与内地的反差逐渐显著了。西方人首先在中国沿海建立据点,后来又扩展到长江沿岸……中国文化的重心仍然牢固地根植于内地。但随着时间的推移,沿海日益重要地成为内陆变革的促进因素,就像细菌学上的'酵母'一样。中国近代史上的一些重要人物都是新的河海文化的产物。"② 在北京政府统治时期,曾出现过军阀割据的局面,所以各地法律发展也不平衡。同样国民政府时期,情况不比北洋时期好多少。

(二) 中国近代法律文化发展不足之成因

中国近代法律文化发展的上述不足,原因是多方面的。其中比较突出的是以下几个方面:

---

① 阮毅成:《中国法治前途的几个问题》,载《东方杂志》第三十卷第十三号。
② 〔美〕柯文著:《在传统与现代性之间——王韬与晚清革命》,江苏人民出版社1998年版,第217页。

其一,传统观念深厚,保守势力强大。1898年发生的戊戌变法运动,对中国来说是一次千载难逢的契机。但是,由于保守力量比变革的力量要强大得多,结果使之仅仅持续103天就草草收场了。"戊戌变法失败所导致的最大问题是使中国失去了社会改革的上层资源,从此以后中国社会变迁只能走暴力革命这条损耗极大的路。"① 清末新政的受挫,在一定程度上也是政府上层统治人物中一些保守力量的反对或者漠然置之。北京政府统治时期,出现复辟帝制的丑剧和闹剧,不能不说是封建帝王思想在某些人的头脑中恶性膨胀的结果。

其二,民众启蒙缺位,法治基础薄弱。与西方国家法治建设时期相比,中国近代法律体系的形成是相当急迫的。清末不到十年的时间就形成了后来"六法全书"的雏形。国民政府的法律体系也是在比较短的时间内仓促形成的。即便从1840年算起,到1947年中华民国宪法的正式实行,也不过107年的时间。在这段时间,由于中国饱受外敌侵略的困扰,加之中国内部的政治局势始终不稳,"革命"事件屡屡发生,争权夺利一日未休,因此对民众的正当教育和法律精神的引导始终没有足够的时间,政府根本无暇顾及民众启蒙,培植法治之社会基础问题。法治的民众基础是相当薄弱的。"19世纪末20世纪初的中国依然是一个需要进行思想启蒙的国度,在这个没有自然法思想基础的国家里移植和实施以自然法思想为基础建立的近代法律体系,当然就会出现各种各样的矛盾现象。"②

其三,外敌侵扰不断,国内政局难平。近代中国法律文化的发展,深受外国势力侵略的影响。清末法律改革,即是受到英、美、葡、日允诺放弃治外法权的影响而展开的。不平等条约不仅破坏了中国主权的完整,使中国长期处于四分五裂的状态之中。清政府统治时期,西方列强曾出兵直接占领中国的部分地区。在北京政府时期,它们往往通过扶植代理人的形式,谋求自己的特殊利益,从而间接影响中国局势。1931年"9·18"事变以后,日本帝国主义加紧了对中国的侵略扩张,使中国人民失去了8年宝贵的发展时间。国内局势的不稳,使中国政府无法全力以赴地从事法律建设的伟大事业。

---

① 吴敬琏:《一个经济学者眼中的戊戌百年》,载《读者》1998年7月,又见1998年4月17日《南方周末》。

② 王涛:《中国法律早期现代化保守性价值评析》,载张晋藩主编:《20世纪中国法制的回顾与前瞻》,中国政法大学出版社2002年版,第37页。

第八章 中国近代法律体系的形成与法律文化的变迁

最后,武人专制,以权害政。武人专制的祸端,肇始于北洋军阀头子袁世凯。此人以私人武力取得国家最高权力,其后继者无不认定武力万能,各自为谋,且变本加厉,年复一年,危害极大。袁世凯称帝,张勋复辟,黎段之争,曹锟贿选,以至国民政府时期各个派系的明争暗斗,无不是武人专制搞出的丑剧。"三权分立,立法机关与司法机关相依为命,如司法受行政官、军人摧残,立法机关亦不能保其生命。徵之民初各国历史及现状,立法机关对于司法,无有表示同情者。民国之国会、省议会对于司法,不惟不表同情,且有与行政、军阀联络以施其摧残之计者,此民国独有之现象。"① 1916年"大理院与国会冲突案"② 即为典型案例。在这种军阀恣睢、党派纷争扰攘不断的局面之下,法律文化怎么可能得到充分的发展和培育呢?!

---

① 江庸:《法律评论发刊辞》,转引自黄源盛著:《民初大理院》,《政大法学评论》(台),第六十期,第125页。
② 大致情况是:1916年袁世凯去世后,国会恢复,其中有主张凡国会议员复选选举无效、当选无效等诉讼,均不应由大理院受理上诉。但是大理院认为参议院和众议院选举法并未禁止人民上诉的权利,于是受理上诉。由此及彼引起国会不满。国会通过议决案,决议大理院判决无效。大理院坚持自己的最高法律解释权,认为国会无权通过议决案,而国会只得以另议决法律案送经政府依法公布。参见黄源盛著:《民初大理院》,《政大法学评论》,第六十期,第125页。

结论　回归制度文明：中国近代法律体系的形成与中国的"文艺复兴"

> 对过去来说，法律是文明的一种产物；对现在来说，法律是维系文明的一种工具；对未来来说，法律是增进文明的一种工具。
> ——庞德：《历史的言说》①

一、中国近代的"文艺复兴"与中华法制文明的近代转型

(一) 中国近代的"文艺复兴"

1933年7月胡适(1891—1962年)在芝加哥大学比较宗教学系"哈斯克讲座"做了题为"当代中国的文化走向"的讲演，后来芝大以"中国的文艺复兴"为名将这些讲演结集出版。2001年这本书有了中文译本。② 胡适是中国新文化运动的发起人与主将之一，他所谓"中国的文艺复兴"，就是指近代中国由于与西方国家的接触而产生的社会与文化的自觉的、有意识的反应运动。他特别指出，构成近代文艺复兴的"材料"，"在本质上正是那个饱经风雨侵蚀而可以更为明白透彻的中国根底——正是那个因为接触新世界的科学、民主、文明而复活起来的人文主义与理智主义的中国"。③ 这至少表明胡适的一种态度——他并非完全对中国文化失去信心，否则就谈不上所谓"复兴"。当然，中国的历史已证明，中国所走的道路，是中国的道路，不是任何其他一个国家的。谁也不能否认，中国传统文化在其中起到的历史性作用。尽管人们可以对这种作用进行评说。

在近代中国文艺复兴的浪潮中，胡适认为，中国社会最显著的变革是社会等级的重新调整。"在这当中，法律职业的兴起或许是最有意义的。中国

---

① Roscoe Pound, Interpretations of Hitory, Cambridge, 1923, p.143. 转引自邓正来：《社会学法理学中的"社会神"——庞德〈法律史解释〉导读》，载〔美〕罗斯科·庞德著：《法律史解释》，中国法制出版社2002年版，第37页。
② 胡适：《中国的文艺复兴》，欧阳哲生、刘红中编，外语教学与研究出版社2001年版。
③ 同上书，第151页。

结论　回归制度文明：中国近代法律体系的形成与中国的"文艺复兴"

发展了自己的法典和自己的法学理论体系；却从未建立由受过专门训练的律师代表诉讼当事人进行公开辩护的机制。法律职业的缺乏是造成旧时法庭不公与严刑的主要原因……现代律师在中国的出现不仅意味着一种新的职业的兴起，而且预示着一个崭新的、法制公正的法治时代的到来。"①

胡适用"法治时代"这一词语概括了他对未来中国社会的期许。胡适的眼光是敏锐的、深邃的。近代中国尽管历经坎坷，但的确在朝着法治主义的时代迈进。笔者以为，如果说中国要出现真正的文艺复兴，那么法治时代的到来，将是这个伟大事业的标志和开端。

（二）中华法制文明的近代转型

在中国博大精深的传统文化中，中华法制文明是一个重要的组成部分。

1. 中华法制文明的特定内涵

对于中华法制文明，过去的法律史学者往往称为中华法系②，是一个从宏观上把握中华民族历史上所有关于法律文化发生、发展和演变的学术概念：

"中华法制文明是以黄河流域的中原法文化为主干发展起来的，同时也吸收和综合了长江流域的先进法文化。苗人肉刑的发现和被广泛适用，证明了中华法制文明的多元性和民族间法文化的吸收与融合。"③

"中华法制文明包括制度文明与精神文明两部分，它是中华民族伟大创造力的体现，对于世界法制文明的发展产生过巨大影响。由于中华法制文明具有丰富的文化内涵和卓越的创造性，因而在很长一段时间居于世界法制文明发展的先列。"④

---

① 胡适：《中国的文艺复兴》，欧阳哲生、刘红中编，外语教学与研究出版社2001年版，第219页。

② 自民国时期起，对中国法制文明的宏观研究逐渐为人重视。那个时期的法律学者最常用的一个词汇是"中华法系"，其含义相当于"中华法制文明"。其中，比较有代表性的著作有：陈顾远的《中国文化与中华法系》（三民书局股份有限公司1977年版）、杨鸿烈的《中国法律在东亚诸国之影响》（中国政法大学出版社1999年版）等。现代中国法学界对于中华法系的研究，代表性的论著有张晋藩的《中华法制文明的演进》（中国政法大学出版社1999年版）、刘广安的《中华法系再认识》（法律出版社2002年版）等。笔者以为，中华法制文明，应当侧重于中国本土法律文化的发展演变等，而中华法系这一概念，严格地说，除了中国本土的法律文化，还指涉受中国法律文化影响的日本、高丽、越南等地的法律文化。"法系"原本是一个法律的家族或是法律群落的意思。值得一提的是，在现代的法学论著中，"中国法律传统"一语有时似乎也可与"中华法制文明"等同。

③ 张晋藩著：《中华法制文明的演进》，中国政法大学出版社1999年版，"绪论"第1页。

④ 同上。

> "由于中国是一个地处东北亚大陆,资源丰富的内陆性国家,以农业为立国之本的自然经济结构,以宗法家长制家庭为社会的基本构成单位,以儒家纲常伦理学说为统治思想,以皇权神圣的专制主义为国家的基本政治制度,等等,是形成中国古代国情的诸因素。这种国情决定了饶有特色的中华法制文明的内涵与历史传统。"①

由上述简要的解说可以看出,中华法制文明,是由中华民族各族人民共同创造的,体现中华民族独特民族精神的法律文化体系。它是随着中华民族的成长发育而发展起来的世界法律文化体系中别具特色的一个法律文化派系。

正如古罗马格言所说,凡是有人群的地方,就有法律。法律在任何一个社会中都会存在并发挥作用。中国古代法制文明在其发展中自成体系,蔚为大观。不仅如此,中国古代法律文化还以中国为中心向东南亚传播,出现一个法律的文化群落,被世人称为"中华法系",是与西方的海洋法系、大陆法系、东方的印度法系及中东的伊斯兰法系等并称的世界几个大的法系之一。中国人应当为自己的祖先曾经创造出的灿烂辉煌的古代法制文明而骄傲和自豪。但是,中华法系在近代却随着中国的命运跌宕起伏,经历了一个非常时期。在上述胡适先生提到的"文艺复兴"运动中,中国古代法制文明受到前所未有的冲击,产生了近代的法律哲学。

2. 中华法制文明的近代转型

今天研究法律史的学者,往往从总体上把中华法制文明的近代转型命名为"中国法律近代化"或者"中国近代法制转型"或"法律转型"。② 这里,笔者姑且以"法律近代化"指代这一特定历史时期所形成的法律哲学。

从中国法律近代化来看,为了适应近代世界历史的新环境,中国的法律发生了巨大的变化。总的来说,中华法系解体了——其实,在中国本土的法律传统解体之前,日本的法律传统已经在"脱亚入欧"的指引下,向着西方资

---

① 张晋藩著:《中华法制文明的演进》,中国政法大学出版社 1999 年版,"绪论"第 1 页。
② 把中国法律近代发展称为"法律近代化"较早的是北京大学教授李贵连先生,他曾著《中国法律近代化简论》一文,发表在《比较法研究》(中国政法大学出版社)1991 年第二期,后收录在《比较法学文萃》(米键主编,法律出版社 2002 年版)一书,该文后以《沈家本与晚清变法修律——兼论中国法律的近代化》为名收入《二十世纪中国法治回眸》(张晋藩主编,法律出版社 1998 年版)一书。同时把中国法律的近代发展称为"中国近代法律转型"的是中国政法大学教授张晋藩先生。他曾著《中国法律的传统与近代转型》一书,该书由法律出版社于 1997 年出版。该书用较大篇幅详细论述了中国法律近代转型过程中的种种问题。

结论 回归制度文明:中国近代法律体系的形成与中国的"文艺复兴"

本主义国家法律新传统演进。到中华民国时期,国民政府编制了六法全书。这可以看成是中国法律近代化的基本成果。但是由于历史的原因,这种法律成果并未形成一种普遍的传统。相反,它只在一个比较小的范围内发挥作用。那么,从一个比较长的和比较大的范围内来看,中国未来的法律将怎样进一步发展呢?

笔者以为,中国还将进一步面临法律传统和法律体系再创造的历史任务。历史学家说:"历史是一张无缝的网。"任何人都没有能力割断历史,其实,从来也没有这样的必要。但是,如果承认现代化与传统有所不同的话,就必须接受更新的可能与必要性。就中国社会的特殊性来说,法律传统同样面临一个再造的过程。所谓再造,也可以说是再生,就是在传统的法律文化资源的根基上,做去伪存真、拨乱反正的工作,发掘保存在传统文化中的活的灵魂。

现代化问题,最终是与人的问题联系在一起的。自古至今,人都是社会存在的主体。社会是人的存在——人的欲望、激情与理性的反应。然而,正如历史学家指出的那样,人的欲望、激情与理性在特定的环境——包括自然的物质环境和人文的环境中,表现并不相同。也就是说,人的行为方式在经历了特定的社会、历史熏陶以后,便沿着特定的模式表现出来。这就是人们通常所说的文化的力量。在特定的文化图像中,人的图像是最根本的因素。现代社会之所以不同于传统社会,就是现代的文化所期望的人的图像,与过去的历史上对人的理解与期望是根本不同的。

在法律哲学中,有关"人"的概念,可以从以下五个方面去描绘:

(1) 人与自然的关系;

(2) 人与物的关系,亦即物我关系;

(3) 人与他人的关系,亦即"公"与"私"的关系;

(4) 人的道德属性与非道德属性的关系,或者说是人的肉体与灵魂的关系;

(5) 政教关系。

上述五个方面,或五个范畴,就是关于构成法律哲学中"人像"的基本要素。在传统社会中,人的法律意义从以上方面得到体现。例如,在中国古代社会,人们追求"天人合一",个人与自然的关系,甚至比个人与社会与国家的关系重要得多。法律上的惩罚基于个人对自然秩序的违反,即个人品德的堕落。"物我两忘"则是人生的最高境界。财产、名誉、地位等等标志个人社会属性的因素,都被视为身外之物,从根本上说,是不值得追求的。在公私关系上,由于财产的重要性不被强调,公私分明也就没有什么特别的意义。家族本位决定了法律对个人的态度——法律中的人是一张模糊的图像,他与其他社会成员没有明确界限,我中有你,你中有我。只有当人们犯了罪,需要特别揪出来予以惩罚的时候,对人们区分意义才凸显出来。法律秩序的建立更多的是依赖对人们道德上的完善的期许。泛道德主义的法律混淆了人的道德属性与法律属性,"圣凡合一"就是这种法律哲学对人的理解和期望。在道德信念的笼罩下,人的现实生活的种种方面被认为是不值得认真关注的,规定在法律中更显得不必要。这种对人的哲学支持了政治秩序与道德秩序、宗教秩序的混合,政教合一便有了合理性。

这种以传统宗法社会和"大一统"的政治哲学为依托的法律哲学,到了近代,面临着严峻的"合法性危机"。换句话说,所谓法律近代(现代)化,就是要将这种传统的法律哲学彻底改变,建立全新的法律图像。简而言之,法律的现代哲学,就是要建立清晰分明的(个)人的图像,而要做到这一点,就必须把人在五大范畴中形成独立的地位,也就是从传统哲学中的混同状态中彻底分离出来。所谓法治,就是从根本上确立人在法律中的主体地位,更加提出人的主体性。相应地,与人的主体性相关的权利意识、平等观念、人权观念等等,也必须作为法律哲学的根本。这一点,也惟有法律能够做到。所谓资本主义,所谓现代化或者近代化,就是从经济制度上,从社会制度和意识形态上支持上述人的图像的建立和完善。其中,法律近代化和作为法律近代化标志性成果的近代法律体系的形成,显示着近代中国向制度文明的回归。

根据上述民族复兴与法制文明近代转型的背景,我们可以对中国法律近代化这一事业进行适当的评价。

二、中国近代法律体系的形成对中华法制文明的历史性贡献

(一) 中国近代法律体系的形成对中华法制文明的贡献

中国法律近代化,是在中国传统法制文明出现危机向近代转型的一种写照。"中国法律近代转型的主要标志是中国传统的中华法系的破坏和大陆法系在中国的开始确立,从此中国法律的发展摆脱了孤立的状态,而与世

结论　回归制度文明：中国近代法律体系的形成与中国的"文艺复兴"

界法律的发展有了衔接。"① 因此，可以把中国法律近代化和近代法律体系的形成，视为中华法制文明发展的一个特殊阶段。这一阶段与中华法制文明不是异己的，而是一个变化、演进的过程。以六法体系的形成为标志性成果的中国法律近代化，对中华法制文明的发展还作出了重要的贡献。

1. 中国近代法律体系的形成，在一定程度上推动了国家的独立、统一和富强，推动了中华民族的民族复兴

中国的法律近代化事业，起源于近代中国的民族危机、政治危机和法律危机。其直接目标，是为了收回治外法权。为了实现这一愿望，中国近代的法家努力推动法律近代化运动。其中，在历次的宪法和法律的论争中，不同立场和观点的人，为了同一个问题进行辩论，无形中增加民族凝聚力。各种政治力量为了推进和维护法律的统一与权威所进行的各种斗争，事实上也为民族的统一与整合作出了一定的贡献。在这个过程中，建立中国自己的法律体系，收回治外法权，已经成为当时中国人民心照不宣的民族信念和实现民族复兴的一面旗帜。1943年，中国收回治外法权的伟大成就，虽然不完全归功于近代法律体系的形成，但是，这与当时中国拥有一个为世界各国承认的、与世界先进法律水平比较接近的法律体系，同样具有不可分割的联系。

2. 中国近代法律体系的形成，展示了中国人民的智慧和胆识，为中国人民赢得一定的民族自尊

中国法律近代化的启动和发展，主要是由中国人民自己承担和完成的一项历史任务。虽然在清末和北京政府时期都有外国法律专家的影子，但是法律近代化的主要推动力量来自中国人民自己。南京国民政府时期，法律近代化则基本上完全依靠中国自己的法律专家，尽管他们中的大多数人可能受到过不同程度的西方化教育。这一点与一些完全殖民地化的国家显然不同。这件事情，就算在今天看来，我们依然应当肯定和赞赏当时的中国法律家所作出的卓著贡献，特别是为了保存中国固有的法律传统，当时的立法专家所作出的各种立法与司法的调查。

3. 中国近代法律体系的形成，是在特定的历史条件下，对中华法制文明的继承和发展

中国法律近代化，一个基本目标，是法律体系的本土化。为了实现这个目标，当时的立法人员进行了大规模的法律调查研究。其结果，在新建立起

---

① 张晋藩著：《中国法律的传统与近代转型》，法律出版社1997年版，第472页。

来的法律体系中,特别是民法这一与本土社会联系比较紧密的部门法,在可能的范围内最大限度地保留中国固有的优秀法律文化成果,最大限度地保持了近代法律体系与中国固有法律文化之间的连续性和一致性。因此,中国法律近代化,是在特定的历史条件下,对中华传统法律文化作出的继承和新的发展。

4. 中国近代法律体系的形成,是中华法制文明从传统到现代转变的一个桥梁和过渡

中国法律近代化的标志性成果就是六法体系的形成。这个体系是在移植西方先进法律成果和保留中国固有法律传统的基础上建立起来的。传统的法律体系过渡到近代意义上的法律体系,是需要一个桥梁的。这不是一个突变,而是通过逐渐地接受了西方的法律制度,并与之交流碰撞的结果。况且封建王朝的最后被推翻,也许正是资本主义法律制度与法律思想引进的结果。事实上清王朝的灭亡正是与其相互依存的封建法律制度的破坏相互关联的。从外国引进的资产阶级的法学思想与法律著作,不但冲击了传统的中华法系,并且加速了中国封建社会的灭亡。因此,了解并研究中国法律近代化移植外国法律的过程,对于我们了解中国今天正在进行的法律现代化建设,推动现代法律体系的完善和发展是十分重要的。由此可以看出,六法体系乃是在中华传统法制文明从传统走向现代的过程中,一个十分有益和必要的探索与准备过程。

1949年六法体系被废除。这一历史性的事件,距离今天已经有半个多世纪了。今天,中国人民仍然要为建立一个现代化的法律体系而努力。如果我们从历史的角度客观冷静地回顾中国追求法律近代化乃至现代化的历程,那么,我们就会发现,从清末开始的法律近代化事业,实际上在很多方面都可以为今天的法律现代化事业提供有益的参考和借鉴。"随着二十世纪八九十年代的新立法,中国再次在许多方面恢复了晚清法律改革者和国民党立法者草创的工作:确立一个既与西方主导的现代立法趋势相一致(及与由改革引起的新的社会现实相一致),又保持中国传统习俗的法律体系。我们也许可以说今日中国法律的出发点更接近国民党法律而不是清代法律。"[①]历史本来就是在曲折中前进的,一帆风顺地发展,也许只是一种理想状态。有时走一些弯路,交一些学费,可以让人们更加珍视来之不易的成

---

① 黄宗智著:《法典、习俗与司法实践:清代与民国的比较》,上海书店出版社2003年版,第8页。

结论 回归制度文明:中国近代法律体系的形成与中国的"文艺复兴"

就。在这个意义上,我们同样可以说,中国法律近代化和近代法律体系的形成,是中华法制文明从传统走向现代的一个过渡和桥梁。

(二)中国法律近代化的不充分性

中国法律近代化,虽然有上述基本贡献和成就。但是,一个同样不容回避的事实,是这一艰难的事业,并没有像人们期待的那样,完全达到预期的效果。由于种种原因,其中特别是中国法律近代化的功利性,以及中国近代法家的幼稚性,决定了近代中国的法律近代化事业同样是不成熟的。在这个事业的方方面面,都存在一定的不完善和不充分性。这种不成熟性与不充分性,既表现在法律近代化的过程中,也表现在法律近代化的结果中。

1. 法律近代化过程的简单化与盲目性

中国法律近代化的主要手段,是对外国法律的大规模移植和对固有法律传统的发掘整理,及为此而进行的法律调查。由于种种历史条件的限制,当时所进行的大规模的法律移植和一定的法律调查研究活动都有一定的问题。

首先,就法律移植来看。

由于近代中国的法律近代化事业,具有鲜明的法律民族主义的特征。其中一个重要方面,就是法律国际化的压力。法律的国际化迫使中国展开法律近代化的事业,修改法律,必须适应国际社会的要求,适应国际利益的要求。在这种民族心理的推动下,相应产生一种急于求成的急躁情绪,从而使法律移植不得已而表现出盲目性。这种盲目性,发展到极端,甚至于陷入了一种被学者称之为"制度决定论"的困境。制度建设唤起人们的热情——唤起人们对于改革旧制度和建设新制度的热情。但是,制度决定论是一种危险的事物。它所潜伏的乌托邦主义和道德共和国的极度理想化倾向,确是法律文本建设的最大的敌人。这种事物,对于近代中国,则更是灾难性的。

"我们可以偶把这种仅仅根据一种外来干涉制度的'效能'来决定仿效这种制度,以求实现该制度的'效能'的思想倾向和观念称之为'制度决定论'。这种'制度决定论'思想倾向的最基本特点是,在肯定异质文化中的某一种制度的功效的同时,却忽视了该种制度得以实现其效能的历史、文化、经济和社会诸方面的前提和条件。换言之,'制度决定论'仅仅抽象地关注制度的'功效'与选择该制度的'必要性'之间的关联,而没有或忽视了'功效'与实现该制度的种种条件的关联。一种制度实施的可行性与实效性,又恰恰不能脱离这些条件。"① 这种"制度决定论"产生了严重的不良后果。"制度决定论产生的一个直接后果是，人们对于某种效能的渴求（例如克服民族危机或富国强兵等等）越是强烈，人们也就越发向往迅速地建立那种被认可可以产生该种效能的制度。这就是为什么人们的民族危机感越是强烈，他们实现立宪政治的要求也就越加强烈。在他们看来，只有立宪才能拯救中国，中国既然业已陷入深重的危机，只有立即采取立宪政体，才有希望摆脱危机。正是在这个意义上，中国近代的立宪政治史就具有这种一个突出的特点，那就是，立宪思潮将随着内忧外患的深入，随着民族危机的尖锐化，而不断地走向激进化。这正是形成中国改革过程中的激进主义思潮的一种根源。"不仅如此，"制度决定论的立宪法观，又具有引发失范和整合性危机的盲目性。"②

而从清末到南京国民政府时期的法律移植，多少都有一些"制度决定论"思想影响的痕迹。那个时期引进的大多数法律制度，很少有从中国社会本身的某种现实需要出发，有选择有步骤地进行。很多法律都是"整体搬迁"，对于社会的消化吸收能力，基本上是不予考虑的。有的法律移植只是寻找一些似是而非的表面理由，对中国社会的实际发展阶段，并没有进行客观而认真的评析。国民政府时期盲目引进"社会本位"的法律思想，就是一个典型。

其次，就法律调查来看。

为了实现立法的本土化，清末和民国时期都曾进行过法律调查。但是由于当时社会的不稳定，且很长时期中国没有达到统一，再加上从事法律调查的人员和经费支出等方面的短缺，事实上，法律调查很难取得显著的实效。就目前掌握的资料来看，清末的调查，仅限于民事习惯调查。对于其他方面的法律传统，几乎没有予以考虑。民国时期的法律调查，不仅范围小，而且规模要远远小于清末。③ 其所能发挥的实际作用，也就可想而知。

2. 法律文本与社会的脱节及其成果的流失

首先，在中国法律近代化结果的取得方面，一个基本问题，是法律文本建设与社会的实际需要之间距离比较大，法律体系的社会适应性比较差。

---

① 萧功秦著：《危机中的变革——清末现代化进程中的激进与保守》，上海三联书店 1999 年版，第 156 页。
② 同上书，第 163 页。
③ 参见前南京国民政府司法行政部编：《民事习惯调查报告录》（上），胡旭晟、夏新华、李交发校，中国政法大学出版社 2000 年版，胡旭晟序。

结论　回归制度文明：中国近代法律体系的形成与中国的"文艺复兴"

对于法律近代化来说，单纯从文本上考虑制度建设是否成功是不够的，必须同时考虑其社会适应性。

以民法为例。董康在其《中国历届修订法律之大略》一文中对新民法的评说，并非完全法律保守思想的反映。他曾经到日本研究法律，在当时来说，应当是思想比较先进的。他的评说恐怕不是没有道理的"杞人忧天"。事实上，南京国民政府的民法比起北京政府时期，还是有所"倒退"的。由此不难看出北京政府时期民事立法与社会的距离有多远。此外，清末时期就曾制定出《破产律》、《公司律》等法律，这些法律实际对于当时的中国来说，是十分超前的——事实上我们可以说根本没有适用这种法律的社会土壤。

其次，在法律近代化成果的保持方面，由于种种原因，许多来之不易的可贵成果都轻易流失了，造成法律近代化资源利用的严重浪费。

以宪法为例。宪法的变化是20世纪上半期，尤其是北京政府时期法律文本发展的主流。宪法的频繁变化，意味着近代中国的危机。人们希望通过宪法来建立政权的权威，建立一种秩序。但是，宪法的频繁变化，导致人们对宪法的权威性的怀疑和法律信仰的薄弱。这一点对于近代中国的法律近代化事业是十分致命的。比如1923年的《宪法》，其制度是比较符合国情，也比较符合1911年辛亥革命的理想的。这部法律以美国宪法为蓝本，同时考虑到当时中国各种政治力量的对比，吸收了1911年以后几次政治危机和法律的教训。但是，这部宪法由于不光彩的产生过程和政治纷争，被北洋军阀自己废弃了。改组后的南京国民政府已不再以这部宪法为基础制定新的宪法，而是以一种比较激进的思想——"三民主义"和"五权宪法"思想为基础指导新宪法的制定。这一时期的宪法不再以民众为基础，而是以军事实力为基础，其民主性是比较低的。当这种宪法倚赖的军事实力消失时，宪法的基础随之动摇，宪法秩序不复存在。不仅如此，这种激进的宪法观念的崩溃，可能会导致另一种更为激进的宪法思想的产生。

南京国民政府时期的宪法发展，还存在一个比较复杂的问题，那就是没有理智地处理好法律文本（法律制度）的产生和应用过程中发生的社会大众和社会精英之间的关系问题。法律在某种意义上说是一种靠经验来支持的。大众需要它，但是他们是在社会精英的引导下逐渐适应的。应当承认精英对于法治秩序的作用。否则无法理解法律的超前性与稳定性的关系。但是，不能由此将社会上的法律精英与一般民众对立起来——这种对立的结果，就必然导致法律文本与社会的距离越来越大，法律文本的社会适应能力降低。民国时期,训政思想的错误,就在于将社会精英与一般民众对立起来。这种做法甚至于导致持不同政见者的疏远,更将导致部分民众对现有法律秩序的某种程度的怀疑和疏远——这一点对于一个尚处于发育过程中的法律秩序来说,将是十分致命的。

参 考 文 献

一、专著与典籍

1. 《马克思恩格斯全集》第1卷。
2. 《大清法规大全》法律部。
3. 《寄簃文存》。
4. 《光绪朝东华录》。
5. 《史记》。
6. 北京政府《临时公报》。
7. 《中国大百科全书·政治学》，中国大百科全书出版社1992年版。
8. 《大清律例》，法律出版社1999年版。
9. 《杨度集》，湖南人民出版社1986年版。
10. 《康有为全集》，上海古籍出版社1987年版。
11. 《郑观应集》，上海人民出版社1982年版。
12. 《康有为政论集》，中华书局1981年版。
13. 《梁启超选集》，上海人民出版社1984年版。
14. 《饮冰室合集·文集》，中华书局1989年版。
15. 《清史稿》，中华书局1977年版。
16. 《光绪宣统两朝上谕档》。
17. 《辛亥革命》(四)，上海人民出版社1957年版。
18. 《东方杂志》第九卷、第三十卷。
19. 《民国法学论文精萃》(第一卷)，法律出版社2003年版。
20. 《中国传统法制与思想》，台北五南图书出版公司1998年版。
21. 《孙中山全集》，中华书局1981—1986年版。
22. 《中国民事习惯大全》，上海书店出版社2002年版。
23. 卞修全著：《立宪思潮与清末法制改革》，中国社会科学出版社2003年版。
24. 陈旭麓著：《近代中国社会的新陈代谢》，上海人民出版社1992年版。
25. 程燎原著：《清末法政人的世界》，法律出版社2003年版。
26. 程维荣著：《中国审判制度史》，上海教育出版社2001年版。
27. 冯桂芬著：《校邠庐抗议》，上海书店出版社2002年版。
28. 冯友兰：《中国哲学史新编》，人民出版社1989年版。
29. 冯玉军著：《全球化与中国法制的回应》，四川人民出版社2002年版。

30. 公丕祥著：《东方法律文化的历史逻辑》，法律出版社2002年版。

31. 故宫博物院明清档案部编：《清末筹备立宪档案史料》（上、下册），中华书局1979年版。

32. 郭廷以著：《近代中国史纲》，中国社会科学出版社1999年版。

33. 郭卫东著：《不平等条约与近代中国》，高等教育出版社1993年版。

34. 韩秀桃、张德美、李靓编著：《中国法制史》（教学参考资料），法律出版社2001年版。

35. 郝铁川、陆锦碧编：《杨兆龙法学文选》，中国政法大学出版社2000年版。

36. 何勤华主编：《法的移植与法的本土化》（全国外国法制史研究会学术丛书），法律出版社2001年版。

37. 何勤华主编：《法国法律发达史》，法律出版社1999年版。

38. 何勤华主编：《英国法律发达史》，法律出版社1999年版。

39. 何勤华著：《外国法与中国法——20世纪中国移植外国法反思》，中国政法大学出版社2003年版。

40. 侯欣一主编：《中国法律思想史》，中国政法大学出版社1999年版。

41. 胡适著，欧阳哲生、刘红中编：《中国的文艺复兴》，外语教学与研究出版社2001年版。

42. 黄宗智著：《法典、习俗与司法实践：清代与民国的比较》，上海书店出版社2003年版。

43. 蒋廷黻：《中国近代史大纲》，东方出版社1996年版。

44. 金耀基：《从传统到现代》，中国人民大学出版社1999年版。

45. 瞿同祖著：《清代地方政府》，范忠信、晏锋译，法律出版社2003年版。

46. 瞿同祖著：《中国法律与中国社会》，中华书局1981年版。

47. 李贵连著：《沈家本》，法律出版社2000年版。

48. 李细珠著：《张之洞与清末新政研究》，上海书店出版社2003年版。

49. 梁启超著：《梁启超论清学史二种》，复旦大学出版社1985年版。

50. 梁启超著：《清代学术概论》，东方出版社1996年版。

51. 梁启超著：《饮冰室合集》。

52. 梁治平编：《法律的文化解释》（增订本），生活·读书·新知三联书店1994年版。

53. 梁治平编：《法律的文化解释》，生活·读书·新知三联书店1994年版，

54. 林毓生著：《中国意识的危机——"五四"时期激烈的反传统主义》，贵州人民出版社1988年版。

55. 刘广安著：《中华法系再认识》，法律出版社2002年版。

56. 刘泽华著：《中国传统政治思想反思》，生活·读书·新知三联书店1987年版。

57. 刘作翔著：《法律文化理论》，商务印书馆1999年版。

58. 罗志田著：《乱世潜流：民族主义与民国政治》，上海古籍出版社2001年版。

59．罗志渊编著：《近代中国法制演变研究》，正中书局印行1966年版。

60．马建忠著：《适可斋记言》，中华书局1960年版。

61．米键主编：《比较法学文萃》，法律出版社2002年版。

62．前南京国民政府司法行政部编：《民事习惯调查报告录》(上、下)，中国政法大学出版社2000年版。

63．钱弘道著：《中国法学向何处去》，法律出版社2003年版。

64．钱穆：《国史大纲》(修订本)，商务印书馆1997年版。

65．钱实甫著：《北洋政府时期的政治制度》，中华书局1984年版。

66．史彤彪著：《中国法律文化对西方的影响》，河北人民出版社1999年版。

67．苏力著：《法治及其本土资源》，中国政法大学出版社1996年版。

68．苏亦工著：《明清律典与条例》，中国政法大学出版社2000年版。

69．孙中山著：《三民主义》，岳麓书社2000年版。

70．汤志钧著：《近代经学与政治》，中华书局2000年版。

71．田涛著：《国际法输入与晚清中国》，济南出版社2001年版。

72．王尔敏著：《中国近代思想史论》，社会科学文献出版社2003年版。

73．王启富、陶髦主编：《法律辞海》，吉林人民出版社1998年版。

74．王世杰、钱端升著：《比较宪法》，中国政法大学出版社1997年版。

75．武树臣等著：《中国传统法律文化》，北京大学出版社1994年版。

76．夏东元著：《洋务运动史》，华东师范大学出版社1992年版。

77．萧功秦著：《危机中的变革》，上海三联书店1999年版。

78．谢振民编著：《中华民国立法史》(上、下)，张知本校，中国政法大学出版社2000年版。

79．徐忠明著：《法律与文学之间》，中国政法大学出版社2000年版。

80．杨鸿烈著：《中国法律对东亚诸国之影响》，中国政法大学出版社1999年版。

81．杨鸿烈著：《中国法律发达史》(下)，商务印书馆1990年版。

82．杨鸿烈著：《中国法律思想史》(上、下册)，上海书店1984年版。

83．杨鸿烈著：《中国法律在东亚诸国之影响》，中国政法大学出版社1999年版。

84．杨深编：《走出东方——陈序经文化论著辑要》，中国广播电视出版社1995年版。

85．杨幼炯著：《近代中国立法史》，商务印书馆1936年版。

86．杨泽伟著：《宏观国际法史》，武汉大学出版社2001年版。

87．展恒举著：《中国近代法制史》，台湾商务印书馆1973年版。

88．张枬、王忍之编：《辛亥革命前十年间时论选集》，生活·读书·新知三联书店1977年版。

89．张德美著：《探索与抉择——晚清法律移植研究》，清华大学出版社2003年版。

90．张晋藩主编：《二十世纪中国法治回眸》，法律出版社1998年版。

91. 张晋藩主编:《中国百年法制大事记》,法律出版社2001年版。
92. 张晋藩主编:《中国法制通史》(第八卷),法律出版社1999年版。
93. 张晋藩主编:《中国民法通史》,福建人民出版社2003年版。
94. 张晋藩著:《清朝法制史》,法律出版社1994年版。
95. 张晋藩著:《清代民法综论》,中国政法大学出版社1998年版。
96. 张晋藩著:《中国法律的传统与近代转型》,法律出版社1997年版。
97. 张晋藩著:《中华法制文明的演进》,中国政法大学出版社1999年版。
98. 张玉法著:《中国现代政治史稿》,东华书局1988年版。
99. 张之洞:《劝学篇》,上海书店出版社2002年版。
100. 张中秋著:《比较视野中的法律文化》,法律出版社2003年版。
101. 郑秦著:《中国法制史纲要》,法律出版社2001年版。
102. 直隶高等审判厅书记室编:《华洋诉讼判决录》,何勤华校,中国政法大学出版社1998年版。
103. 中国第一历史档案馆编:《光绪宣统两朝上谕档》,广西师范大学出版社1996年版。
104. 中国近代史资料丛刊:《戊戌变法》(四),上海人民出版社1961年版。
105. 钟叔河著:《走向世界——近代中国知识分子考察西方的历史》,中华书局2000年版。
106. 朱勇主编:《中国法制史》,法律出版社1999年版。
107. 朱勇主编:《中国法制通史》(第九卷),法律出版社1999年版。
108. 朱勇著:《中国法律的艰辛历程》,黑龙江人民出版社2002年版。
109. 〔美〕D.布迪、C.莫里斯著:《中华帝国的法律》,朱勇译,江苏人民出版社1993年版。
110. 〔美〕H.W.埃尔曼著:《比较法律文化》,贺卫方、高鸿钧译,生活·读书·新知三联书店1990年版。
111. 〔法〕阿兰·佩雷菲特著:《停滞的帝国——两个世界的撞击》,王国卿、毛凤支、谷昕、夏春丽、钮静籁、薛建成译,生活·读书·新知三联书店1995年版。
112. 〔美〕埃德加·博登海默著:《法理学:法律哲学与法律方法》,邓正来译,中国政法大学出版社1999年版。
113. 〔英〕柏克著:《法国革命论》,何兆武、许振洲、彭刚译,商务印书馆1998年版。
114. 〔意〕彼德罗·彭梵得著:《罗马法教科书》,黄风译,中国政法大学出版社1992年版。
115. 〔日〕滨下武志著:《近代中国的国际契机》,王庆成、虞和平译,中国社会科学出版社1999年版。
116. 〔英〕波普著:《开放社会及其敌人》,杜汝楫、戴雅民译,山西高校联合出版社1992年版。

117. 〔美〕费正清、赖肖尔著:《中国:传统与变革》,江苏人民出版社1992年版。

118. 〔美〕费正清、刘广京著:《剑桥中国晚清史》,中国社会科学出版社1993年版。

119. 〔美〕费正清编:《剑桥中华民国史》(上、下),杨品泉、张言、孙开远、黄沫、王浩、项钟圃、张小颐、范磊、谢亮生译,中国社会科学出版社1993年版。

120. 〔法〕弗朗斯瓦·魁奈著:《中华帝国的专制制度》,谈敏译,商务印书馆1992年版。

121. 〔日〕福泽谕吉:《文明论概略》,北京编译社译,1959年版。

122. 〔美〕吉尔伯特·罗兹曼主编:《中国的现代化》,国家社会科学基金"比较现代化"课题组译,江苏人民出版社1998年版。

123. 〔奥〕凯尔森著:《法与国家的一般理论》,中国大百科全书出版社1996年版。

124. 〔美〕柯文著:《在传统与现代性之间——王韬与晚清革命》,雷颐、罗检秋译,江苏人民出版社1998年版。

125. 〔法〕勒内·达维德著:《当代主要法律体系》,漆竹生译,上海译文出版社1984年版。

126. 〔美〕列文森著:《儒教中国及其现代命运》,郑大华、任菁译,中国社会科学出版社2000年版。

127. 〔美〕罗斯科·庞德著:《法律史解释》,邓正来译,中国法制出版社2002年版。

128. 〔德〕马克斯·韦伯著:《儒教与道教》,王容芬译,商务印书馆1995年版。

129. 〔美〕马士、宓亨利著:《远东国际关系史》,上海书店出版社1998年版。

130. 〔美〕马文·佩里主编:《西方文明史》,商务印书馆1993年版。

131. 〔英〕梅因著:《古代法》,沈景一译,商务印书馆1959年版。

132. 〔法〕孟德斯鸠著:《论法的精神》,张雁深译,商务印书馆1982年版。

133. 〔德〕萨维尼著:《论立法与法学的当代使命》,许章润译,中国法制出版社2001年版。

134. 〔美〕托马斯·潘恩著:《潘恩选集》,马清槐译,商务印书馆1981年版。

135. 〔古希腊〕亚里士多德著:《政治学》,吴寿彭译,商务印书馆1965年版。

136. 〔英〕约瑟夫·拉兹著:《法律体系的概念》,吴玉章译,中国法制出版社2003年版。

137. 〔日〕织田万著:《清国行政法》,中国政法大学出版社2003年版。

138. C. E. Black, *The Dynamics of Modernization*, Princeton University Press.

二、论文

1. 陈弘毅:《中国法制现代化的历史哲学反思》,载张晋藩主编:《20世纪中国法制的回顾与前瞻》,中国政法大学出版社2002年版。

2. 陈添辉:《一九一二——一九四九年 民初至一九四九年之法制变化——以民法之制度及施行为例》,载中国法律史学会编:《中国法制现代化之回顾与展望——海峡两岸纪念沈家本诞辰152周年国际学术研讨会》(论文集),台湾大学法学院1993年出版。

3．陈志让：《现代中国寻求政治模式的历史背景》,载张玉法主编：《中国现代化论集》第一辑,联经出版事业公司1980年版。

4．董茂云：《法典法、判例与中国的法典化道路》,载《比较法研究》1997年第4期。

5．费孝通著：《乡土重建》,上海观察社1948年版。转引自金耀基：《现代化与中国现代历史》,载张玉法主编：《中国现代历史论集》第一辑,联经出版事业公司1980年版。

6．高尚：《论清末修律变法的历史必然性》,载汪汉卿、王源扩、王继忠主编：《继承与创新——中国法律史学的世纪回顾与展望》,法律出版社2001年版。

7．郭成伟、马志刚：《舶来与本土的应合：近代中西法律的制度环境之比较》,载汪汉卿、王源扩、王继忠主编：《继承与创新——中国法律史学的世纪回顾与展望》(《法律史论丛》第八集),法律出版社2001年版。

8．郭廷以：《中国近代化的延误》,载张玉法主编：《中国现代历史论集》第一辑,联经出版事业公司1980年版。

9．韩秀桃：《民国时期法律家群体的历史影响》,载《榆林学院学报》2004年第2期。

10．何勤华：《20世纪前期民法新潮流与〈中华民国民法〉》,载《外国法与中国法——20世纪中国移植外国法反思》,中国政法大学出版社2003年版。

11．何勤华：《法的国际化和本土化》,载《长白论丛》1996年第5期。

12．何勤华：《关于法律移植的几个基本问题》,载何勤华主编：《法的移植与法的本土化》(全国外国法制史研究会学术丛书),法律出版社2001年版。

13．黄源盛：《大清新刑律礼法争议的历史及时代意义》,载中国法律史学会编：《中国法制现代化的回顾与展望》,台湾大学法学院出版1993年版。

14．黄源盛：《民初大理院》,载《政大法学评论》,第60期。

15．黄源盛：《晚清法制近代化的动因及其开展》,载《中兴法学》第32期。

16．姜义华：《论近代国家与社会非同步发展的政治整合》,载复旦大学历史系、复旦大学中外现代化进程研究中心编：《近代中国的国家形象与国家认同》,上海古籍出版社2003年版。

17．金耀基：《现代化与中国现代历史》,载张玉法主编：《中国现代历史论集》第一辑,联经出版事业公司1980年版。

18．莱特(Mary C. Wright)：《蜕变中的现代中国(1900—1950)》,载张玉法主编：《中国现代化论集》第一辑,联经出版事业公司1980年版。

19．李国祁：《激情与理性：二十世纪中国历史演进的省思——帝国主义、民族主义与共产主义的互动》,载张启雄主编：《二十世纪的中国与世界》(上),台北"中央"研究院近代史研究所2001年版。

20．李细珠：《张之洞与〈江楚会奏变法三折〉》,载《历史研究》2002年第2期。

21．阮毅成：《中国法治前途的几个问题》,载《东方杂志》1933年第三十卷,第十三号。

22. 沈宗灵:《论法律移植与比较法学》,载《外国法译评》1995年第1期。
23. 汪汉卿:《中国法律史学会2000学术年会开幕词》,载汪汉卿、王源扩、王继忠主编:《继承与创新——中国法律史学的世纪回顾与展望》,法律出版社2001年版。
24. 王涛:《中国法律早期现代化保守性价值评析》,载张晋藩主编:《20世纪中国法制的回顾与前瞻》,中国政法大学出版社2002年版。
25. 王维俭:《林则徐翻译西方国际法著作考略》,载《中山大学学报》1985年第1期。
26. 吴建璠:《清代律学及其终结》,载编委会编:《中国法律史国际学术讨论会论文集》,《法律史研究》,陕西人民出版社1990年版。
27. 吴敬琏:《一个经济学者眼中的戊戌百年》,载《读者》1998年7月,又见1998年4月17日《南方周末》。
28. 肖光辉:《法律移植及其本土化现象的关联考察》,载何勤华主编:《法的移植与法的本土化》(全国外国法制史研究会学术丛书),法律出版社2001年版。
29. 熊月之:《晚清西学东渐史概论》,上海社会科学院学术季刊1995年第1期。
30. 徐忠明:《晚清法制改革的逻辑与意义》,载《法律史论集》(第二卷),法律出版社1999年版。
31. 徐忠明:《中华法系研究的再思》,载《法理学、法史学》中国人民大学书报资料中心1999年第9期。
32. 杨与龄:《民法之制定与民法之评价》,载潘维和主编:《法学论集》(《中华学术与现代化》丛书第九),华岗出版有限公司1977年版。
33. 姚大力:《变化中的国家认同》,载《论近代国家与社会非同步发展的政治整合》,见复旦大学历史系、复旦大学中外现代化进程研究中心编:《近代中国的国家形象与国家认同》,上海古籍出版社2003年版。
34. 音正权:《中华民国临时约法的主要缺陷》,载张晋藩主编:《20世纪中国法制的回顾与前瞻》,中国政法大学出版社2002年版。
35. 音正权:《罪刑法定主义及其在近代中国的演进》,载《法律史论集》第三卷,中国法律史学会主编,法律出版社2001年版。
36. 张晋藩:《世纪沧桑话法治》,载张晋藩主编:《20世纪中国法制的回顾与前瞻》,中国政法大学出版社2002年版。
37. 张玉法:《中国现代化的动向》,载张玉法主编:《中国现代历史论集》第一辑,联经出版事业公司1980年版。
38. 周育民著:《重评〈劝学篇〉》,载《张之洞与中国近代化》,中华书局1999年版。
39. 朱勇:《理性的目标与不理智的过程——论〈大清刑律〉的社会适应性》,载张生主编:《中国法律近代化论集》,中国政法大学出版社2002年版。
40. 朱勇:《论民国初期议会政治失败的原因》,载张晋藩主编:《20世纪中国法制的回顾与前瞻》,中国政法大学出版社2002年版。

41.〔美〕格雷·多西:《法律哲学和社会哲学的世界立场》,载梁治平编:《法律的文化解释》,生活·读书·新知三联书店1994年版。

42.〔美〕詹姆斯·汤森:《中国的民族主义》,载复旦大学历史系、复旦大学中外现代化进程研究中心编:《近代中国的国家形象与国家认同》,上海古籍出版社2003年版。

后　　记

　　本书是由本人的博士学位论文修改而成。

　　我在上大学期间，曾做了一份名为"传统中国学案"的读书笔记，其中摘抄了台湾法学家林咏荣的《中国固有法律与西洋现代法律之比较》和陈顾远的《中国文化与中国法系》的一些内容。这份笔记对我来说，真是受益无穷。

　　大学毕业以后，我考上了本校攻读硕士学位研究生，专业是法律思想史。当时自己曾希望能够大量阅读，以期"中西兼顾，融会贯通"。然而，这个目标毕竟太大。结果，在毕业时只写了一篇关于"罗马法"的论文。在这一段读书生活期间，有幸选听了几位导师的课程，对于中西法律的比较，培养了更浓厚的兴趣。其中，朱勇老师的"民国法律思想研究"，对我影响最深。在我至今保存的笔记中，这一课题居然有近1万字的课堂记录——这也许是我研究生期间最用心的课程之一了！此外还有张晋藩先生的"中国法律史论"专题，也做了一些课堂笔记。王宏志老师和郑秦博士的课程，对我也有很大的吸引力。回想起来，也许正是这些名家名师的引导，才有今天对于中国近代法律变革研究的兴趣和成果。

　　我对中国近代史有着特殊的兴趣。而把"国际化与本土化——中国近代法律体系的形成"作为我的博士论文题目，则是攻读博士学位期间定下来的。法律近代化问题，是一个比较法学与法律史学结合比较紧密的一个课题。中国的法律近代化事业，基本上是在移植西方大陆法系国家的法律制度，并将其与中国固有法律制度加以整合之基础上完成的——六法体系的形成，标志着中国法律近代化事业取得了阶段性成果。法律近代化，就其内涵而言，绝不仅仅是法律文本的建设，也许更重要的是有了法律文本以后，如何将这个文本与社会本身良性结合的工作。但是，中国近代历史的特殊背景，决定了这方面的努力不可能取得理想的效果。而六法体系的形成，对于中国来说，已经是一个非常了不得的成绩了！

　　在本书写作的过程中，本人深感材料缺乏的问题是进行深入研究的重大困难之一。近代中国由于政局变化多端，政权更迭频繁，许多有价值的法律史料无法找寻。笔者深信，在中国近代构筑法律体系的过程中，必然出现一大批个性化的法律文本、司法建议书、调查报告之类的文献资料。事实上,任何一个官方法律文本的出现,可能都是这些私人的、非官方的法律文本的筛选和优化的结果。然而,这种资料的收集整理必然十分困难——也许大多已经散失。凡此种种,使得法律史的研究困难重重。然而,非常幸运的是,在论文的写作过程中,能够经常得到几位导师和师兄弟的指导和启发。这些弥足珍贵的交流所得,在一定程度上弥补了手头资料的欠缺。史料有时就像密码一样,从不同的角度去研读,就可能"解读"出不同的信息。这样一来,资料的利用率相应上升。其实,上升的不仅仅是"利用率",更重要的是"利用力"。

通过论文的写作,本人感觉即便对于中国法律近代化的文本建设,把握得仍然十分粗浅,一些重大问题仍有待于深入挖掘。比如说,清末修律中曾经发生了著名的"礼法之争"。但是这次争论所涉及的问题,也许并不是修律者最关心的核心问题。为什么如此扞格呢?比如,1923年的《中华民国宪法》是民国"十年制宪"的结晶,可是为什么没有得到继承和重视,首先在北洋内部斗争中就被埋没掉了呢?是中国不需要宪法呢,还是这样的宪法文本本身存在问题?再比如说,南京国民政府的六法体系,是半个世纪法制建设的成果,即使其中的宪法可能存在一些问题,其民法、刑法和诉讼法为何不可以在新中国的法制建设过程中吸收一些呢?

笔者深信,这些问题可能只是一些表面的法律史现象。隐藏在这些现象背后的,可能还有十分复杂的原因。如果想对这些问题搞清楚,恐怕就得努力揭示那些藏而未露的原因。也许正如历史学家汤因比所说:"当文明兴起而又衰落,并在衰落中又导致了另一个文明兴起的时候,有一些比他们更高级的有意义的事物可能一直在前进着。"① 但愿如此吧。

笔者要特别感谢以下几位导师和师兄弟,他/她们对本文的写作予以直接的指导和帮助。

本人首先要感谢的是导师朱勇老师。从攻读硕士学位期间,朱老师就已经在学业上关注和提携。硕士学位论文的答辩,朱老师是答辩委员会的成员。在攻读博士学位的过程中,朱老师多次对论文的选题、构造、论点的提炼及写作等,予以密切关注和教诲。这是论文得以顺利完成的最直接的动力源泉和精神支柱。特别是在本书出版的过程中,朱老师在百忙之中欣

---

① 汤因比(Arnold Joseph Toynbee,1889—1975),英国著名历史学家,著有《历史研究》、《人类与大地母亲》等。此处引文出自其《我的历史观》,转引自张文杰编:《历史的话语》,广西师范大学出版社2002年版,第209页。

然命笔作序,不仅使本书形式更加完整,内涵更加丰富,而且明确指出了本书的研究在整个中国法律近代化研究领域中的位置。这既从整体上提升了本书的学术品位,又为本人以后的相关研究指明了方向。

其次,本人还要特别感谢张晋藩先生。张先生年逾古稀,身体欠佳,但是仍坚持为学生上课,倾听学生稚嫩的声音。许多场合,张先生虽寥寥数语,却可使学生拨云见日,豁然开朗。张先生"诚信自律,学问是求"的学术信条,时时警醒着晚辈们对学业的追求。本文的论点,曾得到张先生多次亲自点拨,空谷足音,终生难忘。

本人有幸受到郭成伟老师、怀效峰老师以及刘广安老师的关心和指点,这不仅是一份难得的经历和记忆,更是一笔宝贵的财富和感怀。

本人还要感谢曾经一起共度美好岁月的师兄弟妹们。他们是:蒋传光师兄、李超师兄、夏扬师兄、陈敬刚师兄、方潇师兄、苗鸣宇师弟、孟庆超师弟,以及吕铁贞、苏凤格等两位师妹。师兄弟姐妹之间的相互提携、相互关照,依然使本人与诸君虽相处三载,却获益匪浅。

此外,在本书出版的过程中,得到中国政法大学法学院和北京大学出版社的帮助。特别是北京大学出版社的李霞老师,她的耐心细致的工作使本书得以顺利面世。对此,谨致以深深的谢意!

最后,笔者愿以德国历史法学派的鼻祖萨维尼的一句话作为结束语,并与诸君共勉:

"多少年来,将吾土绑缚于一位外人的专制统治之下的枷锁,日紧一日;而且,显然易见者,一旦压迫者的设想全盘成型,则吾人之命必当以吾人民族性的丧失而告终。其间发生的诸多重大事件,使我们挣脱了异族枷锁,对于避免我们民族性的丧失,贡献良多;逃脱大难之后那种无比欣悦之感,当亦为整个国族视为神圣记忆,而倍加珍惜吧!"[①]

曹全来
2004 年 12 月 18 日
于　愚斋

[①] 〔德〕萨维尼著:《论立法与法学的当代使命》,中国法制出版社 2001 年版,"第二版序言"。

法史论丛

1. 晚清各级审判厅研究　　　　　　　　李启成　著
2. 礼与法：法的历史连接　　　　　　　马小红　著
3. 清代中央司法审判制度　　　　　　　那思陆　著
4. 明代中央司法审判制度　　　　　　　那思陆　著
5. 民初立嗣问题的法律与裁判
　　——以大理院民事裁判为中心（1912—1927）　卢静仪　著
6. 唐代律令制研究　　　　　　　　　　郑显文　著
7. 民国时期契约制度研究　　　　　　　李　倩　著
8. 国际化与本土化
　　——中国近代法律体系的形成　　　曹全来　著